JN115117

法を学ぶ パートナー

第4版

武藤眞朗
多田英明
宮木康博

An Introductory Guide
to Studying Law

成文堂

第4版はしがき

本書第3版を公刊してから3年半ほど経過しました。前回の改訂と比べて，やや早めに改訂作業を進め，お届けすることになりました。今回も，やはり主に3つの点から内容を見直しました。

今回の改訂で最も重要な契機は，民法大改正です。本書は，本来，法学の基礎知識と基本的思考方法について学習するための手引きにしていただこうとするものであり，特定の法領域分野について説明することを任務としておりません。しかし，法の考え方の説明，用語の説明，また，判例の読み方や，レポート・論文の書き方などにおいて，民法の条文を引用した箇所も数多く登場します。本書でよく登場する総則の規定（第1編）や親族法（第4編）でも，多くの条文改正が成立しました。そこで，第4版では，2020年4月に施行されたものの他，これから施行される条文も含め，新法を基礎とした記述になるように改めました。

第2に，本書は，「法」が日常生活に深く関わるものであることを説いていますが，法に関わる出来事も，いつも変わることなく人々の関心の的になっているものだけではなく，その時期に特徴的なテーマが話題になりますので，この点にも留意いたしました。

第3に，私たちが，法を学び始めた学生に講義をし，定期テストの答案を採点していると，初学者に共通した誤解に気づくことがあります。そこで，試験の答案によって私たちに伝えられた問題点を，第4版でフィードバックしようと考えました。

この他，本書の実践編で説明される文献，判例集，データベースなど，ここ数年間でも修正が加えられたり，位置づけが変更されて

きたりしています。本書は，改訂を機に，最新のものを反映するようにしております。なお，法令名を参照条文として（　）内に挙げるときは，六法については，（憲法〇条）を（憲〇条）というように表記することにいたしました。

　以上の点が，今回の改訂の主要な内容です。冒頭に書きましたように，その中でも民法改正への対応が大きな意味をもっておりますが，第3版への改訂時と同様に，南山大学法科大学院深川裕佳教授には，条文改正の反映について御協力いただいたほか，改正民法をふまえた「レポートの書き方」についてご執筆をいただきました。心より御礼申し上げます。

　本改訂作業の最終盤において，新型コロナウイルスによる未曾有の混乱が生じました。被害に遭われた方には，心よりお見舞い申し上げます。世界的な感染，混乱に対して，どのように対応していくのかについて，様々な議論がなされ，報道されています。感染を防止し，また，重篤化を防ぐために，日常生活にも大きな影響を及ぼすような行動制限が行われています。世界各国の対応でも，自粛を求めるもの，法に基づくものを含めて，多岐にわたりますが，「法とは何か」を改めて考える機会ともなりました。

　本書の第4版出版にあたっては，成文堂株式会社の阿部耕一会長，阿部成一社長には大変お世話になりました。また，故土子三男元取締役にはいわば本書の生みの親として，そして，同社編集部の篠﨑雄彦氏には，初版出版時から改訂作業の詳細に至るまで，お力添えをいただきました。執筆者一同心より感謝申し上げます。

2020 年 7 月　　　　　　　執筆者を代表して

武　藤　眞　朗

第3版はしがき

本書第2版を公刊してから5年が経過しました。執筆者は，本書を教科書として用い，「法学入門」の講義を担当していますが，主に3つの点から少しずつアップデートをする必要を感じるようになりました。

第1に，説明方法，用いられる例を，より理解しやすいものに改めたという点です。法は，日々起きている事象を取り扱うものですが，人々の関心を集める法的問題は，それとともに変化しています。5年前に関心があった問題が必ずしも解決したとは限りませんが，読者の皆様にとっては別の問題に関心が移っていることもあると思いますので，現時点においてより身近な問題を例に挙げて説明するようにいたしました。また，単純に，よりわかりやすい表現に改めた箇所もあります。さらに，実際に講義をし，成績評価をしていると，多くの学生が法的知識はもっていて，正誤問題や適語補充の問題は適切に解答できるものの，論述式の試験になるとうまく答案が書けないという状況を目にします。本書でも，答案の書き方については説明していますが，第3版では，答案作成例を挙げ，その問題点を具体的に示すことによって，論述式試験の苦手意識を克服できるようにいたしました。この部分は，より学生の目線に近い，東洋大学法学部深川裕佳准教授に作成をお願いいたしました。

第2に，大学で法を学んだ後に，法律系の資格をもって社会で活躍する人も多いと思いますが，資格制度について一部変更がありました。また，法学部生の中で受験することが多い法学検定試験などについても制度の変更がありましたので，第3版ではこの変更を反

映させております。

　第3に，この5年間に，法をめぐる状況に変化が生じたという点です。たとえば，交通事故についての刑事責任は，処罰範囲の拡大を伴う形で特別法として整備され，民法についても大きな改正を迎えようとしています。さらに，憲法をめぐる動きも以前に増して活発化しています。このような時期において，法を学ぶことは，より重要さを増し，立憲国家として，民主的な社会を維持していくためには，法の原点に立ち返って考察する必要性を再認識しています。読者の皆様にもそのような問題意識をもっていただけるような記述にしています。

　この他の点についても，記述を修正し，追加し，また，削除した部分もあります。なお，執筆担当部分との関係で，これまで共同執筆者であった東洋大学法学部太矢一彦教授は第3版の執筆には加わっておりません。第3版も多くの皆様にお読みいただき，法を学ぶための一助としていただければ幸いです。

　本書の第3版出版にあたっては，株式会社成文堂の阿部耕一会長，阿部成一社長には大変お世話になりました。また，同社編集部の篠﨑雄彦氏には，改訂の細かい作業に至るまで，お力添えを頂きました。この場をお借りして，執筆者一同心より感謝申し上げます。

　なお，本書初版から第2版までご支援をいただいた土子三男元取締役は2014年5月に逝去されました。ここに，あらためて感謝とともに哀悼の意を表します。

2017年3月　　　　　　執筆者を代表して

　　　　　　　　　　　　武　藤　眞　朗

第2版はしがき

　2008年に本書の初版を刊行してから4年の歳月が経過いたしました。本書は，もともと「法学」を学ぶための基礎知識を身につけるために，これまでの「法学入門」の教科書とは少し違った視点から解説することを目的として執筆いたしました。本書の4人の執筆者は，法学部の1年生配当の「法学入門」の講義を担当するのに際して，初学者である受講生を想定して，教科書としての使用に耐え，かつ，自習用としても難解ではない教材を作成することを考えました。執筆者は，本書の初版（2009年には補訂版が出版されていますが）を使用して，実際に講義を行いながら，気づいた点を修正，補充するために，第2版の刊行に至りました。

　修正・補充内容の概要としては，①裁判制度についての解説を，「判例の読み方」に先行させたこと，②「判例の読み方」の内容を，判例の学習の仕方，判例を学ぶ意義という観点から書き改めたこと，③資料検索方法としての法学データベース（判例，文献，法令）をCD，DVD中心からオンライン・データベース中心に改めたこと，④具体的なオンライン・データベースの使用方法の解説として，「Magazineplus」に代えて「CiNii」を素材としたことなどです。その他にも，個別の記述について例を変更したり，解説内容を改めたりして，講義を行う私たち自身にとってはより説明しやすく，受講生や自習のための読者の皆様にとってはより理解しやすいものにすることに努めました。

　旧版と同様に，本書では，憲法，民法，刑法などの各個別法分野については，法現象をより具体的にイメージできるという範囲で言

及していますが，基本的には詳しい解説をしておりません。その意味で，従来多くあった「ダイジェスト版法学入門」とは性質を異にしておりますので，この点はご了承いただきたいと思います。法学部学生の皆様は，本書で「法学の基礎」を学んで，各法分野の学習（専門科目）に進んでいただきたいと思いますし，それ以外の読者の皆様も，特定の法分野に興味を抱かれましたら，その分野の専門書をお読みいただくことをお勧めします。

　これまでの「法学入門」書とは少し異色な解説書であるにもかかわらず，第2版の出版を快くお引き受けいただいた成文堂阿部耕一社長，土子三男取締役には，心より感謝申し上げます。また，同社編集部篠崎雄彦さんには，企画段階から校正段階に至るまできめ細かいご配慮とご助力をいただき，大変お世話になりました。厚く御礼申し上げます。

　2012年3月　　　　　　　　執筆者を代表して

　　　　　　　　　　　　　　　武　藤　眞　朗

はしがき

　法学部の2年生〜4年生を対象として講義をし，演習を行う機会に，学生の反応をみていると，どうも法学の基礎が理解されないうちに，それぞれの専門科目に入ってしまっているという印象をもつことがあります。法学の基本的な考え方，法解釈の前提となる条文の読み方，そして，実務上とても重要な意味をもつ判例の読み方など，専門科目を学ぶうえではどうしても必要な基礎知識が体系的に教えられていないことがその原因ではないかと考えられます。たしかに，法学部だけではなく，様々な学部で「法学入門」という講座が設けられていますが，そこでは，法を学ぶための共通知識・考え方というよりも，専門科目としての各法分野のさわりの部分が講義されていることが多いのではないでしょうか。法学の入門書として位置づけられている著作も数多く出版されていますが，これと同じような内容をもったものが中心であるように思われます。

　本書は，このような実態をふまえて，法を学ぶにあたって最小限必要な知識・考え方を身につけることを目的として書かれたものです。本書は，いわば専門科目を勉強するための土台を提供するものであり，そのような意味における「法学の基礎」を構築するための道具なのです。したがって，「法とは何か」という深遠な法哲学的考察をするものでもありませんし，法の各分野についてのダイジェストでもありません。いわば，各法分野を学ぶための手ほどきの書であると割り切っていただくといいかもしれません。

　本書は，法学部における「法学入門」の授業の教科書として使用されることを想定して書いてあり，講義の際に参照し，また，予

習・復習のために読むと理解しやすいようになっていますが，自習教材として読んだとしても，「法学の基礎」が身につくように工夫されています。また，講義の教科書として，単位を取得すればもはや用済みとなるのではありません。法を学びながら疑問が生じたときに，もう一度読み返してみると，正しく理解するための道筋が示されていることに気づくでしょう。このような意味において，本書を常に「パートナー」として携えていただければ，法を学ぶために，揺るぎない土台ができあがるはずです。

　本書では，本文の他，「課題」，「ワンポイント・アドバイス」，「Coffee Break」を配置し，本文で学んだことを基礎として考察してみたり，頭を休めつつ豆知識を得たりすることができるようになっています。また，「Step Up」では，本文で学んだ知識・思考方法を深化させるための文献も紹介されていますので，ぜひ，それらの文献も読んでみて下さい。

　本書の執筆者は，実際に教壇に立って講義をし，学生と接することで，現在の法学基礎教育の問題点について共通した認識をもつメンバーから構成されております。学生に年齢的にも比較的近い研究者が中心であり，はじめて「法を学ぶ」皆さんに近い目線で，どのような点に疑問をもつのか，どのような表現を用いればわかりやすいのかを考え，企画段階，執筆段階，校正段階で何度となく議論をしながら，本書を完成させました。もっとも，試験のために十分に準備をし，答案を作成して，「これで完璧」と自信をもっていたとしても，答案提出後に問題点に気づくことがあるように，改善すべき点は，後から気づくものです。さらに，執筆者が気づかない問題点も必ずあるわけですから，読者の皆様からもご指摘・ご意見をいただければ幸いです。

本書の刊行にあたっては，これまでの「法学入門」とはひと味違ったものであるにもかかわらず刊行をご快諾いただいた阿部耕一社長，企画のはじめの段階から私たちの意図を理解し，発行に至るまでご協力いただいた土子三男取締役，そして，すべての段階において細かい点まで配慮し，お世話をいただいた編集部の篠崎雄彦さんには大変お世話になりました。この場をお借りして厚くお礼を申し上げます。

2008 年 3 月　　　　　　執筆者を代表して

武　藤　眞　朗

目　次

第 2 部　実 践 編

第 1 部
基 礎 編

1　はじめに

　　皆さんは法を学ぶスタートラインに立っているところです。法学部に入学したというだけで，周りからは，「法のエキスパート」のように思われるかもしれませんし，逆に，「理屈っぽい人」のように思われて敬遠されるかもしれません。

　　法は，いずれにしても世間から近寄りがたい存在だと思われていることは事実でしょう。法を学ぼうとしている皆さんの中でも，このような漠然としたイメージしかもっていない人も多いことと思います。

　　法は，世間の人が思う以上に普段の生活に関わりをもっています。そして，何かトラブルがあったときに法について知っていると，適切な解決ができることも多いはずです。法をしっかり学べば，法が実は人間的な温もりに満ちあふれたものであることがわかるでしょう。

　　法について知ること，法的な考え方を習得することは，とても有益なことですが，これをしっかり身につけるためには，基本的な事項を一定の筋道に従って押さえていく必要があります。本書は，法を学ぶために進むべき方角を示すものです。

　　さあ，乾いた笑い声が聞こえたところで，スタートしましょう。

1　法の学び方

1　本書の目的──法を学ぶ意味──

　法学部に入学するのには，様々な動機，目的があることでしょう。社会で起きている様々な出来事に関心をもち，不正を許すことはできないと思って法律家を志す人もいるでしょうし，文系の中では就職に有利だから法学部に入学した人もいるかもしれません。ともあれ，法学部に入学したからには，「何事もなく無事に卒業する」などといった受動的な態度では，授業はつらいだけになってしまう可能性があります。せっかく入ったのだから，「何か」を身につけて卒業してもらいたいものです。

　「進路・資格・検定」（☞239頁）で書かれているように，法学部で学び，卒業した後には，法曹（裁判官，検察官，弁護士），公務員，その他，法的知識を直接的に使った職業に就くことも可能ですが，民間の会社に入って，営業，経理，人事など，直接的には法的知識を活用する場がない人も多いはずです。それでは，このような人にとっては，大学で学んだことは意味のないことなのでしょうか。そのようなことは決してありません。どのような職業に就いたとしても，解決しなければならない問題に直面したときに，法を学ぶことによって得られた思考方法が必ず生きてくるのです。

　法学といえば，憲法，民法，刑法などの具体的な法分野が思い浮かぶと思いますが，これらを学ぶにあたって，共通の基礎知識があります。このような知識を習得することが，それぞれの法分野を理解するための近道ですし，法学全体を見渡すことにも役立つはずです。歌を歌うのに基礎的な発声練習をしたり，スポーツをするのに走り込みや準備運動をしたりするように，法の基礎知識を学ぶこと

で，のどを痛めたり，足をくじいたりすることなく，大きな成果を得ることができるのです。本書はそのような基礎力をつけるための手がかりを示すものであり，法学入門に際してだけではなく，常に手元に置いて，いつでも「パートナー」として参照できるようにしてほしいと思います。

2　大学での学習の特色

（1）高校までの学習との相違　　さて，読者の皆さんの多くは，大学に入ってはじめて「法学」に接することでしょう。中学や高校の「公民」，「政治経済」の授業で法制度について学習しているかもしれません。憲法の条文を覚えたり，民法の親族・相続編などについて授業で習ったりしたかもしれません。それが，大学において法を学ぶ手助けになることは間違いありません。しかし，高校までの学習と大学における学習には相違があるといえるでしょう。もっとも，これは，法学という分野だけに限られることではありませんが，本書は「法を学ぶ」パートナーですので，大学で法を学ぶことが，高校までの学習とどのような点において異なっているのかを説明することにしましょう。

　高校では，「教科書」に基づいて勉強し，試験でも教科書に合致する記述は「正解」，これと異なるものは「不正解」とされてきたのではないでしょうか。「江戸幕府は 1603 年に徳川家康が開いた」のであり，「三角形の内角の和は 180°である」というのが正解ということになるのです。

（2）「正解」が決まっているもの　　それでは，大学で勉強する法学には正解・不正解はあるでしょうか。答えはイエスでもあり，ノーでもあります。もちろん，「窃盗犯人に死刑を科すことができ

る」というのは不正解であり，「現行犯人は令状なしに逮捕できる」というのは正解です。日本の現行法を前提とすれば，刑法235条が「他人の財物を窃取した者は，窃盗の罪とし，10年以下の懲役又は50万円以下の罰金に処する」と規定し，刑事訴訟法213条が「現行犯人は，何人でも，逮捕状なくしてこれを逮捕することができる」と明確に規定しているので，これらの問いについては，争う余地がないからです。もっとも，たとえば前者について，「とても高価で，かけがえのない物が盗まれたときには，その犯人に死刑を科すことはできるか」という問いに答えるには，「刑法には罪刑法定主義という原則があって，法律で定められている刑罰より重い刑を科すことはできない」ということと結びついて，「窃盗犯人には死刑を科すことはできない」という結論が導かれることになるのです。

(3) 複数の「正解」の可能性　　しかし，このように答えが1つに決まっていて，それ以外は不正解というものばかりではありません。たとえば，「死刑は憲法36条にいう『残虐な刑罰』にあたるか」という問いに対しては，これを肯定する見解（＝残虐な刑罰にあたる）も，これを否定する見解（＝残虐な刑罰にあたらない）も考えられ，どちらが「正解」とも決められないのです。これは，条文を解釈する際に価値判断を要する問題だからです。ただし，この問題について，最高裁判所は，「死刑は，……まさに窮極の刑罰であり，また冷厳な刑罰ではあるが，刑罰としての死刑そのものが，一般に直ちに同条にいわゆる残虐な刑罰に該当するとは考えられない。」として，否定的な答えを出しています。もっとも，最高裁は，さらに，「ただ死刑といえども，他の刑罰の場合におけると同様に，その執行の方法等がその時代と環境とにおいて人道上の見地から一般に残虐性を有するものと認められる場合には，勿論これを残虐な刑罰と

いわねばならぬから，将来若し死刑について火あぶり，はりつけ，さらし首，釜ゆでの刑のごとき残虐な執行方法を定める法律が制定されたとするならば，その法律こそは，まさに憲法第36条に違反するものというべきである。」(最大判昭和23年3月12日刑集2巻3号191頁) と続けて，死刑がどのような時代背景でも，どんな執行方法でも残虐な刑罰とされないのではなく，状況次第，やり方次第では「残虐な刑罰」にあたるかもしれないことを明言しているのです。

(4) 判例も学説も「1つの」答えにすぎない　ここで重要なことは，最高裁判所が「残虐な刑罰にあたらない」と判示したからといって，それだけが唯一の正解ではないということです。現に「残虐な刑罰であり，憲法36条に違反する」という主張も多く見受けられるのです。ですから，大学の講義で，あるいはゼミナールで，「死刑は残虐な刑罰にあたるか」という問いかけがなされたときには，最高裁判所は（あるいは判例は）これを否定しているということを確認したうえで，様々な学説に耳を傾けつつ，論理的に価値判断をしていく必要があるのです。「判例は否定している」という事実は正解ですが，だからといって，「死刑は残虐な刑罰にあたらない」ということ自体が，唯一の正解となるわけではありません。皆さんが，憲法や刑法の教科書を読むと，この問題について触れられていることと思いますが，そこで述べられている理論構成・結論は著者の主張なのです。講義においても，「死刑は残虐な刑罰である」と述べられても，「死刑は残虐な刑罰ではない」と述べられても，それは講義を行う教員の主張なのです。

(5) 批判的な目でみよう　このような，イエスかノーかという単純なものでなくても，同じ問いかけについて，複数の答えが，また，同じ結論にたどりつく場合でも，複数の道筋が存在する場合

が多くあります。書籍や講義では，それらの複数の可能性が示されたうえで，著者や講義を行う教員が，それを比較検討し，自分の立場を決定して主張していくのです。ですから，読者として，また，講義を聴講する学生として，皆さんは，その主張に説得力があるのか，論理的に一貫しているのか，注意深く立ち向かわなければなりません。この意味において，大学で法を学ぶことは，積極的作業であるといえるのです。本書は，そのための能力を身につけることを目標としているのです。主張は批判にさらされることを前提とし，批判に反論する作業を通じて真理に一歩近づくことになります。価値判断を伴う主張において，初めから批判を封じることは，その主張が説得力のないことの裏返しかもしれません。

　このように，1つの問題に対して複数の答えがありうる場合に，どちらにより説得力があるのか，どちらがより妥当な帰結を導くことができるのかを，法を学ぶ皆さん自身も参加して主張する機会が大学では与えられているはずです。あるテーマについて，問題となる点を指摘し，自分のとるべき立場を主張する，そして，それについて質問を受け，また，反論され，それに対してさらに答えるという機会です。これらは，主に**ゼミナール**（演習）という場で行われることになりますが，それについては，「ゼミナールの活用」（☞138頁）で述べることにします。

2　法の基本的な考え方

1　法的な思考

　法を学ぶということは，法律の条文を覚え，判例を調べ，学説を整理して頭に入れるという作業を行う，面倒で機械的な作業だと思

う人もいるでしょう。これは，的外れとはいえませんが，法を学ぶことの本質を表しているともいえません。他の学問分野でもそうですが，法学も法についての知識を得ることでは十分ではありません。もし，問いに対する答えが1つに限定されているとすれば，それを知り，覚えることは極めて重要なことになるでしょう。ところが，法は世の中の様々な出来事を取り扱い，それをどのように扱うことが適切なのか，あるいは正義に合致するのかということが問われるのです。それは，その問題を扱う人がどのような価値観をもつかということにも関わるわけです。法を学ぶことは，法の考え方を学ぶことになるのです。皆さんも「六法」を手元に用意していることと思いますが，現行の法律をすべて覚えるなどということは，不可能ですし，あまり意味がありません。試験のときには六法全書の持ち込みが禁止されていることもありますから，基本的な条文を覚える必要はあるかもしれませんが，実際に起きた問題を解決するときには，法令集を見ればいいのです（☞「法令集」157頁）。

　それよりも重要なことは，法はどのような理念をもち，どんな目的をもっているのかということを考え，その考え方に基づいて法を解釈し，適用していく能力を身につけることなのです。すなわち，法的な思考方法を学ぶことが，法学にとって本質的なことなのです。そして，このような法的思考方法は，いわゆる教科書や論文を読むことによっても養われますが，日常の生活の中でも，これから説明することを頭の中に入れておけば，鍛えられていくのです。法を学ぶことは，教室で講義を聴き，図書館で本を読むことよりもずっと幅広く，日常生活の中にもヒントが隠されていることを意識するだけでも，法への理解は飛躍的に高まるといえるでしょう。

2 バランス感覚

(1) 日常生活と法　　皆さんが学ぼうとしている「法」は，現実にはどのような場面で登場してくるでしょうか。法は，それが登場していることが関係者に意識されている場合もあるでしょうし，法的な関係が生じていることに気づかない場合もあるでしょう。犯罪が起きて，被疑者が逮捕され，起訴され，裁判になり，有罪となって刑罰が科されることは前者でしょうし，店で物を買ったり，レストランで食事をしたりすることは後者であるといえるでしょう。しかし，通常は法的関係にあることが意識されていない場合でも，それが表面化することもあります。店で購入した商品に欠陥があったので取り替えてもらいたい，または，払い戻したいという場合，さらには，商品に欠陥があったために，それによってけがをしてしまったというような場合がこれにあたるでしょう。

さて，法的関係は2つ（以上）の異なった立場から成り立つということがわかります。先ほど述べた犯罪という現象においては，犯罪者（加害者）と被害者という立場が対立し，売買においては，売主と買主という立場が対立するわけです。物を売買するという場面を考えてみると，買主は商品を手に入れたいわけですし，売主はその商品を売って代金を得たいわけですから，両者の利害は通常は一致しているともいえるのですが，その場合ですら，それぞれが自分にとって有利な条件で買いたいし，売りたいわけです。さらに，その商品に欠陥がある場合や，支払期限までに代金が支払われない場合などには，両者の対立はより明確になるわけです。

(2) 両方の立場に立って考えよう　　法的な思考とは，この対立関係にある両者に目を向け，それぞれの立場に立って考えることです。犯罪という現象を考えた場合，誰でも，被害者になりたくは

ないでしょうし，自分が犯罪者に
なると思っている人は少ないでし
ょう。とりわけ，一般の人は，法
を学ぼうとする人も含め，自分は，
被害者になることはあっても，犯

どんな利益が対立しているか？		
売　主	⇔	買　主
犯　人	⇔	被害者
運転者	⇔	歩行者
………	⇔	………

人になるとは思っていません。ですから，凶悪な，または，詐欺な
どのずるがしこい犯罪が起きて，ニュースで報道されると，「被害
者の身」になって考え，加害者（犯人）を厳しく非難し，厳罰に処
するように求めるのではないでしょうか。それも，ある意味では合
理的であるかもしれませんが，犯人は職を失い，世の中に失望して，
盗みを働いたかもしれませんし，病気で苦しむ家族に懇願されて，
その生命を奪ったかもしれません。もちろん，犯罪を許すことは適
切ではありませんし，相応の刑罰を科すことも必要でしょうが，少
なくとも，犯人の立場にも立って考えてみることが必要なのです。
売買についても，普段は消費者として買主の立場に立って考えるこ
とが多いとしても，売主の立場に立つことも必要でしょう。雇用関
係においても，雇用している経営者の立場にも，雇用されている労
働者の立場にも立って考えることが求められます。

　法的思考を身につけるためには，犯罪者の例が示すように，自分
が実際には立つことが少ない立場にも身を置いて考えることが重要
です。自動車を運転していると，車道を走っている自転車が邪魔に
思えますし，歩道を歩いていれば，歩道を走っている自転車がとて
も危険な存在に思えてきます。それでは，自分が自転車に乗ってい
ると，自動車や歩行者をどのように感じるでしょうか。最近では，
高齢者による自動車事故が多く報じられ，ときとして処罰感情が煽
られることもあります。しかし，適切に処罰することは正しいので

すが，これを防止するために，どのような方法が考えられるのか，それに伴ってどのような問題点が新たに発生するのかということに思いをめぐらせ，話し合ってみることも有益でしょう。そのようなことを考えるだけでも，法的思考を身につけることに役立つのです。

(3) 想像力は重要　法を学ぶことは，周囲から見れば，固い学問分野に入り込んでいて，人間的ではないと思われるかもしれません。しかし，他人の立場に身を置いて考えるためには想像力を必要とします。したがって，法を学ぶことは，人間的な考え方を身につけることなのです。ですから，法学部を卒業して，法を直接的に利用する職業に就かなかったとしても，ものごとを柔軟に考え，人に対して思いやりをもって接することができる，そのような能力をもって社会に出ることになるはずです。

課題　脳死者から移植のために臓器を摘出することは許されるでしょうか？

3　抽象的な理論と現実問題の解決

このように，法を学ぶにはバランス感覚を養うことが必要ですが，その前提として，法は人間の日常生活を扱うものであることを理解しておかなければなりません。つまり，「教科書に書いてある」抽象的なことがらだけではなく，現実に起きている出来事について，どのように法が対処すべきかを意識していなければならないのです。法学はたしかに理論であるのですが，抽象的な理論にとどまっていては意味がありません。

(1) 実際にはありそうもないこと　「XがYを射殺するために銃を発射したところ，Yに命中してYが死亡した。ところが，後からよく調べてみたら，Yがまさにすぐ隣にいたZにナイフを突き

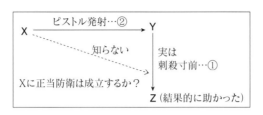

刺そうとしていた瞬間であり，もし，XがYを射殺することがな
かったら，ZはYに刺殺されたであろう。この場合，Xに正当防衛
は成立するか」といった，まあ現実ではありえない事例について問
われることがあります。このような問いかけは，相手を馬鹿にして
いるのか，または，ギャグかと思ってしまうかもしれません。それ
でも，これは，「違法とは何か」という法の根本に関わる問題を考
えるための素材として使われるのです。このような事例は講壇事例
などとよばれます。現実には起こりえないけれど，授業で教材とし
て使う事例という意味です。

　(2) 実際の事例　　これに対して，世の中で現実に起きる出来
事は，法理論をそのまま適用すればいい基本問題ではなく，どれを
使うのか，あるいはどの理論とどの理論を組み合わせるのかという
ところから出発して，法的な解決を示さなければなりません。いわ
ば応用問題です。この応用問題の素材は，新聞やテレビ・ラジオ，
さらに，インターネットを通して配信されるニュースが提供します。
教科書だけではなく，新聞，雑誌，放送なども法学の重要な参考書
なのです。特定の人種・民族を標的とするヘイトスピーチが集会，
行進という形で行われ，世間から注目されるようになりました。さ
らに，SNSの発達に伴い，これを用いた誹謗中傷によって心に深
い傷を負うことも社会問題になっています。差別的な発言，行動が

横行することは，また，多くの人が容易にアクセスできる手段で人を傷つけることは，人々が平等に生活できることを基本原理とする現代社会とは相容れないと思われます。他方で，現代社会では表現の自由が重要な価値をもっているので，これらの行動の規制をするのも慎重でなければなりません。ヘイトスピーチの集会を行うのに公共の施設を使わせるのか，デモ行進を規制するのか，他方，ヘイトスピーチ反対の集会，デモ行進については，どのように扱うのか，法的意味を考えてみることは重要です。さらに，SNS などによる表現活動を規制すると，民主主義を維持発展させていくために不可欠な健全な社会批判をも同時に抑制する危険性をはらんでいます。このように，表現活動の規制を幅広く許容してしまうと，それが思わぬ波及効果をもつことにも，思いをめぐらせる必要があるでしょう。これらの事例が裁判になったときに，どのような理由づけでどのような結論を導くかも注目しておくことをお勧めします。

(3) **報道との接し方**　　ただし，報道にふれる際には，できるだけ冷静かつ中立な態度で臨むように注意して下さい。報道は客観的であるべきですが，新聞社やテレビ局などにはそれぞれ独自色があり，その報道機関独自の観点から，また，ニュースキャスターの視点から語られることがあるからです。すなわち，報道されることをそのまま鵜呑みにするのではなく，一歩引いて，場合によっては疑いの目をもって報道に接することが必要なこともあります。もちろん，自分にとって都合の悪いニュースにも真摯に耳を傾けなければなりませんし，権力者が，自分にとって都合の悪い報道を規制することが民主主義の破壊行為であるのは，いうまでもありません。

4　法の理念と目的規定

「法は何のためにあるのか」という単純な疑問に対して，どのような答えが用意されるべきでしょうか。単純な問いかけほどその答えは難しいのです。

ここでは，次のように答えるにとどめたいと思います。「法は人間の社会生活にとって何かの役に立つために存在する」ということです。どんな役に立つのかは，政治体制によって必ずしも共通ではないかもしれませんが，ここでは，日本が属する民主主義社会を前提に考えることにしましょう。法は，たしかに社会を支配するための道具としての側面をもちますが，民主主義社会では，何の根拠もなく，支配者に服従させるための道具ではないはずです。法は，国民がより安全に，より快適に，幸福な生活を営むことができるように作用しなければならないのです。

法は一面で国民の行動・生活を規制するものですが，それは，究極的には国民の利益のためだと考えなければなりません。様々な法規制がどのような根拠に基づき，どんな目的のために存在するのかを考えることは，法を学ぶうえでとても重要な意味をもっています。皆さんにとって身近である道路交通法において，制限速度，駐車禁止，運転免許証の携帯，シートベルトの着用，歩行者の右側通行（車両の左側通行）が何のために定められ，なぜ運転中に携帯電話を手に持って使用することが禁止されるようになったのかを考えてみましょう。必ずしも強い強制力を伴わないとしても，感染症の拡大を最小化するために，人々の行動を規制し，店舗の休業を要請することの意味は，容易に理解できるでしょう。

また，それぞれの法は独自の理念をもっているので，法令の冒頭に掲げられていることの多い**目的規定**を参照することは，その法の

2　法の基本的な考え方　15

理念を知ることに役立ちますし、個別の規定の解釈にとっても指針を与えるものとなるでしょう。法の共通の目的については、「法の目的」（☞23頁）において論じることにします。

> **課題** 少年法と刑事訴訟法の第1条を参照して、それぞれの目的を考えましょう。

5 法の論理性と法感情

（1）法の論理性 「法学は科学か」という問いに対しては、明確に「イエス」と答えることができます。物理や化学や数学が自然科学に属するのに対し、法学は、経済学などとともに、社会科学に属します。数学が苦手だから文系の学部を選択した人たちも多いかもしれませんが、残念ながら、法を学ぶためには、数学的な思考能力も必要とされます。もちろん、微分・積分や数列など自体が登場してくることはあまりないとは思いますが、論理学的な思考方法が駆使されることが多いのです。図形問題などにおいて、証明問題を解いたことがあると思いますが、前提事実と定理を用いて結論を導く作業は法学でも用いられる思考方法です。

個別的な思考方法は「解釈手法」（☞62頁）において述べることにしますが、法を解釈するにあたっては、筋道立てて考えることが必要です。**論理性、理論的整合性**が重要な意味をもつことは理解して下さい。とはいっても、決して法は「解釈のための解釈」をしているわけでもないし、論理で遊んでいるのでもないのです。法にとって重要な**法的安定性**を確保するために、理論的に一貫した解釈は重要な武器なのです。

前にも述べたように、法現象は実は日常的に生じていますが、こ

れが表面化するのは，複数の利害が対立する場合です。この問題を解決するために一方にとって有利に扱うとすれば，他方にとっては不利に扱われることになりうるのです。この場合，どちらを有利に扱うべきでしょうか。一般的に考えれば，自分がその立場になる可能性がある側を有利に扱おうと思うのではないでしょうか。売買であれば買主の側に，犯罪であれば被害者の側に立つということになるかもしれません。

しかし，先ほど述べたように，両者の立場に立ってバランスよく考えることが必要です。その際に，対立する両者にとって納得がいく結論にたどりつくためには，説得力のある筋道を立てなければなりません。そこに論理性，理論的整合性が必要とされる理由があるのです。この辺が，「法律は理屈っぽい」といわれるところなのかもしれません。

(2) 法解釈の原則　法には，それぞれ解釈にあたって重要な基本原則があります。たとえば，民法のような私法であれば，**所有権絶対の原則**，**契約自由の原則**，**過失責任の原則**などですし，刑法では，**罪刑法定主義**，**責任主義**などです。これらの原則を手がかりとして解釈を行い，結論を導いていきます。もっとも，これらの原則は普遍の原則というわけではなく，現在私たちが生活している民主主義，自由主義，資本主義体制が前提とされています。そして，これらの原則は，社会の発展に従って少しずつ修正しなければならない部分が生じてくることにも注意してください（とりわけ，私法の諸原則には重大な修正が加えられています）。

(3) 法感情との対立　いずれにしても，このように理論的整合性をもって法を解釈することによって得られた結論は，場合によっては「素朴な法感情」に反するかもしれません。

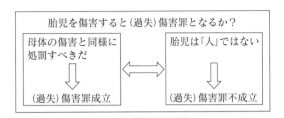

胎児を傷害すると(過失)傷害罪となるか?

母体の傷害と同様に
処罰すべきだ

⇩

(過失)傷害罪成立

胎児は「人」ではない

⇩

(過失)傷害罪不成立

　たとえば，ある化学工場が有害物質を適切に処理することなく廃水として流してしまったために，それによって汚染された海域で捕れた魚を食べた人に重大な健康被害をもたらしたという事件がありました。このときに，有害物質を排出した工場の責任者は，「(業務上の)過失により，人を傷害した」わけですから，業務上過失傷害(致傷)罪(刑法211条)が成立することになります。ところが，母親の胎内にいるときに，母親が汚染された魚を食べたために，その影響を受け，生まれた後でそれが原因となって発病したとしたら，これに対しても業務上過失傷害罪が成立することになるでしょうか。常識からすれば，この場合にも，業務上過失傷害罪が成立することになるでしょう。

　しかし，実はそんなに簡単ではありません。刑法211条は，「業務上必要な注意を怠り，よって人を死傷させた者」が業務上過失致死傷罪として処罰されると規定しています。そこで，法的に「人」とは何かが問われることになります。法的には，出生したときから死亡するまでが「人」であると理解され，刑法上は，「人の始期」は，「母体から一部露出したとき」というのが通説的理解となっています。したがって，「胎児」は「人」ではないことになります。そして，刑法上の原則である罪刑法定主義は，法律で使われている言葉を厳密に適用するという内容を含んでいますから，「人」でな

い「胎児」を傷害しても業務上過失傷害罪の成立を認めることはできないはずです。最高裁判所はかなり複雑な理論構成を用いることで業務上過失傷害罪の成立を認めましたが（最決昭和63年2月29日刑集42巻2号314頁），学説はこれに対して賛否が分かれています。一般的な処罰感情からすれば，処罰して当然と思われる事件でも，そう簡単にそのような結論を導くことはできないのです。

課題 法解釈の結論が一般の法感情と異なる例を考えてみましょう。

---

6 結論に至る筋道

　重大な事件について判決が出ると，一般の人たちは，ほとんど結論についてのみ関心をもちます。官庁に対して情報開示請求がなされたのに多くの部分が非開示とされたことが違法か，重大犯罪を犯した者に死刑が言い渡されたのか，原子力発電所の事故による死傷結果を引き起こした経営陣に対して刑事責任が問われるのか，といったことに対してです。もちろん，当事者にとってみれば，結論こそ重大な（もしかすると唯一の）関心事です。

　ところが，法を学ぶ者としては，結論ばかりに注目するのでは不十分なのです。そこにたどりついた筋道（つまり，理論的な説明）に目を向ける必要があるのです。たとえば，人を殺害しようとして毒薬を飲ませるつもりで間違って砂糖を飲ませたために目的を達成しなかった場合に殺人未遂罪の成立を認めるとしても，それが，「犯人が他人を殺そうと思っていたから」という理由でそのような結論になるのか，あるいは，「犯人が飲ませた物質が普通の人にも毒薬に見えたから」という理由なのかは，重要な問題です。もし，前者

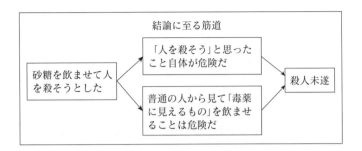

の理由づけによるならば，飲ませた物が普通の人には砂糖にしか見えなかったとしても，「殺そうとした意思」を根拠として，処罰対象となってしまうでしょう。

　以前，病気で苦しむ人を本人の依頼により死亡させた事件がありました。その行為者が嘱託殺人罪（刑法202条）で有罪とされたことも重要ですが，抽象的には「安楽死」として無罪となる場合があること，そして，そのための前提条件（要件）を示したことに大きな意味があるのです（名古屋高判昭和37年12月22日高刑集15巻9号674頁を参照）。判例の読み方については，「判例の読み方」（☞107頁）でくわしく勉強することになります。

③　法とは何か

　本書は，「法を学ぶ」ための方法論を示すものですので，「法」自体の内容を探ることは直接の目的としませんが，法を学ぶための最小限の前提として，「法とは何か」をみていくことにしましょう。

1　社会規範としての法
　私たちは集団の中で生活しており，誰の支配も及ばない無人島で

すべて自給自足の生活をしている場合を別とすれば，他人と関わりをもっています。これは，必ずしも文明の発達，国家権力の確立を前提とするものではありません。

(1) 利益対立はつきもの　人が複数存在すれば，必ず利害対立が生じます。それは取るに足りないものから重大なものに至るまで，様々な規模・形態があります。兄弟姉妹のいる皆さんは兄弟げんかをしたことが必ずあるはずです。とても親しい友人とでも1週間も旅行に行っていれば，一度くらいは意見が合わなかったり，口をききたくなくなることもあるでしょう。ましてや，本来は個人的な関係をもっていない人たちと1つの集団の中で生活することを考えれば，対立があることが普通です。「近くにマンションの建設が始まって，工事の騒音がうるさいし，日が当たらなくなる」，「夜間に自転車が点灯せずに走っているので危険だ」，「自分の雇い主は安い賃金で厳しい労働条件を押しつけてくる」など，トラブルを探せばきりがないでしょう。

(2) ルールの存在　そこで，トラブルを最小限にするために，また，生じてしまったトラブルを解決するためにルールが存在するのです。このルールは当事者間の話し合いで定められることもあれば，第三者が提示することもあります。「工事は朝8時30分から午後6時まで行う」，「1日5時間以上の日照は確保する」，「夜間は自転車は点灯して走行する」，「1日の労働時間は8時間までで，賃金は1時間1,013円以上とする」などというルールが考えられるでしょう。

　問題は，このようなルールをどのように守らせるのか，また，これに違反した場合にどのように扱うのかということです。たんにルールを定めただけでは，それが守られるかどうかは力関係によって決まってしまうことになりかねません。ルールを無視して夜10時ま

で騒音を伴う工事をし，目の前に巨大なビルが建ってしまうということもあるでしょう。これでは，ルールを定めた意味がありません。

(3) ルールを有効なものにするために　そこで，このような事態を避け，ルールを実効性のあるものにするために工夫をする必要が出てくるのです。集団は，様々な価値観をもち利害関係をもつ人から構成されています。工事関係者は「できるだけ早く工事を仕上げ，限られた土地にできる限り大きなビルを建設して多くの収益をあげたい」と考えるでしょうし，近隣の住民は「静穏で日当たりのいいところに住みたい」と考えるでしょう。そして，工事関係者も仕事を終え帰宅すれば，自分自身は「静穏で日当たりのいいところに住みたい」と思うかもしれません。

このように，利害対立がある場合に，対立している当事者同士が話し合いによって仲直りをすることはたやすいことではありません。そこで，様々な価値観・利害を調整するために，第三者がこれに関わることが求められるのです。そして，これを仲裁する人は，中立に判断することができ，両当事者から信頼が寄せられることで，適切な解決が導かれます。

(4) 国家権力と法　社会の範囲が拡大するにしたがって，仲裁をする第三者の役割を果たすのが特定の個人では難しくなっていきます。そこで，個人を超えた存在がこの役割を継承することになります。権力をもった機関が，対立する個人の利害を調整するようになり，**国家権力**がこれを担うことになるのです。

「法の本質は何か」という問いにはいくつかの答えが用意されているのですが，1つはその客観性でしょうし，また，最終的には強制力が背後にあることもその特色であるといっていいでしょう。もちろん，強制力は常に前面に出て発動されるわけではありません。

当事者間で争いがあるときには解決策を提言し，それでも解決しない場合には権力を背景に命令し，それにも従わない場合にはじめて強制力が行使されるのです。**強制執行**や**刑罰権**など重大な権力行使は最終手段として控えているのです。

（5）法治国家と強制力　　近代民主主義国家においては，国家権力は，国民の意思を反映した法律に基づいて行使されなければなりません。この原理は**法治(国)主義**，それによる国家を**法治国家**とよびます。そして，法は，最終的には国家権力による強制力を背景とすることがその特色ですが，前に説明したように，法は人々の生活にとって利益をもたらすものなので，強制力の行使は，それに役立つものでなければならず，その範囲に限定されなければなりません。国家権力によって国民の生活が規制されるからこそ，人々は国家権力が適正に行使されるかどうか，常に目を光らせていなければなりません。

法治国家においては，憲法はもちろん，法律以下の規範は，人々が安心して生活することができるように，時として，その行動を制限することがあります。しかし，同時に，国家が権力を恣意的に（好き勝手に）行使することがないように，権力を拘束することこそ，重要な意味をもつわけです。そのためにも，法は価値判断を伴うものではありますが，理論的に一貫した解釈がなされなければなりません。これが民主主義社会の基本となるのです。

2　法の目的──法的安定性と実質的正義──

法は一方で法的安定性を図る任務を負い，他方では，実質的な正義に役立つものでなければなりません。

（1）法的安定性──外観の保護　　法の第 1 の目的として，法

的安定性を図ることが挙げられます。これは，法のもつ客観性・形式性に関連します。法が人々の行動を規制しながら利害調整を図るものであるとすると，その内容は人々にとって予測可能のものでなければなりません。人々の予測可能な範囲で安定的に適用されることで，安心して暮らしていくことができるのです。法は，人々が守るべきルールであり，人は，それを頼って行動することになります。このような意味において法は**規範**の1つなのです。規範には，あとから述べるように，**道徳規範**，**宗教規範**などがあり，それぞれの場面において，人は規範によって示されたことを模範として，自分の行動を決め，コントロールしていくのです。

法規範は，その法が及ぶ範囲に属する人々が，それに従うことによって安心して生活できるようにするものでなければなりません。そのためには，法は画一的なものであり，一般人にとって予測可能なものでなければなりません。この観点からすれば，法は，その実質的内容はとりあえず問わずに，行動の基準とされるべきです。人の行動は内心と裏腹のこともありますが，人々は，第一次的には，外界に現れたことを基準として行動します。

法的安定性は，民法では，**取引の安全**に役立つという側面をもっています。代理権を与えていないにもかかわらず，あたかも与えているかのような外観を作った場合（109条），または，従来与えていた代理権を失ったにもかかわらず，代理関係が消滅したことを対外的に表示していない場合（112条）には，これを知らなかった人に対しては，この「代理人らしく見える人」は代理人として扱われ，表見代理とよばれます。この表見代理が本人のために行った行為は，本人に帰属するとされているのです。外観を保護することによって，取引の安全を図っているのです。また，ある人が法律行為（たとえ

ば，売買契約）をする意思がないのにもかかわらずに，相手方と口裏を合わせて，法律行為があったかのように見せかけた場合には，これを知らない第三者に対しては，「実は両者には法律行為がなかった」と主張することはできません（94条2項）。これらは，人々が外観を信じて取引関係に入ってくることを前提にしており，これを保護することによって法的安定性を確保しようとしているからです。

　また，刑事法の分野では，**罪刑法定主義**が大原則となっています。これは，刑罰権の行使が，国家権力による基本的人権への重大な介入であり，そのような刑罰を科すためには，予告が必要であることを表しています。一定の事柄（殺人，窃盗など）は処罰の対象とされ，それぞれ対応する刑罰が科されることを示しておき，それ以外の行為には刑罰を科さないこと，また，あらかじめ示された内容を超えた刑罰は科さないことを約束しておくことで，人々は，国家刑罰権の恣意的な（好き勝手な）介入を免れることができるのです。

　このように，客観的に表わされているもの，あらかじめ存在しているものを行動の基準として示すという意味において，法的安定性が法の重要な要素となっているのです。

(2) 実質的正義──具体的妥当性　　法の目的として，第2に**正義**の実現，**実質的（具体的）妥当性**が挙げられます。これは，法の実質的側面に関連します。法的安定性が問題とするのは，外観への信頼，従来存在したものの継続への信頼ですので，その内容は問われないことになります。しかし，人間社会は，野獣の世界と異なり，力関係が唯一の支配原理となってはいけません。法的安定性が確保されたとしても，どのような状態で安定しているのかも問題とされるのです。そこに，法が正義の実現に役立つべき根拠があるのです。

「正義とは何か」という問いは，簡単なようで，難しい問いです。たとえば，犯罪者に刑罰を科すのは正義であり，ある人が他人から攻撃されそうになっているときに，攻撃されている人を守るために，攻撃者を傷つけることは正義の要請であることは何となくわかるでしょう。一般的には，他人の自由を奪ったり，身体を傷つけたりすることは許されませんし，ましてや，生命を奪うことなどは厳しく禁じられています。それにもかかわらず，犯罪者を懲役に処して刑務所に入れたり，誰かを助けるために攻撃者を傷つけたりすることが許されるのは，それが正義の要請だからです。

　また，年収200万円の人よりも，年収1億円の人に高い税率を課すことも納得する人が多いでしょう。同じ社会の中で生活し，国や地方公共団体から同じサービスを受ける以上，同率どころか同額の税金を払うべきであるという考え方もあるかもしれませんが，収入に応じて税率に差を設けることも，正義に合致するといえるでしょう。

　それでは，ある人が，うまい話に乗せられて契約をした場合，冷静に考え直して，契約すべきでないことに気づいたとしても，その契約は守らなければならないでしょうか。民法は，だまされて，真意に基づかない契約をした場合には，取り消すことができると規定しています（96条1項）。未成年者が軽はずみに契約した場合も，同様に取消しができることになっています（5条1項，2項）。だました方からすれば，相手が契約書にサインをした以上，契約は有効であると主張したいでしょうが，法がそのように扱うとすれば，正義に反することになります。もっとも，未成年者の法律行為について，理由を問わずに取消し可能であるとするのは，相手方にとって不利になるでしょう。他人をだました場合には，だました方が不利に扱われるのは，いわば自業自得ですが，未成年者の法律行為につ

いては，本来は相手方を不利に扱わなければならない理由はないのです。それにもかかわらず，民法が未成年者には理由を問わずに取消しを認めているのは，未成年者を社会的に弱い立場にあるとみて，より厚い保護を与えようとする1つの表れであると考えることができます。税率を収入によって区別していることと共通であるかもしれません。もちろん，取引の相手方も，簡単に取り消されることがないように，親権者その他の法定代理人の同意をあらかじめ得ることが普通です。

社会的存在である人間が共同生活を行っていくうえで，弱い立場に置かれた人に肩入れすることによって，調整を図り，実質的な意味での平等を実現しようとしているのです。もっとも，「自由主義」社会においては，社会を構成する人々それぞれが自分の力によって生きていき，競争していくことで淘汰されても仕方がないと考える立場もあるようですが，それは妥当だとは思えません。

(3) 法的安定性と実質的正義の対立　　これまで説明したように，法の基本的な理念として，法の形式面，外観に関わる**法的安定性**と，内容に関わる**実質的正義**——**具体的妥当性**を挙げることができます。これらが相まって法が社会の中で機能していくわけです。ところが，この2つの理念がぶつかり，対立することがあります。この場合，法は両者の調整を図らなければなりません。

次のページの図を見てみましょう。①～④は事柄が起きた順番を表します。Bにだまされて自分の物を売る契約をした人Aは，その契約の取消しができるのですが，BがAをだましてその物を買い受けたことを知らずに，Bからさらに買い受けた人Cは，AがBとの売買契約を取り消したことによって，不利益を被ることがあります。この場合，AはBとの契約を取り消すことができるという

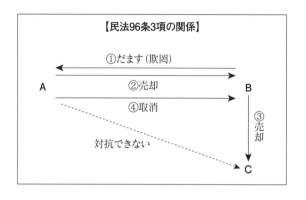

【民法96条3項の関係】

①だます（欺罔）

A　②売却　B

④取消

③売却

対抗できない　C

のが，正義に合致し，実質的に妥当なのですが，Cは，AとBの間に契約関係がある（BがAからその物を買った）という外観を信じて，その物を購入する契約をしたのですから，これも保護する必要があります（権利外観理論）。民法は，詐欺による法律行為は取消しができるとしたうえで（96条1項），この取消しは，善意で（事情を知らない）かつ**無過失**の第三者に対しては対抗できない（96条3項）として，実質的正義と取引の安全が対立するときには，取引の安全を優先することにしています。ただし，強迫（刑法では「脅迫」と書きます）によって契約をした場合には，詐欺による場合と異なって，善意でかつ無過失の第三者に対抗できるかどうかは規定されていません。これについては反対解釈（☞69頁）によって，詐欺による場合と反対の取り扱い，すなわち，善意の第三者に対しても対抗できると理解されています。強迫によって契約した場合には，取引の安全の優先度は下がるわけです。

　近代刑法では，**罪刑法定主義**が基本原則とされています。前に述べたように，これは，国家による国民への重大な介入である刑罰が恣意的に使用されないように，あらかじめ犯罪行為とそれに対応す

る刑罰を示して，人々を刑罰について予測可能な状態に置き，処罰対象とされていないものについては**行動の自由**を保障しています。他方，人々の利益を侵害する行為は無数にあり，しかも，新しい類型の侵害も常に出現しています。それをすべて立法でカヴァーすることは容易なことではありません。その結果，利益侵害行為でありながら，処罰の対象とされないものが残ってしまうことになります。これらの行為も処罰するというのが，人々の**処罰感情**に合致し，その意味において正義の要請を充たすことになるかもしれませんが，罪刑法定主義は，この場合，**法的安定性**を優先することを明確にしています。処罰感情からすれば処罰に値する行為でも，犯罪のカタログに載っていないものは処罰することはできません。この意味においては，刑法では，実質的正義の観念は一歩背後に退いているということができるでしょう。

　また，法律を改正した場合，改正以前の事実に適用すべきかどうかという問題も，法的安定性と実質的正義——具体的妥当性の対立に関わるといえるでしょう。法律を改正するのは，より実態に即した，言い換えれば，具体的な妥当性をもった法規制を実現するためであるといえるでしょう。そうすると，法改正以前に生じた事実に対しても，改正後の法律を適用することが，具体的妥当性を得ることに役立つと考えることができます。しかし，人々が行動する際の基準は，その当時の法ですから，行為後に法が改正されることを予測して行動しなければならないとすると，行動の自由が大幅に制約されることになってしまいます。とりわけ，刑法では，事後的な法改正によって処罰されることになれば，常に刑罰権という国家権力の脅威にさらされなければならないことになってしまいます。罪刑法定主義の内容として，**遡及処罰の禁止**（遡って処罰してはいけない）が

含まれているのは，この意味において法的安定性と具体的妥当性が対立する場合には，法的安定性を優先すべきであることを表しているのです。もっとも，法改正によって，刑が軽くなり，あるいは，処罰対象から外される場合には，改正以前の行為について，改正後の法を適用したとしても，法的安定性を信頼して行動した人に不利益を与えるものではないので，より軽くなった刑を適用し（刑6条），あるいは，処罰対象外とすることが許されるのです（刑訴337条2号）。また，判例自体は法源とはなりませんが，判例の立場を信頼して人々が行動している限りにおいて，法的安定性を優先すべきことになるでしょう。

> **課題** 同じ犯罪を犯した2人に罰金を科すとすれば，一方の年収が200万円で，他方が1億円だった場合に，両者に同じ額を科すべきでしょうか，それとも，年収に応じた罰金を科すべきでしょうか。

3 法と道徳の関係

人の社会生活を規制するものとして，法とならんで**道徳**が考えられます。それでは，法と道徳はどのような関係に立つのでしょうか。

(1)「法は道徳の最小限」か　第1に，法の根底に道徳が存在する場合があります。「借りた金は返さなければならない」，「人を殺してはいけない」といった道徳的な内容が法に取り入れられることがあるのです。しかし，「年寄りはいたわらなければならない」というのが道徳の教えであり，満員電車の中で年寄りが立っていれば席を譲るというのが道徳に合致するとされていますが，これは法には取り入れられていません。

他方，道路交通において「車は左側を走行し，歩行者は右側を歩

く」ということは，元々は道徳的な意味はもっていませんが，法の中には取り入れられています（道路交通法10条1項，17条4項）。ヨーロッパ大陸やアメリカ合衆国では，日本と反対に自動車が右側通行ですが，イギリスやオーストラリアなどは，日本と同じく自動車は左側通行です。道徳的には右も左も意味はないのですが，自動車運転者も歩行者も好きなところを通行していては，危険であり，道路交通に支障が生じるために，法によって一律に決められているわけです。

このように，法と道徳の関係は一様ではないのですが，基本的には，「**法は道徳の最小限**」といわれるように，道徳のうち，最終的には権力によって強制する必要性があるものを法として取り入れています。したがって，反対からみれば，法に違反しないことがただちに道徳的にも許されているわけではないことに注意をしなければなりません。

(2) 人の内心に関わるか　第2に，法は外部に現れた事柄を規制しているのに対し，道徳は人の内心に深く入り込んでいます。すなわち，人が法で定められたことに外部的に違反していなければ，法の要求は満たしていることになりますが，道徳にとっては，どのような心持ちでそのような行動を取ったのかが重要であり，場合によっては外界に現れることがなくても道徳に合致したり，違反したりすることがあるのです。その点においては宗教もこれと共通です。裸体を見て，妄想をめぐらせることは，道徳的には非難されるかもしれませんが，手を出したり，わいせつな言葉を発したりしない限り，法的には問題とされることはありません。もっとも，ある人の行為によって他人が傷害を負ったという場合に，どのような結果が生じるのかを知りながらその行動に出たのか，それとも，知らずに

不注意でそのような結果を生じさせたのかでは，法的な評価が異なることになります。ただし，この場合でも，傷害を与えたという客観的な事実の存在が法的評価の前提になることは，道徳的評価と異なるところといえるでしょう。

(3) 強制と制裁　　第3に，法は強制力，とりわけ**国家による強制力**を背景にしていて，違反した場合にはこれが発動される可能性があります。債務者が債務を履行しない場合（たとえば，支払わなければならない金額を支払わない場合）には，最終的には**強制執行**という方法が用いられることがありますし，犯罪を犯した場合には**刑罰**が科されます。これに対し，道徳は，基本的には心の問題として，自分の良心がそれを担保しているのです。もっとも，そもそも道徳的でない人にとっては，良心の呵責などとは無縁なのかもしれません。いずれにしても，道徳に違反した場合には，周囲の人々の目にさらされ，非難を浴びることもあるでしょう。ただし，法とは違って，権力による強制が背景に存在することはありません。

このような共通点と相違点をふまえて，法と道徳はしっかりと区別する必要があるのです。

(4) 法と道徳の相違　　「法と道徳の相違は何か」という問いかけをすると，「法は文書（条文）の形を取る」という答えが見受けられます。たしかに，道徳の多くが自然発生的に成立しているのに対し，法は「立法」作業を通して人為的に作られるものも多くの部分を占めますが，前述のように，慣習も「慣習法」という法として位置づけられるものもありますし，他方，日本において形式的な意味では「法」に属さないとしても，英米法系において重要な法源とされる「判例」は，「判決」という形で「文書」化されたとしても，条文化されているわけではなく，文言それ自体がその本質ではあり

ません。そのような意味で,「法は文書化されている」という説明は正確ではありません。

　道徳と異なり,法は背後に国家による強制力が存在するという特色があります。「法と道徳の相違は何か」という問いに対して,「法に違反すると処罰される。」と答える人が多くいます。「国家による強制力」というと刑罰をすぐに思い浮かべる人も多いと思いますが,刑罰が「国家による強制力」の一つであることは間違いありませんが,強制力は刑罰には限りません。民事事件や租税に関する事件において,支払義務が確定しているのに任意に支払わない場合に強制執行が行われたり,土地などの引渡義務が生じているのに任意に引き渡さない場合には行政代執行が行われたりすることがあります。これらも「国家による強制力」ですので,「法に違反すると処罰される」というのは,法の一部分について説明しているに過ぎません。さらに,「法に違反すると逮捕される」とする答案を時々見かけますが,法違反≠犯罪というだけではなく,逮捕は強制捜査の一つであり,それに勾留(「拘留」とは別のものです)とともに,国家権力による身柄拘束(身体活動の自由制限)ではあるものの,刑罰ではないので,明確に区別することが必要です。

　(5) 法は万能ではない　法を学ぶと,すべて法によって解決できると思うかもしれませんが,心がけておかなければならないのは,「法は万能ではない」ということです。とりわけ,刑法では,罪刑法定主義があるために,どんなに他人に迷惑をかける行為であっても,法律によって処罰されることが規定されていなければ処罰できません。刑法は,社会における現象の一部分を,さらには,法に違反する現象の一部分を捉えるだけであり,また,それが望ましいのです。しかし,処罰されないからといって,どんなことでもや

っていいとは限りません。電車やバスの中には,「携帯電話はマナーモードにし,通話はご遠慮ください」と書いてあります。これに違反したからといって,ただちに損害賠償義務が生じたり,強制執行されたり,罰金が科されたり,刑務所に行かなければならなかったりするわけではありません。それでも,車内で静かに本を読んだり,休もうとしたりする人たちにとって,また,ペースメーカーを使用している人にとっては迷惑なことですから,慎まなければなりません。

また,民法では,法律に規定されていない事柄についても,解釈することによって法的な結論を出さなければなりません。その意味においては,刑法よりも民法が活躍する場面は広いということができるでしょう。しかし,法の適用が社会生活の最終決着になるとは限りません。たとえば,自然災害によって家が壊れたり,建物内の水道管が破裂して水浸しになったりしたとします。保険がかけられていて,それによって十分な補償が得られればいいかもしれません。しかし,そうでない場合には,その損害を誰に補償してもらえるのでしょうか。多くの場合,自然災害などの不可抗力によって損害が発生した場合,誰のせいでもなく,運が悪かったということになり,法的には救済を求めることは困難でしょう。それでも,近隣の人々は,また,被害を受けなかった人々は,復旧に手を貸したり,援助の手を差し伸べたりすることによって,共同体として,社会として立ち直っていくことができるでしょう。法的義務がないわけですから,強制することはできません。良好な社会生活を営むには,法だけではなく,道徳も必要とされるわけです。

ただし,「何でも法によって解決できるわけではない」ということを誤解してはいけません。法の外での解決は,たとえば,「反社

会的勢力を利用して解決すること」を意味するわけではありません。この解決は道徳による解決ではなく，(原始的な)「力による解決」になってしまうからです。

4 法 源

　法は最終的には国家による強制力を背景としていますが，司法機関である裁判所が具体的事件に適用することによって法が実現されることになります。ここで裁判所がよりどころとするものが実質的な意味における法であるとすると，何がそのよりどころとなるのかを考察しておく必要があります。このよりどころを**法源**といいます。ここでは，法源をいくつかの観点から分類しておくことにしましょう。

1　法の形式による分類

（1）制定法と不文法　　法としてまず挙げられるのは，国家機関や地方公共団体が制定する**制定法**です。これらは，文書の形で制定されており，成文法の形式を取っています。これに対し，譲渡担保や温泉権など各地で慣習として行われ，規範としての性質をもっている**慣習法**は，文書の形で意識的に制定されたものではなく，**不文法**に属します。**判例**については，英米法系に属する国では重要な法源となっていますし，日本では形式的には法源とはされていないものの，「判例の拘束力」（☞110頁）で述べるように，実質的に拘束力をもっており，これも不文法に属するとされています。

（2）制定法の制定主体と形式　　さて，制定法はその制定主体と制定形式によってさらに分類されます。ここでは，現在の日本に存在するものについて説明することにします。これらは，「法令」

（または，「法規」）と総称されることがあります。

国家の最高法規として国家組織を規定し，国の根本的なあり方を提示するものが**憲法**です。立憲主義の国家では，憲法は法体系の頂点にあるというだけではなく，権力行使が恣意的にならないように国家権力を拘束する役割をもちます。憲法を改正する可能性は認められていたとしても，国家権力が自らこの拘束を緩めようとする試みに対しては警戒しなければなりません。日本では，現在は**日本国憲法**がこれにあたり，国家の統治機構と基本的人権について定めています。あらゆる法令は憲法に違反することは許されず，最高裁判所は法令が憲法に矛盾しないかどうか最終的に審査する権限をもっています（違憲立法審査権：憲81条）。司法機関は立法機関や行政機関から実質的にも独立した存在として，適切に憲法適合性を審査しなければなりません。

国会が**法律**という形式によって定めているのが狭い意味における法律です。国会は立法機関（憲41条）であり，現在の日本のように議会制民主主義を採用している国では，国民の選挙によって国会議員が選出されているので（憲43条），理論的にいえば，国会が制定する法律には国民の意思が反映していることになります。ちなみに，民法，刑法，商法，民事訴訟法，刑事訴訟法に憲法を加えて，六法とよんでいます。

行政機関である内閣が憲法および法律を実施するために制定する命令が**政令**であり（憲73条6号），内閣の統括の下にある行政機関である各省の大臣が，法律もしくは政令を実施するために制定する命令が**省令**です（国家行政組織法12条）。

衆議院および参議院の**両議院**は，会議の手続および内部の規律に関する**規則**を定め（憲58条2項），**最高裁判所**は，訴訟に関する手続

【法の種類】

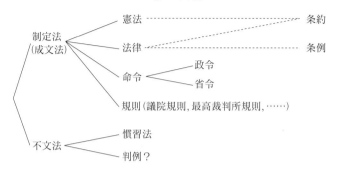

等の事項について，**規則**を制定することができます（憲77条）。このほか，人事院，労働委員会などにも規則を制定することが認められています。

　条例は，地方公共団体が法律の範囲内で定めた規範であり，憲法94条によってその制定が認められています。国家機関である「国会」が定めた法律とは異なりますが，地方公共団体の立法機関である地方議会の議員のみならず，執行機関である首長（都道府県知事，市町村長，特別区長）も住民の選挙によって選出されており，少なくとも形式的には民意が反映されている点において，民主主義的理念に沿ったものといえるでしょう。

　これと区別されなければならないのは，一地方においてのみ適用される地方特別法です。これは，国会が制定する法律ですが，それが適用される地域の住民の投票によって過半数の同意を得なければなりません（憲95条）。

　さらに，国家間で結ばれる**条約**も重要な意味をもっています。多くの場合，この条約を実施するためには，国内において法律が制定

されます。たとえば，「麻薬および向精神薬不正取引防止条約」を
実施するために麻薬特例法が制定されています。このような実施す
る国内法が制定されていない場合に，条約自体が国民に対してどの
ような効力をもつのか，また，条約と憲法の優劣関係については争
いがあります。

2 内容による区別

　これらの法令は，各分野を規制していて，独自の内容をもってい
るのですが，ここでは，内容を基準として2つの観点から分類して
おくことにしましょう。

(1) 公法と私法　　①法との関わり　　人は社会生活を送って
いくうえで，様々な場面に出会います。日常生活においてどのよう
なことを行っているのか考えてみてください。

　あまり意識していないかもしれませんが，日常生活の中にもいろ
いろな法的関係が生じているのです。交通機関を利用したり，食事
をしたり，大学の講義を受けるのは契約に基づいていますし，公立
の小中学校に無料で通えるのは教育を受ける権利に基づいているは
ずです。自動車を運転している人は免許証を取得しているでしょう
し，事故にあったり，けんかに巻き込まれたりすれば，警察の世話
になることもあります。そして，これらの多くは税金によってまか
なわれているのです。仕事をして収入を得たり，不動産（土地や建
物）を所有したりしていれば，それに税金が課され，さらに，買い
物をしても，支払う代金の中には消費税が含まれているのです。

②公法と私法の分類　　このような出来事は，法によって規制さ
れているわけですが，その法が対象としている私たちの生活関係は，
大きく2つに分類することができます。

第1に，物を売ったり，買ったり，貸したり，借りたりする関係です。これらは，売る方も買う方も私人です。もちろん，個人間の取引というよりも，商店や会社が取引相手であることも多いでしょう。また，結婚したり，子どもが生まれたりすると，家族との結びつきが生じることになります。このように私人同士の関係を扱っている法を**私法**といいます。民法や商法が私法の代表例です。

　第2に，公立の小中学校に通ったり，税金を支払ったりするのは，国や地方公共団体が相手となります。通学に使う道路は国道や県道・市道が多いことでしょう。また，犯罪が起きたときにこれを取り調べ，裁判を行い，処罰をするのは国家機関です。このように，国家や地方公共団体との関係を扱っている法を**公法**といいます。公法には行政法や刑法が属しますが，憲法も国のあり方や，国と国民の関係を規定したものですから公法に属することになります。

　もっとも，皆さんが大学に通うときには民営の鉄道やバスに乗ることもあるでしょうし，都営地下鉄や市営バスなどの公営の交通機関を使うこともあるでしょう。一方が民間会社であり，他方が公共機関であるので，前者を規制するのが私法で，後者を規制するのが公法であるということになるとすれば，少し違和感があるかもしれません。

　公法か私法かの区別を，その当事者を基準にするとしても，それが扱う対象を基準とするとしても，ある程度修正を加えなければならないことがわかります。いずれにしても，私法が扱う領域は，法が扱う両当事者が同等な力をもっていて，私的自治が優先されるのに対し，公法が扱う領域は，両当事者が対等な力関係にはなく，ある場合には強制力が必要とされますし，ある場合には力関係の調整が求められることになるのです。

③公法と私法の相違　　公法と私法の相違について，公法は国家または地方公共団体と国民・住民の間で結ばれた法であり，私法は私人間で結ばれた法であると答える人がいますが，少し不正確です。この両者の関係についての説明は複数存在しますが，前者は国家または地方公共団体と国民・住民の関係，あるいは，これら諸機関の関係を規制する法であり，後者は私人間の関係を規制する法というのが一般的な説明です。両者の区別は規制内容による区別であり，私法であっても，「私人間で結ばれた法」ではないことに注意すべきです。

④公法と私法の接近　　さらに，私人同士の関係を扱っている法でも，両当事者に著しい力の差が想定される場合には，私的自治に任せることは，弱肉強食を招くことになってしまうので，ここでも法は力関係の調整を図ることになるのです。経済法（独占禁止法など）や社会法（労働三法など）などがこれに属しています。

> **課題**　経済法や社会法が，力の差がある両当事者についてどのような調整を図っているのか調べてみましょう。

(2) 実体法と手続法　　社会生活の中に法的関係はあふれていると述べましたが，売買において，商品の引渡しや代金の支払いが適切に行われ，また，借りた物を期限までに返したりしておけば，法的問題とされることはありません。売買代金が期限までに支払われず，また，返還期限までに物が返還されない場合に，はじめて法的問題となり，これを解決するために法が用いられることになるのです。借りたお金を（事情によっては利息をつけて）借主（債務者）が期限までに返済しない場合には，貸主（債権者）は，これを（直接強制・代替執行・間接強制等の）強制するように裁判所に請求すること

もできるとしていますし（民414条），債務者がこれを行わないことによって損害が生じた場合には，債権者は損害賠償を求めることができる（民415条）と規定しています。しかし，実際に裁判所に請求し，損害賠償を求めるための手続は民法には規定されておらず，民事訴訟法に規定されています。

また，ある人が他人の物を盗んだ場合には，刑法は，「10年以下の懲役又は50万円以下の罰金に処する」（刑235条）と規定していますが，これを犯した犯人を実際に処罰するためには，（刑事）裁判によらなければなりません。そして，この手続は刑法には規定されておらず，刑事訴訟法に規定されているわけです。

このように，法は，法的問題が生じた場合の帰結（権利，義務，法効果）などを扱った**実体法**と，その帰結を実際に導くための手続を定めた**手続法（訴訟法）**に分類することができます。民法や商法という実体法に対応している手続法が民事訴訟法，民事執行法であり，また，より詳細な手続を定めているのが，最高裁判所規則である民事訴訟規則です。また，刑法という実体法に対応している手続法が刑事訴訟法であり，同様に手続の詳細は刑事訴訟規則が定めています。

3 法の適用

法の解釈方法は，第2章「法令の読み方」で学習しますが，その前提として，ある事柄について複数の法令が併存するときに，どのような原理に従って適用するのか，次の3つの観点から説明していくことにいたします。

（1）一般法と特別法（特別法優先原則）　　日常生活において，財産を売買したり，貸借したりすることがあります。財産の取引一般を規制しているのが民法です。民法は，財産法とよばれる第1編総

則，第2編物権，第3編債権において，取引一般についてのルールを規定しています。他方，商法1条1項は，「商人の営業，商行為その他商事については，他の法律に特別の定めがあるものを除く他，この法律に定めるところによる」と規定し，2項は，「商事に関しこの法律に定めがない行為については商慣習に従い，商慣習がないときは，民法の定めによる」と規定しています。すなわち，取引一般に関する法規制（これを「**一般法**」とよびます）の中で，その一分野である商事に関する事項（その中心をなす「商行為」については，商法501条以下で規定されています。）については，その分野に特化した法規制（これを「**特別法**」とよびます）が適用されることになります。たとえば，民法589条1項は，「貸主は，特約がなければ，借主に対して利息を請求することができない」と規定しているのに対して，商法513条1項は，「商人間において金銭の消費貸借をしたときは，貸主は，法定利息を請求することができる。」と規定しています。すなわち，金銭の貸し借り一般については，原則的には一般法である民法が適用され，特別な取り決めがない限り，貸主は利息を得ることができませんが，この貸し借りが商人間で行われるとすれば，特別法である商法が適用されることになり，特別な取り決めがなくても，法定利息（民法404条）が得られることになるわけです。

このように，ある事柄について，その分野の特殊事情を考慮して，その分野に特化した規定が定められている場合には，一般法の適用は排除され，特別法が優先して適用されることになります。もっとも，一般法と特別法の関係は相対的です。たとえば，商事に関する事項を規制する商法は，取引一般を規制する民法との関係では特別法となりますが，手形による取引を規制する手形法との関係では一般法となり，手形による取引については，特別法である手形法が適用されることに

なります。

(2) 行為時法の原則と後法優越の原則　法は，社会的事情を反映して改正（新設，変更，廃止）されることがあります。法が規範である以上，原則的には，行為時に有効であった法が適用されることになります。特に，国家刑罰権の発動である刑法については基本原則である罪刑法定主義の一内容として遡及処罰の禁止（事後法による処罰の禁止）が含まれています。

　一方，通常，法改正があれば，旧規定は削除され，また，改正後にも存続する法令と矛盾が生じないように慎重に調整作業が行われるので，原則として，改正後の行為について旧規定の適用が問題とされることはないはずです。

　それでもなお，ある事項についての法規定を存続させたまま，それと実質的に重なる事項について別の規定が制定され，内容的に矛盾が生じた場合，既に存在した法は新法によって実質的に上書きされ，実質的に新法が適用されることになります。これを**後法優越の原則**とよび，「後法は前法を破る」と表現されることがあります。なお，この原則よりも特別法優先の原則が優先して適用されるので，特別法と内容が異なる一般法が改正されたとしても，特別法が改正されない限り，既存の特別法が適用されることになります。

(3) 強行規定と任意規定　法令の規定は，適用される両当事者の意思にかかわらず適用される**強行規定**と，両当事者の意思によって適用が排除される**任意規定**に分類されます。民法91条は，「法律行為の当事者が法令中の公の秩序に反しない規定と異なる意思を表示したときは，その意思に従う。」と規定しています。公の秩序に関する規定は強行規定，公の秩序に関しない規定は任意規定となります。民法においては，法律行為の当事者が，特段の意思表示を

しない場合には任意規定が適用され，任意規定と異なった意思表示をした場合には，強行規定に反しない限り，その意思表示が両当事者を拘束することになります。たとえば，民法732条「配偶者のある者は，重ねて婚姻することができない。」と規定して，これは強行規定ですので，仮に，夫も妻も，婚姻したまま，さらに別の人と婚姻をすることをお互いに認めたとしても，法はこれを許さないことになっています。これに対して，民法417条は，「損害賠償は別段の意思表示がない場合は，金銭をもってその額を定める。」と規定しています。これは任意規定ですので，金銭以外による損害賠償を求め，行うことができるわけです。①で挙げた金銭の貸し借りの例を使うと，一般の取引関係において，借主が貸主に利息を支払うことを取り決めた場合，利率について当事者で定めた利率が適用されますが，利率について特段の意思表示がなければ，民法404条（任意規定）に従って年3％の利息になります。もっとも，利息制限法1条（強行規定）を超える利率を当事者が定めた場合には，当事者の意思表示（合意）は無効になるわけです。

　民法の中でも，契約の自由のような私的自治が支配原理になる規定は任意規定が中心となるのに対し，所有権などの物権や家族の身分関係に関する規定は強行規定が多くなっていますし，前述の利息制限法の他，労働法や経済法とよばれる分野などにおいては，両当事者の実質的な力関係を調整する規定などの多くは，強行規定になっています。また，刑法をはじめとする公法においては，国家と国民の関係を規制するという性質上，強行規定が原則となります。

< Step up >
伊藤正己＝加藤一郎編『現代法学入門〔第4版〕』（有斐閣，2005）
団藤重光『法学の基礎〔第2版〕』（有斐閣，2007）

2　法令の読み方

　「法令」という言葉は，それ自体，難解なイメージを皆さんに与えがちです。そこで，スポーツの場面で考えてみたいと思います。たとえば，サッカーには「手を使ってはいけない」というルールがありますよね。まさにこのルールがこれから皆さんが学習する「法令」なのです。

　法令はルールですから，正確に理解しなければなりません。間違ったルールを知ることは，有害でこそあれ，決して役には立たないのです。サッカーでも全員が手を使っていけないわけではなく，ゴールキーパーはペナルティーエリア内では手を使ってよいというルールになっています。

　では，誤りなく法令を読んだり，解釈して適用するためには，どのようなことを知識として身につけておく必要があるのでしょうか。

　まずは次の3点を押さえておくことが肝心です。

① 法令・条文がどのような構成になっているのか
② 法令には，どのような用語の使われ方があるのか
③ 法令を解釈する手法としてはどのようなものがあるのか

　つまり，まず，①法令・条文の仕組みと②法令での用語法を理解し，これらを前提に，③法令の解読方法を習得することが必要になるのです。これら3点をマスターすれば，一見難解な法学にスムーズに入っていけるはずです。

　それでは，具体的に法令を参照しつつ，実際に読み方や解釈方法をみていきましょう。法学の第一歩です。

東京都〇〇区のコンビニで強盗が発生した。110番通報により警察官が現場に駆けつけ，犯人2名を取り押さえた。
⇒2人が共同して行った強盗は，刑法のどこに規定があるのでしょうか？
　また，取り押さえられた犯人を調べてみると，実は中学2年生で，年齢はそれぞれ13歳と14歳だったことが判明した。
⇒彼らに刑罰は科されるのでしょうか？

1　法令の構成

　民法，刑法，商法など，わが国の法令の多くは，法典をいくつかの「編」に分け，**各則**に共通する事項を**総則**としてまとめて前置する体系的な法典編纂方法をとっています。たとえば，刑法では，殺人罪（199条）や窃盗罪（235条）といった個々の犯罪は，第2編の「罪」に規定されていますが，いずれの犯罪にも共通する刑罰や正当防衛，共犯などの規定は，第1編の「総則」に置かれているのです。

　法令をこのように構成するメリットとしては，①内容の重複を避けて法全体をシンプルにできること，②体系的な構成となっているため，条文を検索しやすいことなどが挙げられています。他方，この方式は，初学者には，とっつきにくく，わかりにくいイメージを与えることもあります。その理由は，学習する際の作業として，「各則」を参照しつつ，共通項目である「総則」をも参照しなければならない点にあります。条文間を行ったり来たりしなければならないのです。もっとも，皆さんは，すでに法の構成として，総則・各則規定があるという知識を身につけたわけですから，あとは実際

に六法を手にとって慣れていくだけです。

　それでは，設例を見てみましょう。設例では，2人で強盗が行われています。強盗罪は，「**各則**」部分の刑法236条に規定があります。

> **（強盗）**
> **刑236条①**　暴行又は脅迫を用いて他人の財物を強取した者は，強盗の罪とし，5年以上の有期懲役に処する。

　しかし，この規定や周辺を探しても2人で強盗をした場合，法的にどのように取り扱えばよいのかは書かれていません。では，窃盗を2人で行った場合はどうでしょうか。窃盗罪は，刑法235条に規定がありますが，やはり本規定や周りを探しても2名で窃盗をした場合の規定は見当たりません。

　逆の発想をしてみましょう。2人の強盗，3人の強盗といった具合に，各犯罪ごとに複数名で実施された犯罪を規定するのです。このような法令の構成では，条文の数は無限に広がってしまいますし，そもそもすべてを規定することは不可能でしょう。そこで，法は2人以上で犯罪を犯した場合をまとめて「**総則**」の部分に規定しているのです。皆さんはニュースやテレビドラマなどで「共犯」という言葉を見聞きしたことがあるのではないでしょうか。刑法では，共犯の1つである「共同正犯」について以下のように規定しています。

> **（共同正犯）**
> **刑60条**　2人以上共同して犯罪を実行した者は，すべて正犯とする。

　事案によっては，強盗の規定を見るだけでは，法令の読み方として不十分だということがイメージできたのではないでしょうか。これはあくまでも一例ですが，多くの法令に共通することですので，総則・各則規定を使いこなせるようになって下さい。

2 条文の構成

　法令は，いくつかの箇条書きの文で構成されており，これを**条文**とよびます。各条文には，関連する事項を１つの条文内で規定するための工夫がなされています。

　犯罪に関する凶器などを没収する刑法の規定を見てみましょう。

> **（没収）**
> **刑19条**① 　次に掲げる物は，没収することができる。
> 　一　犯罪行為を組成した物
> 　二　犯罪行為の用に供し，又は供しようとした物
> 　三　犯罪行為によって生じ，若しくはこれによって得た物又は犯罪行為の報酬として得た物
> 　四　前号に掲げる物の対価として得た物
> ② 　没収は，犯人以外の者に属しない物に限り，これをすることができる。**ただし**，犯人以外の者に属する物であっても，犯罪の後にその者が情を知って取得したものであるときは，これを没収することができる。

　市販されている六法で①，②などと表記されている文を**項**と呼びます。上記例では，１項と２項があるわけです。ただし，六法によっては，項を示す数字が表記されておらず，ただ段落が変えられているものや１項には数字が付されていないものもありますので注意して下さい。

　項の中で，さらに分類して規定する必要がある場合には，**号**が用いられます。六法では，一，二などと表記されます。上記条文では，１項に合計４号あることになります。それぞれ，19条１項１号，19条１項２号……とよびます。

　２項を見て下さい。ここでは便宜上，太字で表記していますが，「ただし」という用語が用いられています。これは，同一の規定内で原則・例外という関係に立つ場合に用いられます。「月曜日は終

日授業。ただし，来週は休講。」といった感じです。本項では，「没収は，犯人以外の者に属しない物に限り，これをすることができる」が原則で，「犯人以外の者に属する物であっても，犯罪の後にその者が情を知って取得したものであるときは，これを没収することができる」が例外ということになります。前者を「**本文**」，後者を「**但書**（ただし書）」とよびます。条文中では，「**ただし**」のほか，「**但し**」と表記されている場合もあります。

> **（業務上過失致死傷等）**
> **刑211条** 業務上必要な注意を怠り，よって人を死傷させた者は，5年以下の懲役若しくは禁錮又は100万円以下の罰金に処する。重大な過失により人を死傷させた者も，同様とする。

　上記条文を見て下さい。医療過誤で患者に傷害を負わせた場合などに適用される規定です。1項の中に2つの文章が入っています。これは，項を分けて規定するほどの差異がない複数の並列的事項を規定する場合に用いられ，前の文章を「**前段**」，後の文章を「**後段**」とよびます。中には，並列的な事項が3つあるケースもあり（刑訴24条など），その場合には，「**前段**」，「**中段**」，「**後段**」となります。

　このほか，「○条の△」というような表記もあります。これは原則として，後から追加された条文です。たとえば，刑法230条の名誉毀損の規定に，公共の利害に関する場合の特例を追加したことから，「230条の2」としたのです。230条の後に231条として追加すると従来の231条は本来であれば232条になるはずですが，これでは，条文番号と内容の関係が不安定になってしまいます。そこで，こうした不都合を回避する手法として○条の2といった表記が用いられるのです。「230条の2」との表記を230条2項と勘違いしないように注意して下さい。

このように，条文には，○条△項□号，前段・中段・後段，但書などの呼び方があります。法学部の講義では，条文が多く登場してきますので，どの条文のどこの部分を指しているのかがわかるように面倒くさがらず目で追って下さい。

③ 用語法

日常では，ほぼ同義あるいは曖昧に使用されている語句でも，法令では厳密に使い分けられています。また，日頃は使わなくても，法令では頻繁に登場する語句もあります。英語など外国語の長文読解と同じように，これらの語句を正確に理解することが，法令解釈の誤りを少なくする近道です。こうした用語法は法学検定試験などでも出題されています（☞「検定試験」244 頁）。以下では，頻出の語句をいくつか取り上げたいと思います。

1 「又は」・「若しくは」

法令では「A か B か」というように，語句を選択的に結ぶ場合に，「又は」と「若しくは」が用いられます（ひらがな表記も同じ。「または」・「もしくは」）。これらは，英語の "or" にあたります。日常では，「又は」と「若しくは」は同じように用いられていますが，法令上は区別されています。「又は」は，複数の語句をただ選択的に並べる場合に用いられます。ただし，結ぶ語句が 2 つの場合とそれ以上の場合では表記方法が異なります。以下の刑法の条文で確認してみましょう。

> 「A又はB」
> （あへん煙等所持）
> **刑140条** あへん煙**又は**あへん煙を吸食するための器具を所持した者
> は，1年以下の懲役に処する。
> 「A，B，C又はD」
> （あへん煙輸入等）
> **刑136条** あへん煙を輸入し，製造し，販売し，**又は**販売の目的で所
> 持した者は，6月以上7年以下の懲役に処する。

　他方，選択的に語句を列挙しようとしても，意味内容などから，単純に並列できない場合もあります。このような場合には，「又は」のほかに「**若しくは**」が用いられ，大きな違いを「又は」で，小さな違いを「**若しくは**」でつなぎます。

> 「A又はB若しくはC」
> （殺人）
> **刑199条** 人を殺した者は，死刑**又は**無期**若しくは**5年以上の懲役に
> 処する。

　上記刑法の殺人罪の条文を見てみますと，刑罰として，「死刑」，「無期懲役」，「5年以上の懲役」が規定されています。殺人罪を犯した場合には，これらのうちのいずれかの刑罰に処せられることになるわけですが，列挙する際に，「**又は**」と「**若しくは**」が用いられています。具体的に刑罰の中身を見てみますと，生命を奪う「死刑」（生命刑）と身体の自由を奪う「懲役刑」（自由刑）とでは，刑の種類が異なります。他方，「無期懲役」と「5年以上の懲役」には，刑期の差こそあれ，刑の種類はともに自由刑です。そこで，死刑と懲役を「**又は**」で大きく分け，次に，同じ懲役の中で無期と有期懲役を「**若しくは**」で小さく分けているのです。

死　刑	又は	無期 **若しくは** 懲役 5 年以上の

　このように，法令上は，選択される語句の内容に段階的な違いが
ある場合，大きい段階では「**又は**」を，小さい段階には「**若しく
は**」を用いて，厳密に区別しているのです。

2 「及び」・「並びに」・「かつ」

　法令では，「AとB」というように，語句を併合的に結ぶ場合に，
「**及び**」と「**並びに**」が用いられます（ひらがな表記も同じ。「および」・
「ならびに」）。これらは，英語の"and"にあたります。複数の語句
をただ併合的に並べる場合は，「**及び**」が用いられます。ただし，
結ぶ語句が2つの場合と3つ以上では表記方法が異なります。以下
の民法の条文で確認してみましょう。

> 「A及びB」
> **（不動産及び動産）**
> 民86条① 土地**及び**その定着物は，不動産とする。
>
> 「A，B及びC」
> **（所有権の内容）**
> 民206条 所有者は，法令の制限内において，自由にその所有物の使
> 　用，収益**及び**処分をする権利を有する。

　併合的に語句を列挙しようとしても，意味内容などから，単純に
並列できない場合もあります。このような場合，「**及び**」のほかに
「**並びに**」が用いられます。結びつきが強いときは「**及び**」で，弱
いときは「**並びに**」でつなぎます。

```
                ┌──────────┐
                │   出頭   │
  証人の    及び              並びに        記録の提出
                │   証言   │
                └──────────┘
```

「A 及び B 並びに C」
【議院の国政調査権】
　憲 62 条　両議院は，各々国政に関する調査を行ひ，これに関して，証人の出頭**及び**証言**並びに**記録の提出を要求することができる。

　憲法 62 条の議院の国政調査権の条文を見てみますと，両議院がそれぞれ国政に関する調査を行う場合に要求できることとして，証人の「出頭」，「証言」，「記録の提出」が規定されています。前二者は，後者と比べ，「証人の行為」という点で結びつきが後者より強いといえます。そこで，前二者を「**及び**」で，前二者と後者を「**並びに**」で結んでいるのです。

　また，「**及び**」や「**並びに**」とともに，併合的に用語を結ぶ場合に，「**かつ**」が用いられることもあります。「**且つ**」，「**且**」とも表記されます。この用語は，条件に絞り込みをかける際に用いられます。すなわち，「かつ」で結ばれた語句の前後の条件がいずれも満たされなければならないのです。次の条文を見てみましょう。

（所有権の取得時効）
　民 162 条①　20 年間，所有の意思をもって，平穏に，**かつ**，公然と他人の物を占有した者は，その所有権を取得する。

　民法 162 条 1 項の所有権の取得時効は，所有の意思をもって，①「平穏に」^{プラス}＋②「公然と」他人の物を占有した者に対して適用されます。一見すると，2 つの条件なのですが，これら双方の条件を満

たす必要があるということを「**かつ**」で表しているのです。

明らかに逮捕の必要がない場合を定めた刑事訴訟規則143条の3では，「**及び**」，「**並びに**」，「**かつ**」がすべて登場しますので，確認してみましょう。

3 「以上」・「超える」と「以下」・「未満」

日常生活では，「**以上**」と「**超える**」，「**以下**」と「**未満**」はある程度のイメージができるからか，違いが厳密には意識されないまま用いられているように思われます。しかし，法令はルールであり，基準となる数値を含むのか否かは重要な違いとなって現れます。設例のような少年事件が起こると，年齢に注目が集まり，「14歳」という文字が紙面で強調されるのを見たことがあるでしょう。

> **（責任年齢）**
> **刑41条** 14歳に満たない者の行為は，罰しない。

では，14歳の者は処罰されるのでしょうか。この点は，刑法上，刑罰を科されるか否かの分岐点であり重要です。基準となる年齢が「14歳」であるとの知識だけでは不十分なのです。

法令上，基準となる数値を含む場合は，「**以上**」や「**以下**」を用い，含まない場合は，「**超える**」や「**未満**」を用います。このことは，中学・高校で勉強した数学での使い方と同じですが，もう一度，ここで確認しておきたいと思います。次の刑法の条文を参照しながら，具体的に見てみましょう。

> **（強制わいせつ）**
> **刑 176 条**　13 歳**以上**の者に対し，暴行又は脅迫を用いてわいせつな
> 　行為をした者は，6 月**以上** 10 年**以下**の懲役に処する。13 歳**未満**の
> 　者に対し，わいせつな行為をした者も，同様とする。
> ※ 6 月以上は，期間を表す意味です。読み方は 6 月（ろくげつ）となります。
> **【必要的弁護】**
> **刑訴 289 条①**　死刑又は無期若しくは長期 3 年を**超える**懲役若しくは
> 　禁錮にあたる事件を審理する場合には，弁護人がなければ開廷するこ
> 　とはできない。

　刑法 176 条は，強制わいせつ罪の規定ですが，そこには，「**以上**」，
「**以下**」，「**未満**」が出てきます。どのような行為がどのような刑罰
となるかを条文から読み取ってみましょう。

　強制わいせつ罪は，2 つの文からなりますが，それぞれ以下のよ
うに理解することになります。

> **（強制わいせつ）**
> **刑 176 条**　13 歳**以上（13 歳を含む）**の者に対し，暴行又は脅迫を用
> 　いてわいせつな行為をした者は，6 月**以上（6 月を含む）**10 年**以下**
> 　**（10 年を含む）**の懲役に処する。13 歳**未満（13 歳は含まない）**の
> 　者に対し，わいせつな行為をした者も，同様とする。

　では，必要的弁護事件の規定はどうでしょうか。ここには，「**超
える**」という用語が使用されています。どのように理解することに
なるのかを以下で確認してみましょう。

> **【必要的弁護】**
> **刑訴 289 条①**　死刑又は無期若しくは長期 3 年を**超える（3 年を含ま
> 　ない）**懲役若しくは禁錮にあたる事件を審理する場合には，弁護人
> 　がなければ開廷することはできない。

　上記の条文は，弁護人なしでは公判を開くことができない事件に
ついて規定したものです。「超える」という文言に着目すると，長
期 3 年を超える懲役・禁錮にあたる事件は，公判を開く場合，弁護

人がいなければならないことになります。「超える」は、「以上」とは異なり、基準となる数値を含みませんから、3年間の懲役・禁錮を科すことができる事件は含まれないことになります。すなわち、刑訴法289条1項によれば、科すことのできる懲役・禁錮が最長3年の事件では、弁護人のいることが開廷の条件ではないのです。

（器物損壊等）
刑261条　前3条に規定するもののほか、他人の物を損壊し、又は傷害した者は、3年**以下**の懲役又は30万円以下の罰金若しくは科料に処する。

刑法261条によれば、他人の物を壊したような場合には、器物損壊罪として、「3年以下」の懲役に科される可能性があることがわかります。すなわち、先にみた「以下」の理解を当てはめると、刑の上限として、3年間の懲役を科すことができることになります。

では、器物損壊等の罪は必要的弁護事件でしょうか。あらためて必要的弁護の条文を見てみると、必要的弁護事件は、「長期3年を超える」懲役などの場合と規定されています。したがって、器物損壊等の罪は、必要的弁護事件ではないことになります。

なお、実際の法では、「〇年を超えることができない」など、否定形で使われることが少なくありません。慣れないうちは、混乱することもあるでしょう。以下の例で確認しておいて下さい。

（労役場留置）
刑18条③　罰金を併科した場合又は罰金と科料とを併科した場合における留置の期間は、3年を**超える**ことができない（**3年間は留置可能**）。科料を併科した場合における留置の期間は、60日を**超える**ことができない（**60日間は留置可能**）。

また、これらと類似した区別が必要になる用語として、「**以前**」・

「前」と「以後」・「後」があります。これらの用語は，ある一定の時点を基準として，時間的前後関係を表す際に用いられます。「以上」・「超える」と「以下」・「未満」の場合と同じように，基準となる数値を含むのか否かは重要です。とりわけ，ここでは，基準となる時点を含むか否かがポイントになります。「以前」と「以後」は基準となる時点を含み，他方，「前」と「後」は含みません。

ここまでで気がついたと思いますが，「以」がつくもの（以上，以下，以前，以後）は，基準となる数値（時点）を含みますし，その他（超える，未満〔満たない〕，前，後）は，含みません。したがって，先の少年事件の年齢については，14歳の少年の行為は犯罪として刑罰の対象になるのに対して（刑41条），13歳の少年は，刑罰の対象にはならないことになります。条文を読む際には，基準となる数値（時点など）を含むか否かを正確に把握するように心がけて下さい。

4 「時」・「とき」・「場合」

会話の中で，「とき」という言葉を用いる場合，「時」と「とき」は区別がつきません。しかし，法令で表記する場合には，両者の意味内容は異なります。どのような違いがでてくるのかを憲法の規定で見てみましょう。

【遡及処罰の禁止・一事不再理】
憲39条 何人も，実行の時に適法であつた行為又は既に無罪とされた行為については，刑事上の責任を問はれない。……。

「時」は，まさにその時点や時刻を表す場合に用いられます。憲法39条は，行為当時に適法だった行為をその後に制定された法律で処罰することは許されないと規定しています。つまり，許されていると思ってやったのに，その後にできた法律でやっぱり許されな

いことになったとして処罰することを禁止したのです。それゆえ，まさに行為を「実行した**時点**」に法律があったのか否かが重要になるわけです。

【刑事補償】
憲40条　何人も，抑留又は拘禁された後，無罪の裁判を受けた**とき**は，法律の定めるところにより，国にその補償を求めることができる。

では，「とき」の場合はどうでしょうか。「とき」は，仮定的な条件を表す場合に用いられます。上記憲法の条文を見て下さい。憲法40条は，刑事補償として，誰でも抑留または拘禁された後に無罪になれば，国に補償を求めることができると規定しています。つまり，無罪となった**時点**が重要なのではなく，国に補償を求めるための「無罪になったという**条件**」を満たすことが重要なのです。

なお，「とき」については，法文上，「〜の場合」という語句が用いられることもありますが，両者は意味内容ではなく，語感によって使い分けられているに過ぎません。

5　「推定する」・「みなす」

法律問題を解決するうえで重要な事実認定には，手続の煩雑さなど，困難を伴う場合があります。すべてを証拠によって証明しなければならないとするのも大変です。そこで，法律関係や事実が明瞭でない場合に，予測される事態を前提に一応の事実を推測して法令上の取り扱いを決めようとする規定方法がとられることがあります。その際に用いられるのが，**推定する**」です。あくまでも「推定する」ですから，本当の事実とは異なることを証明できれば効果は失われます。民法の規定を見てみましょう。

> **（嫡出の推定）**
> **民 772 条①**　妻が婚姻中に懐胎した子は，夫の子と**推定する**。

　上記規定は，婚姻中に懐胎した子は，「通常」，夫の子と考えられるために設けられたのですが，事実と異なるケースもないわけではありません。その場合には，証拠（反証）をあげて推定を覆すことが可能です。たとえば，両者の血液型やDNA鑑定による判断などが考えられるでしょう。夫が嫡出を否認する場合は，子または親権を行う母に対する嫡出否認の訴えによって行います（民775条）。刑法では，犯罪に対しては検察官による「合理的な疑いを超える証明」が必要ですから，条文上，「**推定する**」という文言は見当たりません。この推定規定は，民法その他の私法関係の法律によく見られます。

> **（相続に関する胎児の権利能力）**
> **民 886 条①**　胎児は，相続については，既に生まれたものと**みなす**。

　これに対し，擬制する場合の語句として「**みなす**」（「看做す」）があります。「みなす」は，立法政策上の見地から，本来的には性質が異なるものを同一のものとして取り扱い，同一の法律上の効果を与える場合に用いられます。つまり，法令を適用する際に，別の事項を同じ事柄として取り扱うのです。したがって，推定するとは異なり，反証をあげたとしても，法的効果に変化は生じません。

　例えば，民法886条1項は，「胎児は，相続については，既に生まれたものとみなす。」と規定しています。民法3条1項は，「私権の享有は，出生に始まる。」としていますから，まだ生まれていない胎児には，民法上の権利能力（権利義務の帰属主体になることができ

る資格）はないはずです。胎児が生きて生まれた場合には（親など
の）被相続人の財産を相続させるべきだという法的判断から，一般
的には権利能力をもたないはずの胎児にも例外的に権利を認めたも
のです。そこで，上記相続や損害賠償（721条）などについては
「生まれたものとみなす」ことによって，権利能力を付与している
のです。

　もっとも，民法886条2項は，相続について，「前項の規定は，
胎児が死体で生まれたときは，適用しない。」としていますから，
出生前に亡くなった場合は胎児の相続はなかったものとされます。
民法では，出生は身体が母体から全部露出した場合をいいますから
（全部露出説），最終的には，その時点で生存している場合に相続権
が認められることになります。やや蛇足になりましたが，この辺り
に興味がある人は，民法の「家族法」や「親族・相続法」の講義を
受講してみましょう。

6 「善意」・「悪意」

（虚偽表示）
民94条②　前項の規定による意思表示の無効は，**善意**の第三者に対抗
　することができない。
（悪意の受益者の返還義務等）
民704条　**悪意**の受益者は，その受けた利益に利息を付して返還しな
　ければならない。この場合において，なお損害があるときは，その
　賠償の責任を負う。
（裁判上の離婚）
民770条①　夫婦の一方は，次に掲げる場合に限り，離婚の訴えを提
　起することができる。
　二　配偶者から**悪意**で遺棄されたとき。

　法令には，日常用語とは意味が異なるものもあります。そのよう
な用語は，テクニカルターム（専門用語）として覚えなければなり

ません。代表的なものに,「**善意**」と「**悪意**」があります。これらは日常的には,いわば道徳的な意味として,前者は「親切心」や「好意」を,後者は,「悪気(わるぎ)」を意味するものとして用いられています。しかし,法令上は,多くの場合,「善意」は「ある事情を知らないこと」,「悪意」は,「ある事情を知っていること」を意味するものとして用いられています。したがって,民法94条2項の「善意」は,「相手方と通じてなした意思表示の無効は,その事情を知らない第三者に対して効力を及ぼすことはできない」の意味に,他方,民法704条の「悪意」は,「事情を知っている受益者は,受けた利益に利息を付して返還しなければならない」ことを意味することになります。もっとも,民法770条1項2号の「悪意」のように,例外的に,法律上も「他人を害する意思」として用いられるものもありますから,注意が必要です。

7 「準用する」

　法令上,同じような規定を繰り返すのは無駄ですし,煩雑にもなります。そこで,こうした無駄を省き,簡潔にその内容を表現するために用いられるのが「**準用する**」です。「準用する」とは,ある事項について定められている規定を,類似する他の事項に必要な修正をした上で適用することをいいます。準用は,上記メリットがあるために多用されているわけですが,初学者はとかく苦労することになります。なぜなら,準用される条文の内容がすぐにはわからないからです。刑法251条を見てみましょう。

> **(準用)**
> **刑251条**　第242条,第244条及び第245条の規定は,この章の罪について**準用する**。

これだけ見ても何のことだかわかりません。刑法251条は，詐欺および恐喝の罪が規定された章にあるのですが，この場合，刑法242条，244条，245条の規定も見なければならないのです。余力のある人は，押収などの準用規定などについて規定した刑事訴訟法222条なども見てみて下さい。「嫌になった」という感想が聞こえてきそうです。この他，準用される条文が他の法律ということや黙示的な準用規定とでもいうべきものもあるため（刑訴207条1項など），慣れるのに一苦労です。それゆえ，準用条文を自由に扱えるようになれば，基本である六法の使い方はマスターしたといっても過言ではないでしょう。繰り返し六法を使うことで，重要な準用条文は頭に入ってくるようになりますので，慣れるまでくじけずに頑張って下さい。

　また，準用規定は置かれていないものの，解釈上，準用されるものもあります。例えば，刑法には誤想過剰防衛（現実には急迫不正の侵害がないのに，これがあると誤信して防衛行為を行ったが，誤想した侵害に対する防衛行為の程度を超えていた場合）の規定は置かれていませんが，判例は，解釈上，（現実に急迫不正の侵害があることを前提とした）過剰防衛の規定（36条2項）の準用を認めています（最決昭和62年3月26日刑集41巻2号182頁〔勘違いの騎士道事件〕など）。

　このほか，煩雑さを回避するための用語として，**「例による」**もあります（政党助成法33条12項）。これは，類似する他の事項に関する制度を包括的に適用する場合に用いられます。

４　解釈手法

　事実が確定し，適用されそうな法令が見つかると，いよいよ，法

令適用の最後の段階として，確定された事実に，法令を当てはめるための**法解釈**が行われることになります。

　法令はその性質上，ある程度抽象化して規定せざるをえません。たとえば，殺害行為は，絞殺，刺殺，射殺，薬殺など多岐にわたりますが，その殺害方法をすべて規定しようとすると条文の数は無数に広がりますし，殺害状況も様々ですから，そもそも不可能でしょう。また，そもそもいくつもの具体的事案から共通項を抽出してルール化したものが法令です。そこで，当該事実に適用されそうな法令を解釈する作業が必要になるのです。

　では，法令の解釈方法にはどのようなものがあるのでしょうか。大別すると，**法規的解釈**，**学理的解釈**に分かれます。また，学理的解釈は**文理解釈**と**論理解釈**に，論理解釈はさらに細分化されます。

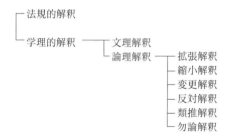

　以下では，かつては実際に見かけられた「この橋，車馬の通行を禁ずる」という例を通して，それぞれの解釈方法について説明していきたいと思います。

1　法規的解釈

　法規的解釈とは，立法段階で法令の解釈を明確にしようとする手法をいいます。すなわち，法令の解釈上の混乱をなくすために，特

別の規定を設けて意味を明らかにしようとするのです。代表的な方法は，多義的で曖昧な用語や当該法令の中での意味が一般社会とは異なる用語などに，意味内容を定義した規定（**定義規定**）をおくものです（刑7条，7条の2など）。

　この他，当該用語にはどういうものが含まれるか，あるいは，どういうものが除かれるのかということを語句の下に括弧書きにしたり（刑訴199条2項など），当該法令では，ある事柄と別の事柄を同視して取り扱うということを法令の各規定の中で明示する方法もあります（刑245条など。ここでは，前にみた「**みなす**」という用語が用いられます）。これらは，特定の用語の意味を立法段階で直接的に明確にしておく方法といえます。

　他方，下記にあるように，法令の前文や規定のはじめに目的や趣旨をはっきりと定めたり（刑訴1条など）（☞「法の理念と目的規定」15頁），法令の中に解釈の指針を規定したり（**解釈規定**），法令の新設にともなって，念のため既存の法令との解釈上の疑義を解消するための規定を置くという方法もあります（**確認規定**）。先ほどとは異なり，これらの方法は，直接的ではなく，間接的に法令の解釈の方向性を与える方法といえます。

目的規定
［法律の目的］
刑訴1条　この法律は，刑事事件につき，公共の福祉の維持と個人の基本的人権の保障とを全うしつつ，事案の真相を明らかにし，刑罰法令を適正且つ迅速に適用実現することを目的とする。
解釈規定
（解釈規定）
消費者基本法6条　第4条第1項から第4項までの規定は，これらの項に規定する消費者契約の申込み又はその承諾の意思表示に対する民法第96条の規定の適用を妨げるものと解してはならない。

> **（期限の利益及びその放棄）**
> **民 136 条①**　期限は，債務者の利益のために定めたものと推定する。
> 確認規定
> **法人税法 22 条②**　内国法人の各事業年度の所得の金額の計算上当該事
>   業年度の益金の額に算入すべき金額は，別段の定めがあるものを除
>   き，資産の販売，有償又は無償による資産の譲渡又は役務の提供，
>   無償による資産の譲受けその他の取引で資本等取引以外のものに係
>   る当該事業年度の収益の額とする。
> ④　第 2 項に規定する当該事業年度の収益の額及び前項各号に掲げる
>   額は，別段の定めがあるものを除き，一般に公正妥当と認められる
>   会計処理の基準に従つて計算されるものとする。

　法規的解釈は，いわば法令自体が一定の解釈をしたものといえま
すから，それに拘束されることになります。すなわち，「この橋，
車馬の通行を禁ずる」と規定された法令に，「車馬」とは何を指す
かについての定義規定などがおかれていれば，法規的解釈によって，
それ以外の解釈の余地なく法令を適用することになるわけです。

2　学理的解釈

　学理的解釈は，法規的解釈のように，立法そのものによる解釈で
はなく，学理によって法令を解釈する手法をいいます。すなわち，
学理的解釈では，学問上の立場から法令を解釈するのであり，一般
的に法解釈とは，この学理的解釈を指します。学理的解釈は，文理
解釈と論理解釈に大別されます。

（1）文理解釈　　文理解釈とは，法令の規定の解釈に際して，
文言の意味を解釈したり，文の意味を文法的に明らかにして文理に
忠実に解釈していこうとする解釈方法です。これまで見てきたとこ
ろからもわかるように，立法者は，法令を作る際，その内容を正確
に表現するために，ルールに従って文言や文を使用しています。法
令が言葉で書かれているものである以上，法令の解釈にあたっては，

何よりもその文言や文に忠実でなければなりません。したがって，法令の解釈は，文理解釈が基本となります。「この橋，車馬の通行を禁ずる」の例では，「車馬」という文言を解釈する必要があります。文理解釈では，「車，馬，車を引いた馬」と解釈することになるでしょう。

　もっとも，法令は，すべてのケースに備えて網羅的に規定できるわけではないため，文言や文に従った解釈だけでは不十分であり，法令の目的なども考慮して，意味内容を読み取る必要性も出てきます。

　(2) 論理解釈　　そこで登場するのが論理解釈です。論理解釈とは，法令の文言の言語的意味ににとどまらず，法令の立法目的，立法理由，他の諸法令との関係，社会的背景などの諸事情を基礎にして法令を解釈する方法の総称をいいます。論理解釈には，①拡張解釈，②縮小解釈，③変更解釈（補正解釈），④反対解釈，⑤類推解釈，⑥勿論解釈があります。

　これらの方法は，大きく2つに分けることが可能です。①〜③は，法令の文言に準拠しつつ，必要に応じてその意味を拡げたり，縮めたり，補正したりして解釈しようとするものであり，④〜⑥は，条文に書かれていないことを他の諸規定との比較や条理・論理などを根拠に読み取ろうとするものといえます。以下で個別に見ていきましょう。

┌─────────┐
│ **拡張解釈** │
└─────────┘
　　　　　　拡張解釈とは，法令に用いられている文言を通常の意味よりも，可能な範囲で拡げて解釈する方法をいいます。すなわち，様々な事情を考慮した結果，この条文の文言を文字通りに狭く解釈するのではなく，妥当な範囲に拡大して読み取ることが適切であると思われる場合に認められる解釈方法です。

「この橋，車馬の通行を禁ずる」の例では，たとえば「車馬」に「ロバ」も含めて解釈し，ロバも橋を通行してはならないと解釈するのです。ロバは馬とは別の動物と考えられていますが，生物学的にはウマ属の哺乳類であることや，車馬が橋を通ってはいけないと規定した「橋が古いために，馬や車の重みに耐えることができない」という趣旨などを根拠に，拡張して適用するのです。

（過失往来危険）
刑 129 条① 過失により，**汽車**，電車若しくは艦船の往来の危険を生じさせ，又は**汽車**若しくは電車を転覆させ，若しくは破壊し，若しくは艦船を転覆させ，沈没させ，若しくは破壊した者は，30 万円以下の罰金に処する。

　実際の法律でも確認しておきたいと思います。拡張解釈の代表的な事例としては，上記刑法 129 条の過失往来危険罪の客体である「汽車」に，汽車の代用のガソリンカーを含めて解釈した判決があります（大判昭和 15 年 8 月 22 日刑集 19 巻 540 頁）。汽車とガソリンカーは燃料の点で異なるのですが，本判決では，交通往来の安全を保護するという規定の趣旨や汽車とガソリンカーの動力の違いは重要ではないことを主たる理由に，汽車にガソリンカーを含めることを認めました。

　　　　　　　　縮小解釈とは，法令の文言をそれが通常意味する
内容よりも狭く解釈する方法をいいます。先の拡張
解釈とは逆の解釈方法です。「この橋，車馬の通行を禁ずる」の例では，「車馬」は，サラブレットなどの大型馬を意味するのだから，ポニーが橋を通行することは禁止されていないと解釈するのです。ポニーは馬ですが，先のように，車馬が橋を通ってはいけないと規定した「橋が古いために，馬や車の重みに耐えることができない」という趣旨などを根拠に，小型馬のポニーは含まないと縮小して解

縮小解釈

釈するのです。

> **（不動産に関する物権の変動の対抗要件）**
> **民 177 条**　不動産に関する物権の得喪及び変更は，不動産登記法（平
> 　成 16 年法律第 123 号）その他の登記に関する法律の定めるところ
> 　に従いその登記をしなければ，**第三者**に対抗することができない。

　実際の法律でも確認しておきたいと思います。上記規定の太字に
なっている**第三者**のところを見て下さい。この規定には，登記がな
ければ対抗できない第三者について，文言上，何らの限定も付され
ていません。これに対しては，登記簿制度全体の趣旨を考慮すると，
すべての第三者とするのはあまりにも範囲が広すぎて不合理である
との批判があり，大審院は，第三者を「物権変動の当事者およびそ
の包括承継人以外の者で，物権変動について登記の欠缺を主張する
正当の利益を有する者」として，通常の意味内容より狭く解釈しま
した（大判明治 41 年 12 月 15 日民録 14 輯 1276 頁）。

| 変更解釈
（補正解釈） |

　　　　　　　　　変更解釈（補正解釈）とは，法令の規定の文言を
変更して，本来それが意味するところとは別の意味
に解釈する方法をいいます。便宜上，これまで検討してきた「この
橋，車馬の通行を禁ずる」との例を，「車馬の通行には，市長の許
可が必要である」との条件付の法規定に置き換えて説明します。

　想定する状況は次の通りです。もともと車馬が通行する許可権限
は，「村長」にあったのですが，この橋のある地域が市になる見通
しがたったために，許可権限を「市長」に委ねる法令を制定したと
ころ，土壇場で条件を満たすことができず，市にならなかったとい
うものです。どういう事態になったのかというと，許可権限を市長
に委譲したものの，橋がある「村」は「市」にならなかったため，
許可権限者である「市長」がいなくなってしまったわけです。

変更解釈は，この場合に許可権限者の「市長」を「村長」と解釈します。この解釈方法は，法令の文言からの乖離が著しいため，立法上の誤りが明白である場合など，ごくごく稀に認められるに過ぎません。法令はルールですから，誤解を招く可能性が高い場合には，読み替えて適用するのではなく，「改正」という形をとることが望ましいといえるでしょう。現行法では，「請求」を相手方の承諾を必要としない一方的な意思表示であると変更して解釈する例（借地借家11条1項）など，わずかに見られるに過ぎません。

反対解釈　反対解釈とは，ある事項を直接定めた規定がない場合に，定められている反面から，定められていない事項について反対の結果を導き出す解釈方法をいいます。「この橋，車馬の通行を禁ずる」の例では，通行を禁じられているのは「車馬」なのですから，人間がこの橋を通行することは許されるとの解釈を導き出すのです。

（詐欺又は強迫）
民96条①　詐欺又は強迫による意思表示は，取り消すことができる。
③　前2項の規定による詐欺による意思表示の取消しは，善意でかつ過失がない第三者に対抗することができない。

実際の法律でも確認しておきましょう。上記は，詐欺や強迫に関する条文です。民法96条1項は，「詐欺」や「強迫」によってなされた意思表示は取り消すことができるとあります。しかし，3項では，「詐欺」についてしか規定がありません。そこで，96条3項は，強迫の場合には，該当しない，すなわち，「強迫による意思表示の取消しは，善意でかつ過失がない第三者に対抗することができる」との帰結が反対解釈によって導かれることになるのです。

| 類推解釈 | 　類推解釈とは，直接規定がない事項について，それと同類の事項について定めた法規定を類推して解釈する方法をいいます。「この橋，車馬の通行を禁ずる」の例では，この規定を「牛」についても適用すると解釈するのです。つまり，車馬と同じように，牛もこの橋を通行してはならないと解釈するわけです。これは，牛が橋を通行することを禁止した規定はないが，車馬の通行を禁止したのと類似の理由から，牛についても規定があるものと解釈するのです。ただし，この解釈は，「牛」と「車馬」を同視するわけですから，拡張解釈や縮小解釈とは異なり，「車馬」という用語の意味内容からかけ離れてしまいます。そこで，類推解釈を正当化する理由は慎重に検討されなければなりません。たとえば，民法 416 条 1 項には，債務不履行による損害賠償の範囲について，「〔債務不履行〕によって通常生ずべき損害」とありますが，不法行為による場合については何らの定めも置かれていません。しかし，両者は，実質的には同質の事柄であり，損害賠償の範囲を異にする理由は見当たりません。そこで，学説上は，一般に，債務不履行の場合について定めた民法 416 条 1 項は，不法行為による損害賠償についても類推適用されると解されており，判例も同様の判断を示しています（最判昭和 48 年 6 月 7 日民集 27 巻 6 号 681 頁）。 |

　なお，刑罰法令では，拡張解釈は許されますが，類推解釈は禁止されています。その理由は，刑罰法令には，法律に定められた行為だけが犯罪であるという罪刑法定主義の原則があり，類推解釈を認めてしまうと，文言上は規定されていない事柄についての罰則を解釈で創設することになるからです。

| 勿論解釈 | 勿論解釈とは，問題なく類推解釈が許される場合 |

勿論解釈とは，問題なく類推解釈が許される場合の解釈方法をいいます。それゆえ，この解釈方法は，類推解釈の一種であるとも位置づけられます。「この橋，車馬の通行を禁ずる」の例では，この規定を「象」についても適用する解釈方法です。これは，車馬が橋を通ってはいけないと規定した趣旨が，「橋が古いために，馬や車の重みに耐えることができない」ことにあるのだとすれば，馬より圧倒的に重い「象」を通行禁止とするのは当然であると解釈します。「わざわざ規定するまでもなく当たり前」といった感じです。もっとも，この解釈方法も類推解釈の一類型と考えられるとすれば，刑法上は許されないことになるでしょう。

> **【成年被後見人の婚姻】**
> **民 738 条** 成年被後見人が婚姻をするには，その成年後見人の同意を要しない。

　実際の法律でも確認しておきましょう。民法 738 条を素直に読む限り，本条は成年被後見人の婚姻についての規定であり，成年被保佐人については何らの定めもなされていません。しかしながら，成年被保佐人は，行為能力の点で，成年被後見人にまさっていることからすると，婚姻に際して，成年被後見人に成年後見人の同意がいらないのであれば，成年被保佐人には，もちろん保佐人の同意は不要であると解釈できるはずだとするのです。

> **「この橋，車馬の通行を禁ずる」**
> ①拡張解釈：「車馬」→「ロバ」を含む
> ②縮小解釈：「車馬」→「ポニー」は含まない
> ③変更解釈：「市長」→「村長」
> ④反対解釈：「車馬の通行を禁ずる」→「人間は通行できる」
> ⑤類推解釈：「車馬の通行を禁ずる」→「牛の通行も禁じている」
> ⑥勿論解釈：「車馬の通行を禁ずる」→「象の通行は当然禁じている」

　ここまでの解釈方法を整理するとおよそ上記のようになります。

5 文理解釈と論理解釈の関係

　わが国は，成文法の国ですから，文理解釈が基本です。しかし，先に述べましたように，文理解釈には，法令の性質上，一定の限界が生じることは否定できません。それゆえ，文理解釈を基本としつつ，立法目的や立法趣旨，他の条文との関係など，諸般の事情を考慮する論理解釈によって補完することで，時代にあった適正な法運用が可能になるのです。そして，ここで学んだ法令の解釈では限界がある場合には，解釈論ではなく，立法論の話になります。

< Step up > ────────────────────

林　修三『法令解釈の常識〔改訂版〕』（日本評論社，1975)
　同　　『法令用語の常識〔改訂版〕』（日本評論社，1975)
田島信威『最新 法令の読解法（四訂版)』（ぎょうせい，2010)
　同　　『最新 法令用語の基礎知識〔三訂版〕』（ぎょうせい，2005)
長谷川彰一『改訂法令解釈の基礎』（ぎょうせい，2008)

3 裁判所と裁判の流れ

　皆さんは,「裁判所」について,どのようなイメージをもっていますか。裁判所なんて知らない,聞いたこともないという人は,おそらくいないのではないでしょうか。実際に,裁判所に行ったことがある人は少ないかもしれませんが,「裁判をやっている所」といったイメージは共有しているように思います。その理由は,皆さんが,一度は映画やドラマなどで,法廷シーンを見たことがあるからでしょう。

　第4章で,判例の読み方を学習するわけですが,判例はいわば裁判所における裁判の結果です。ただし,一言に,「裁判所」といってもいくつか種類がありますし,登場人物の役割もそれぞれ違います。また,裁判手続の流れについても,民事事件と刑事事件では異なるのです。

　そこで,本章では,皆さんに裁判所の種類や主たる登場人物の役割,さらには民事事件と刑事事件における紛争・事件の発生から判決までの流れを概観して欲しいと思います。紙面上ではありますが,頭の中でイメージしながら裁判を体験してみて下さい。

　また,現在では,裁判を学ぶ場として,裁判所のホームページが充実しています。検察庁や日弁連のホームページなどともあわせて閲覧するとよいでしょう。

1 裁判所の組織と登場人物

1 裁判所の組織

憲法76条1項には，「すべて司法権は，最高裁判所及び法律の定めるところにより設置する下級裁判所に属する」と規定されています。**最高裁判所**は1つしかありませんが，下級裁判所には，**高等裁判所**，**地方裁判所**，**家庭裁判所**，**簡易裁判所**があります。

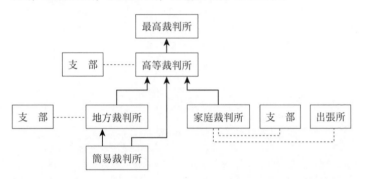

最高裁判所

「最高裁判所は，一切の法律，命令，規則又は処分が憲法に適合するかしないかを決定する権限を有する終審裁判所である」(憲81条)とされ，東京都におかれています(裁判所法6条)。最高裁判所は，①上告，②訴訟法において特に定める抗告について裁判権をもっているほか(裁判所法7条)，③人事官の弾劾に関する裁判について第一審かつ終審としての裁判権をもっています(国家公務員法9条)。

最高裁判所は，**最高裁判所長官**と14人の**最高裁判所判事**の合計15人の裁判官で構成されており(裁判所法5条1項，3項)，**大法廷**と**小法廷**が設置されています(裁判所法9条1項)。大法廷は15人の裁判官全員により構成され(定足数9人)，憲法違反についての判断のほ

か，判例の変更を行う際に開廷されます（裁判所法10条）。他方，小法廷は5人の裁判官で構成され（定足数3人）（裁判所法9条2項但書），第一，第二，第三小法廷が設置されています。

高等裁判所 高等裁判所は，全国で8か所（札幌，仙台，東京，名古屋，大阪，広島，高松，福岡）に設置されています。このほか，6か所（秋田，金沢，岡山，松江，宮崎，那覇）に支部が設置されています。また，2005年4月には，東京高等裁判所に知的財産権に関する裁判を専門に扱う特別の支部として，**知的財産高等裁判所**が設置されました。

高等裁判所は，①地方裁判所の第一審判決，家庭裁判所の判決，および簡易裁判所の刑事の判決に対する控訴，②地方裁判所または家庭裁判所の決定に対する抗告，③刑事に関するものを除く地方裁判所の第二審判決に対する上告，および簡易裁判所の判決に対する飛躍上告，④内乱罪等に関する刑事事件について裁判権をもっています（裁判所法16条）。また，高等裁判所は選挙に関する行政訴訟（公職選挙法203条）について第一審裁判権をもっています。さらに，東京高等裁判所には，準司法的機関（特許庁等）の審決取消訴訟（特許法178条1項等）についても第一審裁判権が与えられています（裁判所法17条）。

高等裁判所における裁判は，原則として3人の裁判官で構成される合議体によって審理されます（裁判所法18条）。なお，内乱罪等の訴訟は，5人の裁判官で構成される合議体によって審理されます（裁判所法18条2項但書）。

地方裁判所 地方裁判所は，全国50か所（都道府県庁所在地の47か所，北海道は札幌のほか旭川・釧路・函館）に設置され，このほか全国に203の支部も設置されています。

地方裁判所は，他の裁判所が第一審専属管轄権をもつ特別なものを除く第一審事件のほか，簡易裁判所の民事の判決に対する控訴事件についても裁判権をもっています（裁判所法 24 条）。

　地方裁判所における裁判は，単独裁判官，または 3 人の裁判官から構成される合議体で行われます。多くの事件は 1 人の裁判官が取り扱いますが（裁判所法 26 条 1 項），重大事件などの場合は，合議制がとられます（2 項）。また，裁判員裁判も行われます（☞ 95 頁）。

家庭裁判所　家庭裁判所とその支部は，先に述べた地方裁判所及びその支部と同じ場所に設置されているほか，77 か所の出張所が設けられています。

　家庭裁判所は，①家事事件（夫婦関係や親子関係の紛争等）の調停・審判，②少年事件（非行を犯した少年の事件）の審判を行うほか，③夫婦，親子等の関係をめぐる訴訟についても取り扱います（裁判所法 31 条の 3）。

簡易裁判所　簡易裁判所は，全国に 438 か所設置されています。簡易裁判所は，①民事事件については訴訟の目的となる物の価額が 140 万円を超えない請求事件，②刑事事件については罰金以下の刑に当たる罪および窃盗，横領などの比較的軽い罪の訴訟事件等について第一審の裁判権をもっています（裁判所法 33 条）。簡易裁判所では，1 人の裁判官によって事件が扱われます（裁判所法 35 条）。

戦前の裁判所　日本国憲法施行（1947（昭和 22）年 5 月 3 日）に合わせて裁判所法が施行される以前は，裁判所構成法による通常裁判所として，それぞれ現在の最高裁判所，高等裁判所に相当する大審院，控訴院が置かれており，また現在の地方裁判所に相当する裁判所として，地方裁判所と区裁判所（軽微な民

事・刑事事件を担当）が置かれていました。なお，現在の簡易裁判所は，裁判所法により置かれたものであり，区裁判所の後身ではありません。

2 裁判の主たる登場人物

裁判の主たる登場人物としては，**裁判官**，**検察官**，**弁護士**がいます。皆さんの中には，この法曹三者を目指して，法学部に入った人も少なくないでしょう。ここでは，簡単に，それぞれの役割などをみておきたいと思います。

裁判官 民事訴訟における裁判官の役割は，原告と被告の双方の主張を聞き，また提出された証拠を調べ，法律を適用し，原告の請求を認めるか否かを決定することにあります。

刑事訴訟では，検察官の起訴した被告人について，検察官の提出した証拠のほか，被告人とその弁護人の主張・証拠を調べて有罪か否かを判断し，有罪の場合には具体的に刑罰を決定し，言い渡します。また，裁判官は捜査機関が強制捜査をする場合に必要となる逮捕状，捜索差押令状等の令状も発付します。

裁判官の人数は，長官を含む最高裁判所裁判官 15 名（最高裁判所長官 1 名，最高裁判所判事 14 名）のほか，下級裁判所裁判官として，高等裁判所長官が 8 名，判事が 2125 名，判事補が 927 名，簡易裁判所判事が 806 名おり，合計 3881 名となっています（裁判所職員定員法（平成 31 年 4 月 18 日法律第 15 号）による）。

検察官 検察官は，公益の代表者として，刑事事件について裁判所に裁判を求めるための公訴を提起（起訴）します（刑訴 247 条）。裁判において，検察官は，被告人が犯罪を行

ったことを証拠に基づいて立証する役割を担っています。このほか，国の代理人としての職務も行います。

　検察官の人数は，2019（令和元）年7月1日現在で2721名（検事総長等（検事総長，次長検事，検事長）10名，検事1941名，副検事770名）となっています（内閣官房「検察官在職状況統計表」による）。

> **弁護士**

　弁護士は，日本弁護士連合会に登録し，全国に52（東京都3，北海道4，その他45府県に各1）ある弁護士会のいずれかに入会して弁護活動を行います。弁護士の人数は，2019（令和元）年8月1日現在，4万1091人となっています（日弁連統計による）。

　民事訴訟における**弁護士**の役割は，当事者である原告・被告からの依頼を受けて，（訴訟）**代理人**として各種書類の作成や法廷での主張・立証活動をするほか，和解などの場では相手方との交渉を行う場合もあります。

　刑事事件における**弁護人**の役割は，被告人の正当な権利利益を擁護するために，被告人にとって有利な事情を主張・立証します。刑事事件では，必ず弁護人がついていると思うかもしれません。しかし，死刑または無期もしくは長期3年を超える懲役もしくは禁錮にあたる事件は弁護人がいなければ開廷できませんが（必要的弁護事件〔刑訴289条1項〕），これ以外は必ずしも弁護人が出頭することは要求されていません（任意的弁護事件）。

　裁判所外での弁護士の活動として，社内弁護士として企業の法務部・知的財産部等に所属して活動するほか（☞「企業の法務部，知的財産部」249頁），企業の外部から顧問弁護士として，企業の抱える様々な法律問題にアドバイスを与えることなどがあります。このほか，弁護士業務は多岐にわたりますから，「法曹界の総合商社」と

も呼ばれています。

2 裁判の流れ

1 事件の種類

一言に「裁判」といっても，取り扱われる事件は，民事事件，刑事事件，行政事件など様々です。諸外国では，専門の裁判所が設置されていることがありますが（憲法裁判所，行政裁判所など），わが国では，現在，このような専門的な裁判所はありません。わが国の裁判所は，民事・刑事・行政事件などの区別なく，紛争を解決するために一切の争訟を裁判する権限を有しているのです。

では，裁判は，どのように手続が進行し，何が行われるのでしょうか。これらの点については，映画やドラマなどで裁判シーンを見たことがある人でも，正確に答えることは容易ではありません。しかし，法が実践される場の1つである裁判について学習するためには，上記問いかけを，避けて通ることはできません。裁判手続の流れを押さえ，どの手続段階を学習しているのかをイメージすることが大切なのです。

そこで，以下では，とりわけ，民事・刑事事件の裁判について概要をふまえるとともに，具体的事案を用いながら，それぞれの裁判手続を見ていくことにしたいと思います。

2 民事事件

民事事件の裁判は，私人間の日常生活に関わる私法上の権利・義務に関する紛争を取り扱います。民事裁判は，紛争の当事者（原告）が裁判所に訴えを提起することで始まります。訴訟の種類とし

ては，貸金の返還請求（給付訴訟），土地の所有権の確認（確認訴訟），認知を求める訴えおよび株主総会の決議取消を求める訴え（形成訴訟）などがあります。また，夫婦・親子関係や相続などに関する家庭内のトラブル（離婚や親権，遺産分割など）など，身分関係に関する争いを人事訴訟（家事訴訟），営利活動を行う企業や商人，企業活動に関する争い（手形小切手訴訟など）を商事訴訟とよぶことがあります。

　民事訴訟では，これらの紛争を国家の裁判権によって法律を適用して強制的に解決します。なお，私人間の争いについては，お互いに譲り合って円満に解決することが望ましいといえますから，裁判官や調停委員の仲立ちのもと，話し合いによって紛争を解決する和解や調停といった手続もあります。また，裁判は時間がかかりすぎるとの苦情をよく耳にしますが，60万円以下の金銭の支払いを求める訴訟については，簡易迅速な手続として，少額訴訟があります。

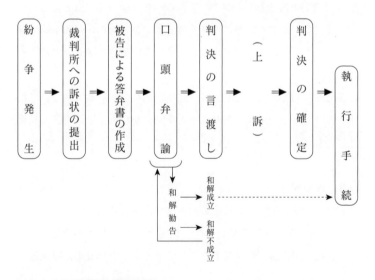

3 刑事事件

刑事事件の裁判は，皆さんが，よく新聞やニュースで見聞きする殺人事件や強盗事件などを取り扱います。刑事裁判は，検察官が事件を起訴することで始まり，公判では，被告人が特定の犯罪を犯したのか否かを審理し，有罪であることが証明された場合には，被告人に刑罰が科されます。ただし，事案によっては，略式手続などの簡易な裁判手続があるほか，類似の事件でも，犯人が少年だった場合には，別途少年法に基づく手続が予定されています。

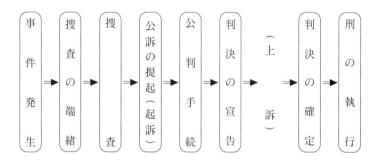

事件発生 ⇒ 捜査の端緒 ⇒ 捜査 ⇒ 公訴の提起（起訴） ⇒ 公判手続 ⇒ 判決の宣告 ⇒ （上訴） ⇒ 判決の確定 ⇒ 刑の執行

4 事件は択一的か？

このように，裁判で取り扱われる事件の種類は様々ですが，1つの事案は1つの事件にしかならないわけではありません。1つの事件には別の側面もあるのです。たとえば，殺人事件が発生したとしましょう。犯人が逮捕され，殺人罪で有罪判決が下されるような場合は刑事事件ですが，殺害という不法行為に基づいて損害賠償請求をする場合には，民事事件にもなるのです。

このほか，労働契約，賃金，労働時間に関する紛争や労働組合の活動に関する紛争などの労働事件では，紛争の内容如何で刑事訴訟，

民事訴訟，行政訴訟のいずれにもなりえます。

③ 民事裁判の流れ

> Xは，親友のYに「お金に困っているので貸して欲しい」と頼まれたため，150万円を貸した。返済期日になっても何の連絡もないので電話してみたところ，Yは「すでに150万円は返したじゃないか」と言い張るため，Yを訴えることにした。

　民事事件では，紛争が発生してから判決まで，どのような流れで進んでいくのでしょうか。ここでは，上記事案を想定しながら話を進めていきたいと思います。

　(1) 訴えの提起　　民事手続は，原告またはその訴訟代理人が訴えを提起するところから始まります。訴えた者を**原告**，訴えられた者を**被告**と呼びます。本件では，金銭の貸し借りを巡って紛争が生じたわけですが，多くのケースでは，いきなり訴訟を起こすことは稀です。まずXは訴訟の専門家である弁護士等に事のいきさつを話し，どのように対処すべきか相談するのが一般的でしょう。

　Xが弁護士等に相談して訴訟を起こすことにした場合，**訴状**を作成して裁判所に提出します（**訴え提起**）。訴状には，請求の趣旨や請求の原因などが書かれています。民事訴訟の訴えには，先ほど見ましたように，3つの種類がありますが（給付，確認，形成），本件は，「Yに貸金150万円を返せ」といった相手方に一定の行為を請求する訴えですから，給付の訴えとなります（貸金返還請求訴訟）。

　(2) 答弁書による応訴　　裁判長は，Xから送付された訴状に形式面の不備がないかをチェックし，不備がある場合は，原告に対して**補正**を命じ，不備がない場合には**受理**して第1回の口頭弁論期

日を指定するとともに，**呼出状**と**訴状の写し**をYに送達します。ここで，Y（被告）は自分がX（原告）によって訴えられたことを知ります。Yは，そのまま放置しておくと原告の言い分を認めたことになって敗訴してしまいますので，自分の言い分をまとめた**答弁書**を作成し，期日までに裁判所に提出しなければなりません。

　本件の答弁書には，請求の趣旨に対する答弁として，「原告の請求を棄却する裁判を求める……」，請求の原因に対する答弁として，「請求の原因については，否認……」，抗弁として，「被告は，金150万円をすでに返済している。したがって，被告には支払い義務がないから，原告の請求は失当である……」などと記載されます。

　この間にも**和解**など（示談，即決和解など）によって，紛争解決手段が模索されますが，功を奏さなかった場合は，訴訟が始まります。

紛争発生　⇒　訴えの提起（訴状の作成・提出）　⇒　呼出状・訴状の写しの送達　⇒　答弁書の作成

　(3) 判決手続　　訴えの提起がなされると，訴状審査などの各種手続を経て判決手続がはじまります。

| 口頭弁論 |

　裁判所から送達された呼出状に指定された日時に，原告・被告または訴訟代理人が出頭して第1回**口頭弁論**が行われます。裁判長は，はじめに，原告の訴えの内容を確認し，次に被告の答弁を聞きます。「原告の陳述は，訴状記載の通り

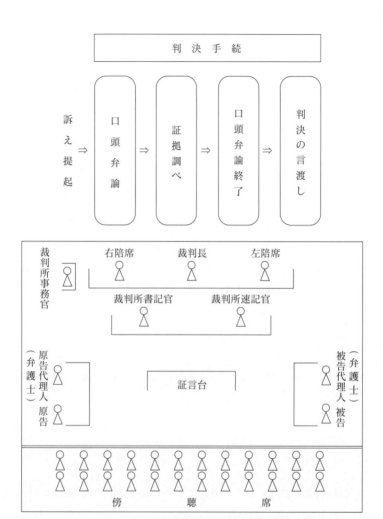

ですか」,「被告の答弁は,答弁書記載の通りですか」といった感じです。原告・被告等が主張を述べた結果,その主張等に矛盾や不明確な点があれば,裁判長は質問をしたり,次回の期日にその点を明らかにするように準備を命じることができます (釈明権)。

争点・証拠の整理　口頭弁論は，第2回，第3回……と開廷されていきますが，法的判断に必要な事実関係について当事者間に争いがあり，争点および証拠の整理が必要な場合には，裁判所は，争点および証拠の整理手続を実施することができます。この手続には，準備的口頭弁論，弁論準備手続，書面による準備手続の3種類があります。裁判所は，事件の性質や内容に応じて最も適切な手続を選択して実施します。最終的に，この手続では，裁判所と当事者とで，その後の証拠調べによって証明すべき事実を確認します。

証拠調べ　争点整理が終わると，集中的に**証拠調べ**が行われます。裁判所は，原告・被告双方が有している証拠について，証拠調べを行います。証拠は大別すると，人が証拠である人証（証人や鑑定人など）と物が証拠である物証（書証，検証物）があります。証拠調べでは，証人尋問，当事者尋問，鑑定などが行われるとともに，書証などが取り調べられます。

　たとえば，原告からは，証拠として借用書が提出されたりします。つまり，借用書がまだ原告の手元にあるということは，被告から150万円を返してもらっていないことの裏づけになりうるのです。これに対して，被告からは，「友人同士ということもあり，お金を返済したときに，借用書の返還や領収書をもらわなかった」という主張がなされたりします。また，被告が原告に150万円を返すのを見たという証人の尋問がなされたり，そもそも被告が借用書の偽造を主張すれば，筆跡鑑定なども行われたりします。

口頭弁論の終了と判決の言い渡し　こうした一連のやりとりが終了し，事件のおよその真相が判明すると，**口頭弁論**は**終結**します。口頭弁論については，**裁判所書記官**が**調書**を作成することになっています（口頭弁論調書）。調書には，**裁判所速記官**の速

記録が引用されます。口頭弁論が終結すると，判決期日が指定されます。判決期日は，まさに**判決を言い渡す**ためだけの期日で，裁判長が判決書を朗読するだけで終了します。1分前後で終わることも多く，当事者は出頭しなくてもよいことになっているため，傍聴の際には，何か違和感を覚えるかもしれません。

判決にも様々なものがあります。そもそも，事件が裁判に適さないと裁判所が判断した場合に，訴えが却下されます。他方，裁判に適すると判断された場合でも，原告の請求を認める請求認容，認めない請求棄却，一部認められる一部認容，一部棄却があります。

(4) 民事訴訟の特色　このほか，民事訴訟の特色として，**和解**，訴えの取下げ，請求の放棄・認諾によって訴訟が終了する場合もあります。本件でも，裁判官が手続の過程で**和解勧告**をすることが考えられます。刑事事件とは異なり，民事事件は当事者間の争いですから，双方が納得すればたとえ真実が別のところにあったとしてもそれでよいのです。和解がまとまると，**和解調書**が作成され，これには，判決と同様の効力があります。

判決に不服がある場合には，**控訴・上告**が可能です。次のページの図で流れを確認してみて下さい（なお，図には載せていませんが，地方裁判所⇒最高裁判所，簡易裁判所⇒高等裁判所という飛越上告があります）。後に触れる刑事手続とは異なります。

控訴・上告がなされなかったり，上訴期間が経過して判決が**確定**してもまだ安心はできません。仮に本件で原告が勝訴しても，150万円が自動的にＡの元に返ってくるわけではないからです。相手方の被告Ｘが任意に支払いを履行しない場合，判決の確定をまって，**強制執行**の手続をとらなければなりません。皆さんもドラマ等でみたことがあるかと思いますが，強制執行を行う執行官は，地方

【民事事件】

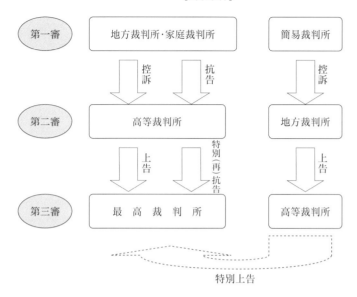

裁判所に配属されており，判決に従って債務者の自宅にある動産を差押えたり，建物内の動産を運び出して建物の明け渡しなどの強制執行を行います。ただし，実務上は，金銭の支払いを命じる判決の場合，**仮執行の宣言**が付されており，判決の確定前に，強制執行が可能です。また，動産や不動産はそのままでは金銭にかわらないため，換価手続が行われます。競売（けいばい）には，誰でも参加できます。

　なお，民事訴訟法は，口頭弁論による審理が原則となっており，法廷では，原告・被告による激しい議論が想像されます。しかしながら，実際には，口頭でのやりとりに代えて書面（**準備書面**）を裁判所に提出する方法がとられているため，激しいやりとりはあまり見られず，傍聴するとイメージとのギャップを感じるかもしれません。映画やドラマでも法廷シーンに民事ではなく刑事裁判が多いの

は，この点も関連しているのかもしれません。

4 刑事裁判の流れ

> 公園でＡがナイフで刺されて死亡しているのを通行人甲が発見
> し，110番通報した。警察官は目撃証言や凶器，アリバイなど
> の捜査の結果，犯人としてＸを逮捕した。

刑事事件では，犯罪が発生してから判決までどのような流れで進んでいくのでしょうか。ここでは，上記事案を想定して話を進めていきたいと思います。

(1) 捜 査　次のページの図にあるように，刑事手続は捜査機関が事件の発生を知り，捜査するところから始まります。警察自身が事件を発見することもありますが，多くは，110番通報や告訴・告発などによって警察は事件が発生したことを知るのです。この110番通報などを**捜査の端緒**と呼びます。捜査の端緒によって具体的に**捜査**が始まり，捜査機関は，**被疑者**の特定や犯罪に関する証拠を収集します。

捜査は，人の身体や財産などに対する強制を伴わない**任意捜査**の場合には，裁判官が発付する令状は必要ありません。捜査は，任意捜査が原則ですが，場合によっては，被疑者の身体を拘束したり（逮捕・勾留），住居に立ち入ったり，所有物を差し押さえることが必要になることもあります（捜索・差押え）。このような捜査を**強制捜査**といいますが，この場合には，現行犯逮捕などの一部の場合を除いて，逮捕状，捜索差押許可状などの裁判官が発付する令状が必要になります（**令状主義**）。なぜ強制捜査の場合には令状が必要なのかというと，

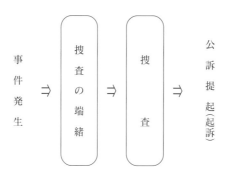

事件発生 ⇒ 捜査の端緒 ⇒ 捜査 ⇒ 公訴提起〔起訴〕

不当な人権侵害を防止するための一手段として，司法権によるチェックを憲法が要請しているからです（憲33，35条）。

（2）公訴の提起（起訴）と不起訴　　任意捜査・強制捜査といった一連の活動を経て捜査が一応終了すると，事件は，書類や証拠物とともに検察官に送致（送検）されます。これを受けて，検察官は被疑者を起訴するか否かを決定します。起訴する権限は，検察官のみが有しています（起訴独占主義〔刑訴247条〕）。検察官は，被疑者に嫌疑がない，あるいはそれが十分でないと判断した場合には，起訴を見送ります（不起訴処分）。また，仮に嫌疑が十分にあっても，犯人の性格，年齢および境遇，犯罪の軽重および情状，犯罪後の情況といった諸般の事情を考慮して，起訴する必要はないと考える場合には，起訴しないこと（起訴猶予処分）も可能です（起訴便宜〔裁量〕主義〔248条〕）。他方，検察官が，嫌疑が十分で起訴することが相当であると判断した場合，XはA殺害の嫌疑で起訴されるのです。起訴されると**被疑者**から**被告人**へと呼び名が変わります。

（3）事前準備・公判前整理手続と公判手続　　検察官によって事件が起訴されると公判（裁判手続）が始まるわけですが，本格的な公判手続の開始を前にして，充実した公判の審理を可能にするた

めに，事前準備や公判前整理手続が行われます。これらの手続では，裁判の長期化を避け，短期間で充実したものとするために，争点整理などが行われます。とりわけ，公判前整理手続は，裁判員制度の導入を睨んで新設された制度です（刑訴316条の2以下）。この手続では，検察官・弁護人双方の主張を聞いて，争点を絞り込み，法曹三者（裁判所，検察官，弁護人）が争点を立証するためにはいかなる証拠が必要か，それらの証拠を取り調べるための相当な方法はどういったものかなどを検討します。また，公判の日程や各手続の時間配分などについての計画が立てられます。なお，被告人も公判前整理手続に参加できます（316条の9）。

　現在，公判は，およそ下の図のような法廷で行われています（合議法廷）。真ん中に裁判官，左右に検察官と弁護人，そして被告人

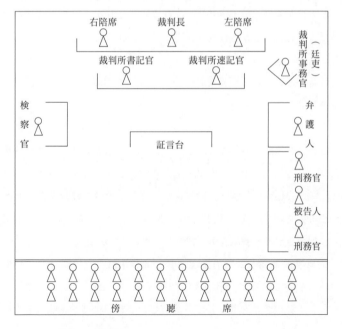

で構成されます。必要がある場合には，目撃者などの証人が法廷に呼ばれます。また，2007年の刑訴法の改正によって，一定の犯罪の被害者等が，裁判所の決定で公判期日に出席し，被告人に対して質問等を行う被害者参加制度が導入されました。被害者参加人の位置は，検察官の横になります。

それでは，公判手続を順次見てみましょう。

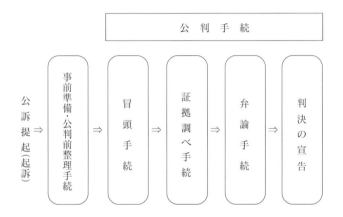

冒頭手続　冒頭手続では，はじめに法廷にいる被告人が検察官により公訴を提起された者に間違いないかを確認するために，被告人Xに対する**人定質問**が行われます。次に検察官は，「被告人Xは，令和○年△月□日，東京都◇区…において，Aを殺意をもってナイフで刺殺したものである。罪名罰条殺人罪，刑法第199条殺人罪」といった起訴状を朗読します。その後，裁判長は，被告人には黙秘権などの諸権利があることを告知し，検察官が読み上げた起訴状について罪状の認否を確認します。つまり，被告人に対して，検察官の言い分に間違いがないかを確かめるわけです。その際，被告人は，全面的に認めることもあるでしょうし，一部認

める場合もあるでしょう。さらには，無罪を主張したり，黙秘することも考えられます。

　ここでは，被告人が殺意を否認したケース，つまり，殺す気はなかったと主張したと仮定します。検察官は殺意があったと主張し，他方，被告人側（弁護人）は殺意を否定しているわけですから，争点は，被告人Xに殺意があったか否かということになります。殺すつもりで人を殺した場合と，殺すつもりはなかったが結果として人を死亡させてしまった場合では，刑法上，成立する犯罪が異なり，法定刑に大きな差が生じますので重要な争点となります。

> **（殺人）**
> **刑 199 条**　人を殺した者は，死刑又は無期若しくは 5 年以上の懲役に処する。
> **（傷害致死）**
> **刑 205 条**　身体を傷害し，よって人を死亡させた者は，3 年以上の有期懲役に処する。

証拠調べ 手続き

　次に，証拠調べ手続に入ります。ここでは，検察側と被告人側双方の主張・立証が行われます。はじめに検察官が，起訴状の内容を具体的に膨らませた冒頭陳述を行って，証拠によって証明しようとする事実を明らかにします（弁護人も冒頭陳述可能）。次に，裁判所は，被告人側の意見を聞いた後に，検察官が取調べを請求した証拠の採否を決定し，採用した証拠を取り調べます（ただし，公判前整理手続によって証拠が整理された場合には，主として確認になります）。

　証拠には，**証人**，**証拠書類**，**証拠物**の 3 種類があります。証人については**尋問**，証拠書類については**朗読**，証拠物については**展示**という形で取り調べられていきます。

　刑事事件では，「**疑わしきは被告人の利益に**」という大原則があり

ます（最決昭和 50 年 5 月 20 日刑集 29 巻 5 号 177 頁参照）。そこで，検察官は証拠によって公訴事実の存在を合理的な疑いを差し挟む余地のない程度にまで証明しなければなりません。検察側の立証が終わると，引き続き，被告人側（弁護人）の立証が行われます。ここでの立証は，検察官のそれとは大きく異なります。被告人側の立証は，検察官が提示した公訴事実の存在について，検察官の立証が合理的な疑いを差し挟む余地のない程度までは証明されていないとの心証を裁判所に与えさせれば十分なのです。なお，仮に公訴事実について争いがない場合，すなわち，「X が A を殺した」という点に争いがなければ，被告人側は，被告人にとって有利な情状の存在を立証することが主たる目的になります。

　最終的に，裁判官は，「X が A を殺害した」という心証に至るかもしれませんし，「X は A を殺すつもりはなく，怪我をさせるつもりが過って殺してしまった」という心証を得るかもしれません。

弁論手続　証拠調べがすべて終了すると，刑事ドラマのクライマックスシーンでもよく見られる検察官による**論告・求刑**が行われます（弁論手続）。ここでは，まず検察官が論告を行います。検察官は，事件に対する事実面・法律面の意見を述べます（その後に求刑が行われるのが一般的です）。たとえば，起訴状に記載された犯罪事実は，証拠から十分に証明されたこと，被告人の情状面では，まったく反省が見られないことなどが挙げられ，具体的に懲役 10 年を求刑するなどと述べられます。

　これに対して，弁護人は**最終弁論**を行います。最終弁論で弁護人も事件について，事実面・法律面から意見を述べます。たとえば，弁護人は，被告人の殺意を合理的な疑いを差し挟む余地のない程度まで検察官は証明できておらず，傷害致死にとどまるなどと述べま

す。また，情状面でも，犯情のほか，被告人の生い立ちや犯行に至る事情などに同情すべき余地があることや深く反省している点，さらには再犯の可能性がないことといった一般情状をあげ，寛大な処分を求めるなどします。

これらが終了すると，裁判長は，被告人Xに対して，「最後に何か言いたいことはありませんか」などと**最終陳述**を促します。被告人は，「被害者の方には大変申し訳ないことをしてしまいました。今後は二度とこのようなことがないよう反省し，しっかりと更生します」など，様々な発言をします。

| 判決の宣告 | こうして弁論手続が終了すると結審し，あとは判決の宣告を残すのみです。裁判長は，被告人を前に立たせて，「これから判決文を読み上げます」と言った後，「主文，被告人を懲役8年に処する。……」などの判決を言い渡します。続いて，判決に至った理由を述べ，それが終わると「両親が安心するようまじめに更生して下さい」などの説諭をし，被告人に対して，判決に不服があれば，控訴できる旨を告げて**閉廷**します。

検察官と被告人は，判決に不服がある場合，高等裁判所に**控訴**したり，さらに，控訴審に不服がある場合には，最高裁判所に**上告**できます（なお，図には載せていませんが，第一審判決⇒最高裁判所という跳躍上告があります）。

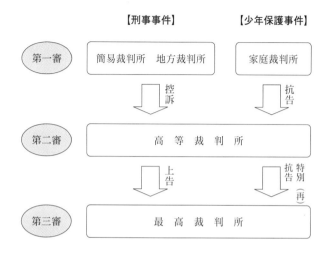

【刑事事件】　　　　　　【少年保護事件】

	【刑事事件】	【少年保護事件】
第一審	簡易裁判所　地方裁判所	家庭裁判所
	↓控訴	↓抗告
第二審	高　等　裁　判　所	
	↓上告	↓抗告　特別（再）
第三審	最　高　裁　判　所	

5　裁判員制度

1　裁判員制度ってどんな制度？

　上記までが，刑事裁判の大枠の流れですが，2009 年 5 月 21 日からは**裁判員制度**が実施されています。皆さんにも直接かかわる戦後最大の司法改革ですから，制度を概観しておきましょう。

　裁判員制度とは，一定の刑事裁判（第一審）に，国民から選ばれた裁判員が参加して審理に出席し，裁判官と一緒に**事実認定**（有罪・無罪）および**刑の量定**（量刑）をする制度です。簡単にいってしまえば，国民も，いわば「裁判官」として裁判に参加する制度です。この制度は，「国民の中から選任された裁判員が裁判官と共に刑事訴訟手続に関与することが司法に対する国民の理解の増進とその信頼の向上に資する」ことを趣旨に導入されました（裁判員の参加する刑事裁判に関する法律 1 条，以下「裁判員法」）。

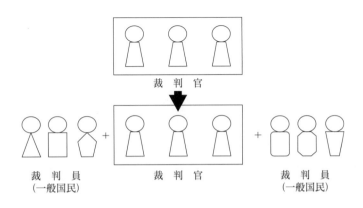

裁判官

裁判員
(一般国民)

裁判官

裁判員
(一般国民)

　裁判に国民が参加する制度というと，皆さんは，映画などで頻繁に登場するアメリカの**陪審制度**を思い浮かべるかもしれません。しかし，裁判員制度は，陪審制度とは違います。アメリカの陪審制度では，一部のケースを除いて，一般人である陪審員は有罪・無罪の判断のみに関与しますが，わが国に導入された裁判員制度では，裁判員は有罪・無罪のほかに，有罪の場合には，どのような刑を科すのか，執行猶予にした方がよいのかといった点にも関与するのです。裁判官も構成員になる点，また裁判員も量刑に関与する点では，どちらかといえば，ドイツなどの**参審制度**に近いといえるでしょう。

	裁判員制度		陪審制度		参審制度	
	裁判員	裁判官	陪審員	裁判官	参審員	裁判官
事実認定	○		○	×	○	
量　　刑	○		×	○	○	
法律問題	×	○	×	○		○

裁判員制度の対象事件 （裁判員法2条～5条）

一部例外はありますが，裁判員制度の対象事件は，①死刑または無期懲役もしくは禁錮にあたる罪に関する事件（裁判員法2条1項1号），②短期1年以上の懲役もしくは禁錮にあたる罪に関する事件のうち，故意の犯罪行為により被害者を死亡させた罪に関する事件（同法2条1項2号）です。代表例は次のとおりです。

◇人を故意に殺した場合（殺人罪）
◇強盗が人にけがをさせたり，死亡させた場合（強盗致死傷罪）
◇人にけがをさせ，その結果，死亡させてしまった場合（傷害致死罪）
◇飲酒等で正常な運転ができない状態や赤色信号を殊更に無視するような運転で人をひいて死亡させた場合（危険運転致死罪）
◇人が住む家に放火した場合（現住建造物放火罪）
◇身の代金を取る目的で，人を誘拐した場合（身の代金目的誘拐罪）

裁判員の 選任方法

裁判員制度には，一般国民が裁判に参加するわけですが，どのような手続で裁判員は選任されるのでしょうか。

一番の大枠は，**選挙人名簿**です。衆議院議員の選挙権がある人の中（18歳，19歳を除く）から，翌年の**裁判員候補者**を毎年抽選で選び，**裁判員候補者名簿**が作成されます（名簿登録者には，翌1年間裁判員に選任される可能性があるため，通知が届きます）。

次に，裁判員候補者名簿から，事件ごとに抽選で裁判員候補者の選出が行われます。事件ごとの裁判員候補者が選出された後，裁判所に来てもらう日時などを通知します（呼出状の送付）。

裁判所からの通知を受け取った裁判員候補者は，指定された日時に裁判所の**選任手続**に参加することになります。選任手続では，裁判長から事件との利害関係や不公平な裁判をするおそれの有無，辞退の希望の有無・理由などについて，他の裁判員候補者から隔離された場所で質問されます（口頭による質問のほか，質問票が用いられま

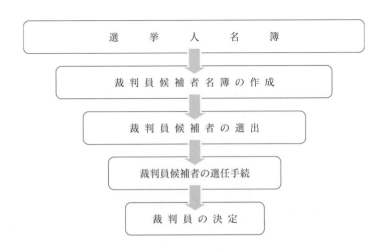

選　挙　人　名　簿

裁判員候補者名簿の作成

裁判員候補者の選出

裁判員候補者の選任手続

裁判員の決定

す）。また，検察官や弁護人は，裁判長による質問の結果などをもとに，それぞれの目線から裁判員候補者から除外されるべき人を指名することができます。

　こうした一連の手続を経て，**裁判員が決定**されるのです（裁判員6名＋補充裁判員2名程度）。選任された裁判員には，裁判長から裁判員の権限・義務，その他必要な事項の説明があります。裁判員は，法令に従い，公平誠実にその職務を行う旨の宣誓をします（裁判員法39条）。

2　各手続における裁判員の役割

　裁判員に選ばれると，裁判官と一緒に刑事裁判に参加することになります。裁判では，証拠を見聞きし，有罪・無罪の判断をするにとどまらず，有罪の場合にはどれくらいの刑にするのか量刑を決める役割も担います。では，それぞれの手続の過程で，裁判員はどのような役割を担うのでしょうか。以下では，既に学習した「刑事裁

判の流れ」（☞88頁）を裁判員の目線で再構成しますので，皆さん自身が選ばれたイメージで読んでみて下さい。

公判前
整理手続
　　　従来のわが国の刑事裁判は，判決までに要する期間は平均2〜3ヶ月でした。職業裁判官による裁判の場合にはそれでもよいのかもしれませんが，一般国民が裁判員として裁判に参加する制度の下では，機能しえません。なぜなら，皆

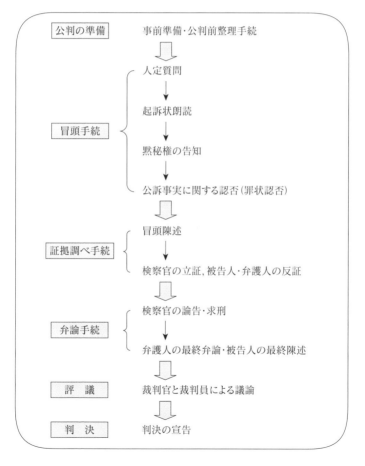

公判の準備　　事前準備・公判前整理手続
　　　　　　　　⬇
　　　　　　　人定質問
　　　　　　　　↓
　　　　　　　起訴状朗読
　　　　　　　　↓
冒頭手続　　　黙秘権の告知
　　　　　　　　↓
　　　　　　　公訴事実に関する認否（罪状認否）
　　　　　　　　⬇
証拠調べ手続　冒頭陳述
　　　　　　　　↓
　　　　　　　検察官の立証，被告人・弁護人の反証
　　　　　　　　⬇
弁論手続　　　検察官の論告・求刑
　　　　　　　　↓
　　　　　　　弁護人の最終弁論・被告人の最終陳述
　　　　　　　　⬇
評　議　　　　裁判官と裁判員による議論
　　　　　　　　⬇
判　決　　　　判決の宣告

さんには本業があるなど，それぞれの生活事情があるからです。そこで，裁判を職業としない一般の国民に裁判員として参加してもらうためには，集中的な審理を短期間に，しかも計画的に実施する必要があるとして，**公判前整理手続**が導入されました。ここでは，裁判員が裁判に関与する前に，①証拠の開示，②争点の明確化，③公判で取り調べる証拠決定，④審理計画の作成が，裁判官，検察官，弁護人によって事前に行われます。まだこの段階では，裁判員には何らの役割もありません。

| 冒頭手続 |
ここから，いよいよ皆さんは裁判員として法廷に立ちます。冒頭手続では，被告人が人違いでないかなどを確かめるために，裁判長によって**人定質問**が行われ，名前，本籍などが質問されます。

人定質問が終わると，検察官によって起訴状が朗読されます（**起訴状朗読**）。先にも触れましたが，検察官が，「被告人Ｘは，令和○年△月□日，東京都◇区××において，Ａを殺意をもってナイフで刺殺したものである。罪名罰条殺人罪，刑法第199条」などと朗読するわけです。この時点で，裁判員の皆さんは，検察官が裁判で求めている事件のポイントを知ることができます。もっとも，注意を要するのは，起訴状に書いてあることが正しいか否かは，後に「証拠」を法廷で取り調べる「証拠調べ」の手続を経て初めて判断されうるということです。起訴状は，あくまでも検察官の思い描くストーリーでしかなく，皆さんの役割は，証拠によってこれが正しいか否かを判断していくことにあります。

起訴状の朗読が終わると，裁判長は，被告人に**黙秘権の告知**をします。すなわち，「被告人は，終始沈黙あるいは個々の質問に対して陳述を拒むことができる」旨告知するのです。そのうえで，裁判

長は，被告人に対して，検察官が朗読した起訴状に間違いがないかを被告人に確認します（**罪状認否**）。裁判員である皆さんは，ここで，事件に対する被告人の言い分を知ることができるのです。

| 証拠調べ手続 |

冒頭手続が終了すると，証拠調べ手続に入ります。証拠調べ手続では，検察官・被告人側（弁護人など）のそれぞれによって**冒頭陳述**が行われます。これは，検察官と被告人側によって事件の大要や立証方針を明確にするために行われます。検察官によって行われる冒頭陳述は，起訴状をより具体化したものであり，このストーリーをどのように証拠によって立証していくかの説明がなされます。他方，被告人側では，自分たちの主張するストーリーを説明します。裁判員の皆さんは，ここで，検察官と被告人側のより具体的な主張を知ることができます。冒頭陳述が終了すると，いよいよ証拠の取調べです。「証拠の取調べ」と聞いても，ピンとこないかもしれませんが，裁判員の皆さんが，各種証拠について，書類の内容を聞いたり，証拠品の状態を見たり，証人などの話を聞くことを意味します。後の評議のところでも触れますが，起訴状記載の犯罪行為を被告人が犯したのか否かの判断は，これら法廷で取り調べられた証拠のみに基づいて行うことになるため重要な手続です。

なお，裁判員は，裁判長の許可を得て証人や被告人に質問することができます。裁判員は，疑問を解消しながら，検察官の主張が証拠に基づいて合理的な疑いを差し挟む余地のないほどに証明できているか否かを判断するのです。

| 弁論手続 |

証拠調べ手続が終わると弁論手続に入ります。ここでは，検察官は，法廷で取調べられた証拠に基づいて，被告人の犯罪が立証されたと考える論拠，有罪である場合に

適当であると考える刑罰の内容について述べます（**論告・求刑**）。他方，弁護人は，被告人の有罪が立証されていないと考える理由のほか，有罪についての争いがない場合でも，有利な情状などを挙げて，適切な判断を求めます（**最終弁論**）。また，最後に，被告人にも陳述の機会が与えられます（**最終陳述**）。弁論手続によって，裁判員は，これまで審理されてきたことを整理できるとともに，評議に向けて自分の考えをまとめる機会になります。

評 議

評議では，裁判官と裁判員が一緒になって，被告人が有罪か無罪か，有罪の場合にはどのような刑罰が妥当かについて議論します。評議は1回とは限らず，また最終弁論が終わる前の段階でもなされることがあります（中間評議）。ここでは，最終弁論終了後の評議を念頭において話を進めます。ここでもう一度確認しておきますが，被告人には，**無罪の推定**が働いています。被告人を有罪とするためには，合理的な疑いを差し挟む余地のない程度にまで証明されなければなりません。また，その証明，すなわち，事実の認定は，「証拠」によらなければなりません（**証拠裁判主義**）。

裁判員裁判としての判断は，裁判官，裁判員のそれぞれの意見を含む過半数によって決せられます（裁判員法67条）。たとえば，裁判員5名が「犯人である（有罪）」という意見であるのに対し，裁判員1名と裁判官3名が「犯人ではない（無罪）」という意見を述べた場合は，有罪とする判断が過半数を占めますが，その内訳をみると，裁判員のみで構成されており，それぞれの意見を含むという法の要件を満たしていないため，有罪にはできないことになります。では，裁判員5名が「犯人ではない（無罪）」という意見であるのに対し，裁判員1名と裁判官3名が「犯人である（有罪）」という

意見を述べた場合はどうでしょうか。このケースでは，裁判員5名による「犯人ではない（無罪）」という意見が過半数ではあるものの，裁判官が1名も入っていないことから，無罪とはできないと誤解されがちです。

　このような誤解が生じる原因は，「過半数の内訳が要件を満たしているか」のみに目がいってしまうことにあるように思われます。一見すると，上記事案では，過半数を占める「犯人ではない（無罪）」という判断は裁判員のみによるものですから，要件を満たさないようにも思われるからです。しかし，刑事裁判では，被告人に「無罪の推定」が働いており，有罪とするためには，犯罪の証明があったと証拠によって認められなければなりません。その証明がなければ当然に無罪となるのです。そうすると，裁判官と裁判員の双方の意見を含む過半数であることを要するのは，「犯罪の証明があった」という判断についてであり，上記事案では，「犯罪の証明があった」，すなわち「犯人である（有罪）」との意見は裁判員1名と裁判官3名ですから，内訳としては双方を含むものの，過半数には達しておらず，犯罪の証明があったとは認められない（無罪）ということになります。換言すれば，この過半数による裁判員裁判の評決方法は，被告人に不利な判断をする場合のものであると整理することができるでしょう。

　なお，上記のように，全員の意見が一致しなかった場合は，多数決によることになるわけですが，大切なのは，そこに至る過程で評議を尽くしたか否かです。映画「12人の怒れる男たち」（1957年アメリカ）で描かれているように，全員の意見が一致することは容易ではありませんが，少数意見にも慎重に耳を傾けながら，全員一致を目指していくことに意義があります。ここで，危険なのは，最初

に発した意見に固執することです。他者の意見を聞いて自分の見解の誤りに気がついても，意地を張って自分の見解を貫くといったことはいただけません。裁判には，「**乗り降り自由**」という言葉があります。ある見解がよいと思えば，それに乗り，駄目だと思えば降りればよいのです。皆の力で皆の納得いく結論を模索することが多様な国民の参加を予定する裁判員裁判のあるべき姿ではないでしょうか。

　次に，たとえば，先ほどの例で，被告人は殺人罪との結論に至ったとしましょう。アメリカの陪審制度では，一部のケースを除いて，一般国民である**陪審員**の役割はここで終わりです。ただ，皆さんは，裁判員ですから，もう一仕事あります。**刑の量定**です。殺人罪の法定刑は，①5年以上の懲役，②無期懲役，③死刑です。また，場合によっては，減軽が可能ですから，刑の執行を猶予する執行猶予も考えなければなりません。つまり，被告人に対して，どれくらいの刑を科すのか，また，執行猶予をつけるのか否かを皆さんが考えるのです。これは，被告人の犯した犯罪の軽重，動機，生活環境，反省の度合い，処遇効果など様々な要因を考えて決定することになります。

| 守秘義務 |

　裁判はその性質上，公正さや信頼性の確保が必要ですし，評議は，裁判官や裁判員が自由な意見を述べることのできる場でなければなりません。

　これらを達成するため，裁判員には，**守秘義務**が課されています。守秘義務の対象には，①評議の秘密と②評議以外の秘密があります。前者は，評議の経過や賛成・反対の数，多数決の数などが，後者には，裁判員の名前などがあります。立法過程では，守秘義務に期限を定める議論もありましたが，最終的には，「一生涯」ということ

になりました。

　なお、守秘義務に違反した場合には、6月以下の懲役または50万円以下の罰金が科されます。それだけ守秘義務は大切だというメッセージとも言えそうです。

☕ Coffee Break ☕

　裁判員制度のほかに、すでに国民が刑事手続に参加する制度があるってホント!?

　国民が裁判に参加する制度として、裁判員制度が注目されていますが、わが国では、すでに、刑事手続に事件の関係者ではない一般国民が参加する制度が存在しています。検察審査会制度です。検察審査会制度とは、検察官が事件を起訴しなかった場合に、その不起訴処分が適切だったのかを検察審査会が審査する制度です。制度目的は、「公訴権の実行に関し民意を反映せしめてその適正を図る」ことにあります。

　検察審査会が受理する事件数は、年間1200件前後で、事件としては、過失運転致死傷が最多となっています。選任手続も裁判員制度と類似しており、検察審査会は、衆議院議員の選挙権を有する国民（18歳、19歳を除く）の中から無作為に選ばれた11人の検察審査員によって構成されます（任期6か月）。

　検察審査会は、犯罪被害者などが検察官による不起訴処分に不服をもち、審査の申立てをした場合に開かれます。審査結果には、①不起訴相当、②不起訴不当、③起訴相当があります。

　不起訴不当あるいは起訴相当の議決がなされた場合には、検事正が事件を再検討して捜査を行ったうえで、起訴するか否かを決定しなければなりません。検察審査会の審査結果に基づいて、検察官が再検討し起訴した事件の中には、懲役8年、10年などの重い刑に処せられたケースも見受けられます。

　なお、平成16年の改正によって、検察審査会が、同一事件について再度の起訴相当と判断した場合には必ず起訴されることになりました（強制起訴）。改正法の施行後10年の間に9件13名が強制起訴され、うち8件10名の判決が確定しています。有罪となったのは2件2名であり、残りは無罪や免訴・公訴棄却であったことから制度のあり方について再

び議論が高まっています。

　最後に，検察審査会事務局では，「真実を求めて」という広報用の ビデオの貸し出しを行っていますので，興味のある方は，ぜひご覧下さい。

< Step up >

平野龍一ほか『刑事訴訟法教材』（東京大学出版会，1977）

福永有利＝井上治典ほか『アクチュアル民事の訴訟〔補訂版〕』（有斐閣，2016）

三井誠＝酒巻匡『入門刑事手続法〔第 8 版〕』（有斐閣，2020）

裁判所書記官研修所監修『刑事訴訟法講義案〔四訂補訂版〕』（司法協会，2016）

　　　　同　　　　　　　　　『民事訴訟法講義案〔三訂版〕』（司法協会，2016）

宮木康博「皆さんは未来の裁判官」トピックからはじめる法学編集委員会編『トピックからはじめる法学』（成文堂，2010）207 頁-216 頁

4 判例の読み方

　「憲法」,「民法」,「刑法」などの科目の講義では,基本的な用語や概念の説明があり,解釈が必要となる論点については,判例と学説が説明されます。法の解釈方法については,説明しましたが（☞ 62 頁）,判例は,裁判所による有権解釈（権限をもつ公的機関による解釈）です。日本では,形式的には,判例は法源とされていませんが,法的な争いが生じたときに,法が強制力をもつのは裁判を通してのことですから,裁判所の判断は重要な意味をもちます。学説も,その存在意義は判例に影響を与えることにあるとすらいえるかもしれません。講義やゼミナールで判例を学習するときには,『〇〇法判例百選』といった判例解説を参照することが多いのですが,公式判例集や判例雑誌に掲載される判決・決定の読み方を学ぶことで,より深く判例を理解することができるでしょう。

⟦1⟧　判例とは何か

　法をめぐる現象は，日常生活の中でも生じていますが（たとえば，売買契約），法が目に見える形で現れてくるのは，トラブルがあったときです（☞17頁）。当事者同士の話し合いで決着すればいいのですが，最終的には裁判によって解決されることもあるのです。その意味では，法を学ぶうえで，判例を学ぶことは重要な意味をもっています。裁判の制度について，概略を説明しましたので，これをふまえて，判例の読み方を学んでみましょう。

　日本は，**大陸法系**に属し，成文法を基本として法体系が作られています（本章②1☞110頁）。したがって，もし，法的紛争が生じた場合に，具体的に生じた出来事を，抽象的に規定された法律の条文に照らし合わせて解決することが求められます。たとえば，刑法199条は，「人を殺した者は，死刑又は無期若しくは5年以上の懲役に処する」と規定していますが，ここでいう「人」とは何を指し，「殺す」というのはどのようなことをいうのかは解釈に委ねられます。裁判所は具体的な事件について解釈することを求められます。母体を通して胎児に有害物質を与え，出生後に死亡させたことが，または，脳死状態の患者の人工呼吸器を外して，心肺機能を停止させたことが，「人を殺した」といえるのか，ということを裁判所は判断しなければなりません。判例には，このように，抽象的な法文を具体的に生じる事例にあてはめることによって，司法機関の**有権解釈**を示すという役割があります。刑事法では，具体的な事実が，法律の条文を解釈することによっても捉えられない場合には，罪刑法定主義に基づいて無罪となります。これに対して，民事法では，紛争を具体的に捉えることができる法律がなかったとしても，裁判

所は，一定の判断を下さなければなりません。すなわち，民事判例は，抽象的な法律の条文によって規定されていない事態に対しても，法解釈をすることによって，何らかの結論を導かなければならず，その意味において，法律（成文法）の空白を埋めていく役割を果たします。

　皆さんは，**判例**といえば，裁判所を連想し，裁判所の行った判断を判例とよぶのではないかと見当がつくことでしょう。しかし，個々の事件について裁判所が下すのは「判決」あるいは「決定」であり，また個別的な事項について裁判官は「命令」を下すことになっていて，裁判所または裁判官は「判例」を下すことはありません。

　他方，法令においても「判例」という用語は用いられています。たとえば，刑事訴訟では，最高裁判所に上告するための要件の1つとして，「判例違反」が挙げられています（刑訴405条2号，3号）。本条文では，「最高裁判所の判例」（2号）のほか，「大審院の判例」「高等裁判所の判例」（3号）が挙げられており，「判例」の主体が最高裁判所に限定されるわけではないことも明示されています。判例違反は上告理由となり，判例違反が認定された場合には，判決で原判決が破棄されるわけですから（刑訴410条），判例が裁判において重要な基準となることは明らかです。もっとも，厳格な手続きを要するとしても，**判例変更**は制度として認められていますので（裁判所法10条3号），判例が絶対不変のものであるわけではありません。この問題は，判例の法源性の問題と関わることになります。

　また，裁判所（特に最高裁判所）の下した判決・決定の全体部分が「判例」とされるわけではなく，結論部分の命題に限定されているという見解，結論部分に加えてこれを導くための理由づけも判例を構成するといった見解が対立しています。この問題は，判例論とし

て深い内容をもっていますので，興味がある人は章末に挙げた参考文献を読んでもらうことにして，本書では，ある事項（争点）に対して裁判所が下した判断を判例とよぶことにします。当該事項について（厳密にいえば，事件はすべて別ですので，まったく同じ争点というのは論理的にはありえませんが，類似する論点を含むと考えておきましょう），下級審が異なった判断をすれば，上級審がそれを統一するという役割を果たしますので，最終的には，現在では最高裁判所の判断が判例としての意味をもつことになります。もっとも，事柄によっては，最高裁判所がまだ判断を下していないものもありますので，その場合には，高等裁判所の判断が判例としての意味をもつことになります。

２ 判例の拘束力

1 大陸法と英米法──日本における判例の拘束力──

ドイツ，フランスなどのヨーロッパ大陸の国々では，成文による法典を編纂し，その解釈によって法を適用する法体系が構築されてきました。この法体系は大陸法とよばれます。これに対して，イギリスにおいては慣習法（コモン・ロー＝ common law）を中心とした法体系が発達し，裁判所による判例（先例）に拘束力を認め，判例に従った法適用が行われてきました。このような法体系は，アメリカにおいても採用され，英米法とよばれます。もっとも，英米法系に属する国々も現在では法典の編纂は行われています。

日本では，明治時代に，ドイツ，フランスの影響の下で民法や刑法などの法典が編纂され，大陸法系に属するとされています。この点において，判例は形式的には法源となっていないとされてきまし

た。それでも,「判例」またはこれに相当する用語が現行法でも用いられ,その法的意義が明らかにされています。ここでは,2つの点について説明することにします。

2 現行法における「判例」の意義

(1) 具体的事件における下級審裁判所の拘束

裁判所法4条は,「上級審の裁判における判断は,その事件について下級審の裁判所を拘束する」と規定しています。これは,個別具体的事件について,上級の裁判所(地方裁判所からすれば高等裁判所および最高裁判所,高等裁判所からすれば最高裁判所)が下した判断に下級の裁判所は従わなければならないということです。最高裁判所が原判決(高等裁判所が下した判決)を破棄して(取り消して),下級審に差し戻したとすれば,下級審は,その事件に対して最高裁判所が下した法的判断に従わなければならないのです。差戻し判決は,最高裁判所が,法的判断方法,基準を示し,それに基づいた判断をするように下級審に求めるわけですから,差し戻された裁判所では,その判断をするための材料を集めたうえで,改めて判断をするわけです。最高裁判所の判断方法にあてはめた場合に,上告される前の判断と結論が変わることもありますし,結論自体は変わらないこともあります。被告人が心神喪失(精神の障害により責任能力が失われたことを意味し,刑法39条1項によって犯罪は不成立になります)にあたるという(医師などの)鑑定にもかかわらず,高等裁判所が心神耗弱(責任能力が失われてはいないが,著しく弱まっていることを意味し,刑法39条2項によって,刑は減軽されますが,犯罪は成立します)であると認定して,有罪判決を下したところ,上告審において,最高裁判所は,鑑定を採用できない合理的な理由がない限り,鑑定に従うべきだと

して，原判決（有罪）を破棄して，高等裁判所に差し戻しました（最判平成20年4月25日刑集62巻5号1559頁）。この場合，差し戻された裁判所は，鑑定人の鑑定が採用できない合理的な理由があるかどうか検討して，それに基づいて判断しなければなりません。そして，鑑定を採用できない合理的理由がないとすれば，鑑定通り，被告人が心神喪失であることを認め無罪判決を言い渡すことになりますし，鑑定を採用できない合理的理由があると判断すれば，心神喪失であることを認めた鑑定にもかかわらず，異なった結論を導くことになるのです。上記の事案では，差戻し後の高等裁判所判決では，鑑定を採用できない合理的理由があることを示して，再び有罪判決を言い渡しています（東京高判平成21年5月25日判時2049号150頁，判タ1318号269頁）。

(2) 上告理由，破棄理由としての判例違反

民事裁判では判例違反が上告受理申立理由（民訴318条1項）となります。また，前に述べたように，刑事裁判でも判例違反が上告理由（刑訴405条2号，3号）となり，判例違反が原判決を破棄する理由となることが明示されています（刑訴410条1項本文）。この点からすれば，下級審の裁判において，判例と異なる裁判をしたとしても，上告され，判例違反を理由として破棄される可能性があるのですから，判例は，下級審の裁判に大きな影響を及ぼすことになります。もっとも，原判決が判例と相反する場合でも，最高裁判所は判例を変更することができます（刑訴410条2項）。その意味において，判例は，実定法と同じ意味での拘束力をもつわけではありません。ただし，判例を変更するためには，大法廷を開いて厳格な手続きによる必要がありますから，判例の拘束力を否定するのは容易なことではありません（裁判所法10条3号）。

③ 判決・決定の読み方

1 事実認定と法的評価

前に述べたように，判例の定義は難しいのですが，いずれにしても，判例は，裁判所の下した個別の判決・決定に含まれ，これから導かれますので，本書では，判例を探るために，**判決・決定**の読み方を説明することにします。なお，民事（権利関係の確定，損害賠償の請求など），刑事（犯罪の成否および刑罰）とも，実体的な法関係についての実体判決のほか，管轄違いなどの形式的な問題に関する形式裁判がありますが，本章では，代表的なものとして，実体裁判を中心に説明することにします。

訴訟手続きは複雑であり，そのために，判決・決定についても詳細な決まり事がありますが，本書は，判例の読み方の基礎を説明するものですから，細かい点については，民事訴訟法，刑事訴訟法の講義や教科書で学習してください。判例・決定・命令の違いについては，図を参照してください。

裁判は，民事事件では，財産や身分関係について争いがある場合にそれを解決するために行われますし，刑事事件では，犯罪が犯された場合に，被告人の行った行為が犯罪にあたるかどうかを認定し，犯罪にあたるとすれば，その被告人に対して刑罰を言い渡すために行われます。民事裁判でも刑事裁判でも，具体的な事件に対して法的判断を下し，法効果を生じさせます。裁判の結論は，最終的には法的判断によって導かれますが，その前提として，法的評価の対象としての事実を認定する（**事実認定**）必要があります。裁判制度の説明でもみたように，民事裁判では**原告**と**被告**が，刑事裁判では，訴追側の**検察官**と**被告人**が両当事者になるわけです。検察官は法律

判決・決定・命令

　裁判の形式は，民事裁判も刑事裁判も，判決・決定・命令の3種類に分類されます。概略は下記の表の通りですが，①言い渡しの主体が，裁判所（組織）か個別の裁判官か，②口頭弁論を必要とするか，③その裁判についての上訴（不服申立）方法は何かが基準となります。大まかにいえば，判決・決定は裁判所によるものであり，判決が重要な事項に対する最も厳格な形式による裁判であり，決定はより簡易な裁判です。命令は，個々の裁判官による裁判です。詳細は，民事訴訟法，刑事訴訟法の授業で学習してください。

	判決	決定		命令	
主体	裁判所	裁判所		裁判官	
口頭弁論	必要	民事	刑事	不要	
		裁量	不要		
上訴	控訴，上告	民事	刑事	民事	刑事
		抗告，異議	抗告	抗告，異議	準抗告

の専門家ですが，その他の当事者も，法律の専門家である弁護士に，自分のための主張を依頼することが多いのです。民事事件では，両当事者のために主張する人（原則として弁護士，民訴54条）を**訴訟代理人**，刑事事件において被告人の弁護をする人（原則として弁護士，刑訴31条）を**弁護人**とよびます。

　民事事件でも，刑事事件でも，裁判の対象となっている事件について，どのような事実があったのか，両当事者の主張がほぼ一致することもありますが，事実についても，両当事者の主張が食い違うことがあります。また，当事者の主張が一致していたとしても，法的評価の対象となる事実は明確にしておかなければなりません。と

りわけ，事実審（民事裁判では，原則として第一審と第二審，刑事裁判では原則として第一審）においては，事実の認定が重要な役割を果たします。そして，それに基づいて法的評価・判断がなされます。したがって，実体判決についての判決・決定は，**事実認定**の部分と**法的評価**の部分から成り立っていることを理解しておく必要があります。

2　事実審と法律審

　前に説明したとおり，判例は，必ずしも最高裁判所の判決・決定に限るわけではないのですが，最高裁判所の下した判断は実質的に非常に重要な意味をもちます。判例を学習するというときにも，最高裁判所の判断を想定することが多いと思いますので，本章では最高裁判所の判決・決定の読み方を中心に説明していくことにします。ただし，民事裁判でも刑事裁判でも，最高裁判所は原則として法律審（すでに認定された事実を前提に，法的評価をする裁判）なので，事実認定は高等裁判所，地方裁判所で行うことになっています。ですから，法的評価の対象とされるべき事実は，高等裁判所，地方裁判所の判決から読み取る必要があります。下級審で認定された事実が上級審において修正されることもありますが，そのことをふまえて，第一審，第二審の判決を確認しておく必要があります。なお，判決について不服があり，上級裁判所に上訴した場合，元の裁判所の裁判を**原審**といい，原審における判決を**原判決**といいます。さらに，原審の前の裁判は原々審といい，その判決は原々判決ということになります。第一審が地方裁判所，第二審が高等裁判所で行われたとすれば，最高裁からすれば，高等裁判所の裁判が原審であり，その判決は原判決となり，地方裁判所の裁判が原々審であり，その判決が原々判決となります。最高裁判所判例集などでは，最高裁判所の

判決・決定のあとに，第一審判決，第二審判決が掲載されることが多いので，これを参照することができます。

４ 公式判例集の読み方

1 判例集への掲載

　裁判が行われると，その結論である判決・決定は，判決書（民訴252条，253条），裁判書（刑事訴訟規則34条，53条〜57条）として形式が整えられ，まとめられます。しかし，すべての裁判が判例集に掲載されるわけではなく，掲載対象は限定されます。判例集は，**最高裁判所判例集**（民事判例，刑事判例という形で分冊されたものが，最高裁判所民事判例集＝民集，最高裁判所刑事判例集＝刑集）などの公式判例集のほかに，判例時報，判例タイムズといった判例雑誌に掲載されるものもあります（☞165頁）。最高裁判所判例集への掲載は，最高裁判所内に設置された判例委員会が選択するので，重要性の高いものに限定され，掲載されるまでに時間がかかることもあります。最高裁判所判例集に掲載される前に，判例雑誌に掲載されることもあります。

　本章では，最高裁判所判例集（刑集，民集）を例に挙げて，まず，最高裁判所の判決・決定の読み方を，次いで，事実審判決・決定の読み方を説明することにします。各審級に共通する部分と，それぞれの審級で特徴的な部分がありますので，その違いにも注意しましょう。

　本書では，実際に最高裁判所判例集に掲載された最高裁判所判決・決定を別冊で紹介していますので，これを参照しながら学習していくことにしましょう。別冊には，判例集に記載されている事項

に番号が振られていますので，その番号を挙げながら説明します。

2　掲載事項

最高裁判所判例集に掲載されるのは，大きく分けると，(a) 表題部分 (事件名，当事者等) (①～⑤)，(b) 判示事項，判決要旨 (⑥～⑧)，(c) 主文 (⑨)，(d) 理由 (⑩～⑫＋⑬～⑭) から構成されています。さらに，(e) 少数意見，(f) 上告理由，上告申立理由 (民事)，上告趣意 (刑事) ⑯ が，また，(g) 第一審判決 (⑰)，第二審判決 (⑱) が参照として掲載されることがあります。

(a) 表題部分 (①～⑤)　まず，事件名が掲載されます。別冊では①で示された部分です。民事事件では，「所有権移転登記抹消登記手続請求事件」，「養子縁組無効確認請求事件」，「損害賠償請求事件」，「相続税更正処分取消請求事件」というような，請求内容を表す事件名がつけられます。刑事事件では，「未成年者略取被告事件」，「殺人，現住建造物等放火被告事件」，「児童福祉法違反，児童買春，児童ポルノに係る行為等の処罰及び児童の保護等に関する法律違反被告事件」というように，公訴事実に対応する罪名，違反する法律の名前がつけられています。民事裁判でも刑事裁判でも，このように，事件名は抽象的につけられており，後に講学上用いられるような具体的な名前 (「大阪南港事件」，「三菱樹脂事件」，「川崎協同病院事件」など) は用いられていませんので，特定するためには，裁判所，判決・決定年月日などによる必要があります。判例解説，判例評釈などでは，事件の通称が表題となっていることもありますので，自分の探している判決・決定であるかどうかを確認してください。

事件名の横には，事件番号 (②) が記載されます。これは，事件を受けた裁判所がつける符号であり，受け付けた年，事件記録符号，

受付順の番号から構成されています。事件記録符号は，民事事件では上告事件に「オ」，上告受理事件に「受」が，また，刑事事件では上告事件に「あ」，上告受理申立事件に「ゆ」が付けられます。最高裁判所規程に定められていますので，詳細は裁判所のホームページを参照してください。さらに，判決・決定年月日，担当法廷（最高裁判所であれば，大法廷，第○小法廷），および，結論（③）が記載されます。

　続いて，両当事者（④）が記載されます。上告審では，上告人（上告した人）と被上告人（上告された人）が当事者になります。民事判決・決定では，原審において控訴人（控訴した人）か被控訴人（控訴された人）か，また，原告（訴えを起こした人）であったか被告（訴えを起こされた人）であったかが示されたうえで，その氏名が記されます。また，その代理人の氏名も記載されます（代理人が複数いる場合には，その代表者が記されることもあります）。刑事判決・決定では，当事者の一方は，原則的に（付審判，検察審査会による強制起訴の場合を除いて）検察官ですから，「上告申立人」として，「被告人」か「検察官」かが記され，被告人の氏名とその弁護人の氏名が記載されます。裁判書には，実名が記載されますが，公刊される判例集では，被告人等の氏名がA, Bといった記号や略称で表されることがあります。これは，判決・決定の主文，理由においても同様です。さらに，第一審および第二審の判決を下した裁判所および判決年月日（⑤）が示されます。

　(b) 判示事項，判決（決定）要旨（⑥～⑧）　これに続く判示事項（⑥），判決（決定）要旨（⑦）は，最高裁判所判例集に掲載する際に，判例委員会が，判決・決定を紹介する便宜上付するものです。裁判を担当した法廷（裁判所）が，判決・決定の一部として記載し

ているものではありません。判示事項（⑥）は，その判決・決定が扱った事項の結論を簡潔に示して，「〜とされた事例」，「〜の要件」，「〜罪の成否」などとするものです。判決（決定）要旨（⑦）は，取り扱った事例について少し詳細に説明し，法律構成，要件などをより明確にしたものです。これら自体が判例となるわけではありませんが，判決・決定内容を理解するうえで，役に立つでしょう。

なお，判示事項，判決（決定）要旨の後に，関連する法律の条文（裁判は行為時の法律に基づくので，行為当時の条文が記載されます）（⑧）が，参照のために掲載されるようになっています。

（c）主文（⑨）　さて，ここからが判決・決定のいわば本体部分にあたるわけですが，主文（⑨）には裁判の結論が示されます。一般的にいえば，民事であれば，原告の請求が認められるのか，認められないのか，たとえば，損害賠償請求が認められれば，さらに，その金額が示されることになります。他方，刑事では，公訴事実について，被告人が有罪なのか，無罪なのかが言い渡されます。ただし，有罪の場合には，刑の免除の場合を除いては刑が言い渡されますので，「被告人は有罪である」という言い渡しではなく，具体的に「被告人を懲役○年に処する」とされ，その刑の執行が猶予されるのか，未決勾留の期間を刑に算入するのかどうかが言い渡されます。また，特に民事判決では，訴訟費用の負担についても主文で言い渡されます。

もっとも，最高裁判所の裁判は，下級審の裁判に対する事後審査ですので，上告（上告受理申立を含む）が法令に違反するか，それとも理由があるかどうかが判断されます。したがって，主文で言い渡されるべき結論は，上告には理由がなく原判決を維持するという**上告棄却**と，上告には理由があり，原判決を取り消すとする**原判決破**

棄に分かれることになります。さらに，原判決が破棄された場合には，その理由と判断すべき基準を示して原裁判所に審理をやり直させる**破棄差戻し**と，原裁判所に審理をやり直させることなく，自ら結論を出す**破棄自判**に分かれます。そのほか，原審以外の裁判所に移送する破棄移送もあります。同様に，高等裁判所の判決も，第一審の裁判に対する事後審査なので，**控訴棄却**として原判決（第一審判決）を維持するか，**原判決破棄**として第一審の裁判を取り消すものに分かれます。

　上告審では，当事者は原判決に不服があり，最高裁判所における審査を求めた上告人（上告申立人）と，上告された被上告人になりますが，民事裁判では原告と被告，刑事裁判では，検察官と被告人のいずれが上級の裁判所の審査を求めるかによって，上告人と被上告人に分類されますから，上告人が原告なのか被告なのか，検察官なのか被告人なのかを確認しておく必要があります。

　このように，上告審，控訴審（第二審）の判決・決定主文で上告棄却，控訴棄却が言い渡された場合には，これだけでは結論（原告の請求がどのように認められたのか，被告人にどのような刑が言い渡されたのか，無罪なのか）がわかりませんから，原判決を見なければなりません。また，破棄差戻しとなった場合には，まだ裁判の決着がついていないので，差戻し後の裁判の行方を追ってみる必要があります。

　　別冊資料❶（民事判例）では，上告が棄却され，訴訟費用は上告人の負担とされています。また，❷（刑事判例）でも上告が棄却されています。

　上告が棄却されたということは，原判決が維持されたということですから，具体的な結論を知るためには，原判決の主文を見る必要がありますし，さらに，原々判決を見る必要もあります。

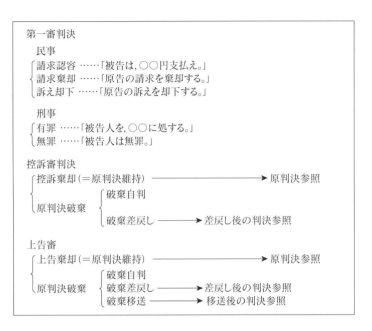

第一審判決
　民事
　┌請求認容 ……「被告は，○○円支払え。」
　│請求棄却 ……「原告の請求を棄却する。」
　└訴え却下 ……「原告の訴えを却下する。」

　刑事
　┌有罪 ……「被告人を，○○に処する。」
　└無罪 ……「被告人は無罪。」

控訴審判決
　┌控訴棄却（＝原判決維持）──────────→ 原判決参照
　│　　　　　　　┌破棄自判
　└原判決破棄　　│
　　　　　　　　　└破棄差戻し ──→ 差戻し後の判決参照

上告審
　┌上告棄却（＝原判決維持）──────────→ 原判決参照
　│　　　　　　　┌破棄自判
　└原判決破棄　　│破棄差戻し ───→ 差戻し後の判決参照
　　　　　　　　　└破棄移送 ───→ 移送後の判決参照

(d) 理由（⑩～⑫）　　上告理由・上告申立理由となる根拠は限られていますので（刑事裁判では，憲法違反と判例違反），最高裁判所は，まず，上告人の挙げた上告理由・上告申立理由が適切でないと判断されれば，そこで終了とすべきですが，裁判所の職権で，さらに判断が続けられることがあります（刑訴411条）。この類型に属するものについては，そのことがまず述べられます。

　その後に，主文において，言い渡した結論を導いた理由が示されなければなりません。前に説明したように，裁判は裁判所が認定した事実を基礎として，それに対して法解釈を行い，結論を導くものです。したがって，結論を導く前提として，裁判所が認定した事実が述べられます。もっとも，最高裁判所は，民事事件についても，刑事事件についても，原則として法律審ですから，基本的には新た

に事実認定は行わず，原審で認定された事実が再現されることになります。なお，上告に至るまでの裁判の経過についても述べられることがあります。

この事実に対して，裁判所が法解釈を行い，法適用を行うのです。認定事実に対して，最高裁判所の法的評価が示されるわけです。前に述べたように，法定の上告理由にあたらなくても裁判所が職権で判断を下すことができるわけですが，実質的には，上告人の主張に対して答える形で，最高裁判所の見解が示されることがほとんどです。上告人の問題提起が**争点**とされ，裁判所はその争点に対して法的な判断を下すのです。したがって，判例集に掲載される上告趣意（上告申立理由）と対応させて読むと，最高裁判所の取っている立場がより鮮明に理解できるわけです。最高裁判所判例集では，要旨とされる部分に下線が引かれ，「要旨」と記されています（⑪）。これは，裁判所自身ではなく，判例委員会によるものであり，(2) 判示事項，判決要旨の部分に記載されている判決（決定）要旨（⑧）に対応しています。基本的にはこの部分が重要であると考えていいでしょう。多数意見による理由づけは，「よって，主文の通り，判決（決定）する」と締めくくられます（⑫）。少数意見がある場合には，その後に少数意見が付されます。

最後に，判決・決定を担当した裁判官の氏名が記載されます（⑮）。少数意見がある場合には，少数意見が記載された後に，少数意見を述べた裁判官も含め，全員の氏名が記載されます。

　判例❶（民事）では，ある不動産について，所有者（＝上告人）が売却の意思がないのに売買契約書を作成し，登記済証とともに預けたところ，これを勝手に利用して登記名義人となった者Aから，この事情を知らない者（＝被上告人）がこの不動産を買い受けて，所有権移

転登記をしたという事案を扱っています。元々の所有者（＝上告人）は、被上告人の登記の抹消を求めて、訴訟を起こしました。第一審、第二審とも、登記抹消の請求が認められなかったので、最高裁判所に上告したのがこの事件です。最高裁判所は、原審（＝第二審）が確定した事実に対して、要旨として下線が引かれている部分のような法的評価（⑪）を下しました。Aが当該不動産の登記をすることができたのは、所有者（＝上告人）Xのあまりにも不注意な行為によるものであり、虚偽の外観（＝不実の登記）を作り出した上告人Xの帰責性の程度は、自らこのような状態を作り出したり、知りながらあえて放置したりするのと同視できるほど重く、他方、被上告人は、外観を信じたことに過失がないので、民法94条2項（通謀虚偽表示による無効は善意の第三者に対抗できない）と（事件当時の）110条（代理人が権限外の行為をしても、第三者が代理人の権限があることを信じるべき正当な理由があるときは、代理人の行為として扱う）を類推適用して、上告人は被上告人が所有権を取得していないことを主張できないとしました。

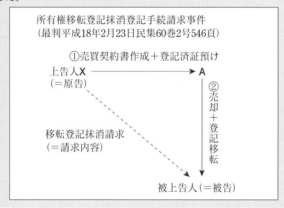

所有権移転登記抹消登記手続請求事件
（最判平成18年2月23日民集60巻2号546頁）

①売買契約書作成＋登記済証預け

上告人X ────────→ A
（＝原告）

②売却＋登記移転

移転登記抹消請求
（＝請求内容）

被上告人（＝被告）

　判例❷（刑事）は、母の監護下にある2歳児を、共同親権者である別居中の父が有形力を用いて連れ出したことが未成年者略取罪（刑法224条）にあたるとして起訴された事案に対するものです。最高裁判所は、離婚しようと裁判をしている両親（親権者）のうち母が監護している子を、父（被告人）が奪取して手元に置くことが、この養育上必要とされる特段の事情がないこと、やり方が粗暴で強引であること、子自身が自分の生活について判断できる能力がないこと、子が常時監護養育を必要とするのに、被告人（父）には略取（連れ去ること）後、

その見通しが立っていないことを理由として，家族間における行為だからということで社会的に許されることはないとしました。刑法的には，被告人の行為は，未成年者略取罪の構成要件にあてはまる行為をしており，また，家族間だからといって特別に許されるわけではない（違法性が阻却されない）としています。このような理由から，未成年者略取罪が成立するとした原審（高等裁判所）の判断は誤っていないので，主文で上告を棄却したわけです。

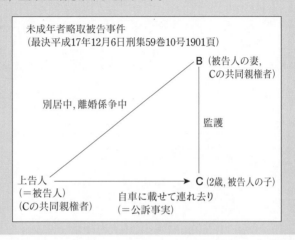

未成年者略取被告事件
（最決平成17年12月6日刑集59巻10号1901頁）

B（被告人の妻，
　　Cの共同親権者）

別居中，離婚係争中

監護

上告人
（＝被告人）
（Cの共同親権者）

自車に載せて連れ去り
（＝公訴事実）

C（2歳，被告人の子）

(e) 少数意見（⑬〜⑭）　　下級裁判所の判決・決定では，裁判所（法廷）としての最終的な結論のみが示されるのに対して，最高裁判所では，裁判所としての見解（多数意見）の他に，各裁判官の個別の見解が示されることがあります。「理由」の部分で，多数意見が示された後に，少数意見が記載されます（裁判所法11条）。

最高裁判所の裁判官は**国民審査**を受け，その結果によっては罷免されることがありますから，各裁判官がその事件についてどのように考えたかということは，国民審査の重要な判断材料となります。

少数意見は，**補足意見**，**意見**，**反対意見**に分類することができます。このうち，補足意見と意見は，多数意見と結論的には一致して

いまず。補足意見は，裁判所が結論を導くための理由づけを補足するものです。また，意見は，結論は多数意見と一致するものの，裁判所がその結論を導いたのとは理由が異なる場合に付するものです。これに対して，反対意見は，文字通り，多数意見と結論が異なる意見です。結論が異なるわけですから，もちろん，その理由づけも異なります。

　判例集では，「理由」の部分に，多数意見に引き続いて掲載されていますので，見落とさないように注意する必要があります。

　判例❷（刑事）には，今井功裁判官の補足意見（⑬）と，滝井繁男裁判官の反対意見（⑭）が付けられています。

　今井裁判官は，家庭内の紛争に刑事裁判が介入することはできるだけ避けるべきであり，家庭裁判所に委ねるべきであるとしています。その点については，滝井裁判官の反対意見と共通です。ただし，今井裁判官は，それだからこそ，家庭裁判所に解決を委ねないで，実力行使をした被告人の行為は違法だとするのです。結論的には多数意見に賛成しています。

　滝井裁判官の反対意見は，被告人が有形力を用いて自分の子を連れ出したことは，未成年者略取罪の構成要件に該当するとします。そのうえで，実質的な違法性の有無を検討しています。未成年者略取罪の保護法益（何を保護するために処罰の対象としているか）を，被害者本人の自由・安全と監護であるとしますが，その中では自由に重点を置いています。そして，本件では，監護権といっても，親権者同士の争いの問題なので，子の自由がよりいっそう中心となるとしています。本件はいわば夫婦間の子の奪い合いであって，この種の紛争は家庭裁判所が解決すべき問題であり，刑事司法はできるだけ介入すべきではないと考えます。このようなことから，被告人の行為は社会的相当性の範囲内にとどまり，違法性は阻却されるべきであると主張しているの

です。

　少数意見自体は，判例を構成するものではなく，下級審に対しても，以後の最高裁判例に対しても拘束力をもつわけではありません。しかし，各裁判の意見は，国民審査の際の判断材料になるだけではなく，当該裁判以降の動向に実質的な影響を及ぼすことがあります。裁判官の構成は時間の経過とともに変更されますし，ある少数意見に説得力があり，学説の側からそれを補強，援護する見解が主張されるようになれば，他の裁判官をも動かすことがあるでしょう（☞「判例と学説」132頁）。それによって，ある裁判では少数意見だったものが，やがて多数意見になる可能性を秘めているのです。そのためにも，少数意見にも注目する必要があるのです。

　(f) 上告理由，上告受理申立理由，上告趣意 ⑯　　判例集には，裁判所の判断に続いて，上告理由，上告受理申立理由（民事），上告趣意（刑事）が掲載されます。最高裁判所は法律審ですので，原則として，原判決における法解釈が誤りであるという主張をしなければなりません．法定の上告理由は，刑事裁判では，憲法違反，判例違反に限定されていますから，上告趣意の中には，このいずれかまたは両方が含まれなければなりません。しかし，前に述べたように，最高裁判所は，法定の上告理由に該当しない場合でも，職権により法律判断をすることができますから，憲法違反，判例違反とは実質的に判断されないような法解釈の誤りが主張されることも多くあります。上告人は，様々な観点から上告の理由を主張しますが，最高裁判所は，一定の説得力のあるものに重点を置いて判断することになりますので，上告趣意と判決・決定における「理由」に含まれる争点に対する判断との対応関係を確認しておく必要があります。

すなわち,「どのような問題提起（問いかけ）に対して, 最高裁判所はどのように答えたのか」に注目して判例集を読むと, 理解しやすくなるでしょう。第一審判決に対する控訴趣意と控訴審判決についても同様な関係があります。

(g) 参照——原審, 原々審の判断＝第一審, 第二審の判決 (⑰〜⑱)

最高裁判所判例集には,「参照」として第一審判決 (⑰), 第二審判決 (⑱) が掲載されることがあります。最高裁判所の判断と上告趣意の関係についてはすでに述べましたが, この上告趣意は控訴審判決（原判決）に対する不服ですから, 控訴審判決と上告趣意の対応関係, さらに, 控訴審判決と控訴趣意の対応関係, 控訴趣意と第一審判決の関係に遡ってみることができます。また, 反対に, 第一審判決（原々判決）→控訴審判決（原判決）→上告審判決・決定というように, 時系列的に裁判所の判断をたどることもできます。判例研究をするときは, 通常, 時系列的にみていくことになります。判例解説・評釈においても,「事実の概要」では, 裁判所の認定した事実に引き続き, 第一審判決, 第二審判決の要旨が記載されます。そのうえで,「判旨・決定要旨」として最高裁判所の下した結論, 理由づけが示されることになります。第一審判決, 第二審判決が最高裁判所判例集に掲載されていなくても, 判例雑誌（「判例時報」「判例タイムズ」）や裁判所のホームページその他のオンライン・データベースで紹介されることがありますので, これらも参考にするといいでしょう。

5 事実審（第一審）判決の読み方

上告審判決・決定, 控訴審判決が原判決に対する事後審査である

のに対し，第一審裁判所では，両当事者の主張，証拠に基づいて事実が認定され，それに対する法的判断が行われ，結論が導かれます。すなわち，民事裁判では，原告の請求が認められるのか認められないのか，刑事裁判では，被告人が有罪なのか無罪なのかが言い渡されます。ここでは，最高裁判所判例集に掲載される（地方裁判所による）第一審判決について解説します。

民事裁判では，(i) 主文，(ii) 事実，(iii) 理由，(iv) 口頭弁論の終結の日，(v) 当事者および法定代理人，(vi) 裁判所を判決書に記載すべき事項として，法律によって定められています（民訴253条）。

刑事裁判において有罪判決を言い渡す場合は，(i) 主文において刑の言渡しを（刑訴333条），(ii) 理由において，罪となるべき事実，証拠の標目および法令の適用を言い渡さなければなりません（刑訴335条1項）。

1 主文 (i)

第一審判決も，「本体部分」は，**主文**と**理由**から構成されます。主文では，民事判決においては，原告の請求が認められたか（**請求認容**），認められなかったか（**請求棄却**）が，言い渡され，認められた場合は，その内容（損害賠償請求であれば，賠償すべき金額）が示されます。さらに，請求が形式的理由から不適法とされ，いわば門前払いとなる**訴えの却下**もあります。刑事裁判では，被告人が有罪か無罪かが，有罪の場合には刑（宣告刑）が言い渡されます（「刑の免除」もあります）。執行猶予の有無も同時に言い渡されます。訴訟費用を誰が負担するかも主文に含まれます。

2　（事実及び）理由（(ii)～(iii)）

　理由の部分では，当該事件の事実認定と，それに基づく法的評価が示されます。

　民事裁判では，前に述べたように，事実と理由を判決書に記載しなければならないことが法律に定められていますが，判例❶（民事）の第一審判決のように，「事実及び理由」（(ii) (iii)）とまとめられることがあります。ここには，まず，原告の請求内容が，そして，当事者間に争いのない事実が記載されます。民事裁判では，刑事裁判と異なり，当事者間で争いのない事実については，証拠による証明を要することなく（民訴179条），そのまま法的評価の前提としての「事実」となります。それに引き続いて，当事者間で争いのある事項（争点）について，原告，被告のそれぞれの主張が記載されますが，この中には事実に関する争点と法解釈に関する争点が含まれます。この争点に対して，裁判所が判断をするのが，「争点に関する判断」ということになります。判例を読むときには，どの部分が当事者の主張であり，どの部分が裁判所の判断なのか，明確に区別しなければなりません。口頭弁論終結の日，裁判所も記載されます。

　刑事裁判では，有罪判決の場合は，「理由」の項目において，「**罪となるべき事実**」が記載されます。これは，検察官が起訴した事実（公訴事実）のうち，裁判所が犯罪にあたることを認定した事実が記載されます。場合によっては，犯罪を構成する以前の段階が，「犯行に至る経緯」として記載されることがあります。そして，その事実は証拠によって証明しなければならず（刑訴317条），証明のために用いた証拠が「**証拠の標目**」として示される必要があります。ただし，公刊される判例集では，掲載が省略されることがあります。被告人・弁護人から主張がある場合には，「弁護人の主張に対する

判断」などという項目の下に，それに対する裁判所の判断が示されます（刑訴335条2項）。ここでも，弁護人の主張（場合によっては検察官の主張）と，それに対する裁判所の判断を明確に区別して理解することが必要です。そして，主文で示した結論を導くために用いた法令を「**法令の適用**」として，また，法律に規定された刑罰の枠（法定刑）の中で，主文で示した刑（宣告刑）を選択した理由が「**量刑の理由**」として記載されます。無罪判決の場合は，「罪となるべき事実」はありませんから，公訴事実の概要が示され，裁判所が無罪を導いた理由が示されることになります（刑訴336条）。

課題 別冊資料に「参照」として掲載されている第一審判決（民事・刑事）の「理由」の中で，各当事者の主張と，それに対して裁判所が判断を下した部分を分類してみましょう。

---

6 判例の学び方

1 判例によって学ぶべきこと

これまで，判例集に掲載される判決・決定の読み方について説明しました。法を学ぶにあたって，判例から何を学ぶべきでしょうか。裁判の当事者であれば，結論が，さらにいえば，結論だけが気になることでしょう。自分の請求が認められたのかどうか，損害賠償の金額はいくらか，有罪か無罪か，懲役何年なのかが関心事であり，主文だけが目に入り，聞こえてくるかもしれません。しかし，当事者にとっても，第一審の判決に不服がある場合に，結論が気にくわないというだけで控訴しても，控訴審で自分の満足できる結論が得られることはないでしょう。どのような事実が認定され，どのような法的評価がされて結論が導かれたのかを詳細に検討して，対応す

る必要があります。また，同様の事例に対して，判例はどのような理由づけをし，どのような基準を設けて結論を導いているかは，これから訴訟を起こそうとするとき，もしくは，訴訟を起こされたとき，または，犯罪を犯した疑いで捜査され，起訴されたときには，この後の成り行きを予想するための重要なヒントとなります。

　当事者ではなく，具体的な事件から距離を置いて法を学ぶ場合には，よりいっそう，判決・決定の理論的な構造に目を向け，裁判所が結論を導いた理由づけ，裁判所が用いた基準などに注目することが求められるでしょう。本章の冒頭で述べたように，裁判は，具体的な事例を解決するのに，抽象的に書かれた法律の条文を適用していくわけですから，裁判所が，法律の条文で用いている言葉（文言）をどのように解釈しているのかを理解することが重要です。別冊資料❶の最高裁判決では，不動産の所有者が，実態に反する登記を積極的に放置した場合またはそれと同視できる程度の帰責性がある場合には，民法94条2項，（事件当時の）110条を（類推）適用し，事情を知らずにその不動産を取得した人には対抗できないことが示されていますし，❷の最高裁決定では，親権者であっても，未成年者略取罪の主体となり得ることが示されています。

　このほか，民法177条において，「登記をしなければ，第三者には対抗することができない」と規定されていますが，この「第三者」がどのような人を指すのかも，最高裁判所によって判示されています（たとえば，最判昭和43年8月2日民集22巻8号1571頁）。また，刑法60条の共同正犯には，犯罪を実行した者だけではなく，共謀に加わった者も含まれることがある（いわゆる「共謀共同正犯」）ことも，判例では一貫して認められています（たとえば，最判昭和33年5月28日刑集12巻8号1718頁）。さらに，下級審ですが，名古屋高判昭和37

年 12 月 22 日高刑集 15 巻 9 号 674 頁は，安楽死が認められる要件を提示しています。この判決は，結論としては被告人に嘱託殺人罪の成立を認めていますが，理論的には，安楽死が無罪になる可能性があること，そして，そのための要件を示したことに重要な意味があります。

2 判例と学説

　判例は，形式的には法源とはされていませんが，最高裁判所にも下級裁判所にも重大な影響力を与え，実質的に拘束力をもっています。学説は，判例に対し，一方ではその理論的な根拠を与え，あるいは，それに基づいて理論を精緻なものとします。他方で，学説は，判例に対して批判的な考察を加えることもあります。いずれにしても，判例を無視して学説が展開することはありませんし，判例も，学説による理論的説明を受け，または，批判的な検討を受けて，発展していくわけです。この意味において，判例と学説は，相互的に影響を及ぼしているということができるでしょう。ですから，判例を学ぶ際には，それが学説からどのように説明され，評価されているのか，また，判例は学説にどのような影響を受けているのかに着目していくことが必要です。最終的な有権解釈は，司法権を担う裁判所が行うことは間違いありませんが，裁判所が学説を軽視すること，ましてや無視することはありえないのであり，たとえ三権分立が確立していたとしても，学説は権力の恣意的な運用を監視する役割を果たすべきです。

　裁判は，当該具体的事例を解決するために，理由づけをして結論を導いています。学説が対立している場合，判例はそのうちどの立場を取るのかは，判例自体は明言するわけではありません。判例が

結論を導く理由づけから，判例がどのような見解に従っているのか
を学説が評価することになります。ですから，学説を勉強する際に，
たとえば，教科書を読んでいて，「判例は○○説を取っている」と
書いてあったとしても，それは，学説からの評価，すなわち，その
教科書の著者による判例の理解であると考えなければなりません。

3 判例の学習方法

　本書では，最高裁判所判例集に掲載されている判決・決定の読み
方を説明いたしました。判例を学習する際には，このような公式判
例集，または，判例雑誌（「判例時報」「判例タイムズ」など）に掲載さ
れている判決・決定を読んでみることが，最も詳細に，かつ，中立
的に学習する方法といえるでしょう。判例集を読む際には，（ⅰ）
法的評価の前提となる事実は何か，（ⅱ）法的な争点は何か，（ⅲ）
争点に対して，両当事者（原告─被告，検察官─被告人，弁護人）はど
のように主張しているのか，（ⅳ）その争点について，裁判所はど
のような判断をしているのかに着目しなければなりません。（ⅰ）事
実は，関係図に表してみると理解しやすくなるでしょう。学説と対
比させる場合には，（ⅱ）─（ⅳ）の関係を正しく理解しておくこと
が必要です。

【判例を読む際の注目点】
（ⅰ）法的評価の前提となる事実は何か？ ─→関係図で表そう
（ⅱ）法的な争点は何か？
（ⅲ）争点に対して，両当事者はどのような主張しているのか？
　　　　─→両当事者の主張を対比しよう
（ⅳ）その争点について，裁判所はどのような判断をしているのか
　　　　─→学説はその判断に対してどのような評価をしているか調べよう

　ただし，判例集は，中立であるだけに，基礎知識なく読むと，そ

の判決・決定のどこに重点を置いて読めばいいのか，どの点が判例として重要な意味があるのか理解をするのが難しいかもしれません。この場合，『民法判例百選』，『刑法判例百選』といった，判例解説が理解を助けてくれることと思います。これらの多くは，まず，「事実の概要」が示されています。ここには，裁判所が認定した事実が記載されていますので，判例集では「理由」（民事判例では，「事実」，「事実及び理由」）に記載されている認定事実が要約されていることになります。さらに，第二審判決の解説の場合には，第一審の判決概要が，最高裁判決・決定の解説の場合には，第一審および第二審の概要が，「事実の概要」の部分に記載されます。それに引き続いて，「判旨（判決要旨）」または「決定要旨」が記載されます。この部分は，裁判所の下した法的判断，とりわけ，争点に対する法的判断が記載されます。最後に，「解説」として，その判決・決定の意義，判例としての位置づけ，学説との関係などが記述されますが，さらに，その解説執筆者による評価が加えられます。判例解説は，このように，読みやすく，多くの情報を与えてくれますが，他方，「事実の概要」，「判旨」・「決定要旨」も執筆者が要約していますし，「解説」の部分は解説執筆者による（主観的）評価ですので，その点を理解したうえで読む必要があります。

　このほか，個別的に判例を詳細に研究するためには，「最高裁判所判例解説」のほか，後述の判例評釈（☞6④（168頁）参照）や，関連する判例を読んでみることも，判例の学習にとっては有意義なことでしょう。

< Step up >
中野次雄編『判例とその読み方〔三訂版〕』（有斐閣，2009）
司法研修所編『10訂民事判決起案の手引き』（法曹会，2006）

第 2 部
実 践 編

5 ゼミナールの活用

　大学において，講義にまじめに出席し，しっかりと先生の話を聴いて，教科書・参考書も読みました。「これで完璧」と言いたいところですが，法学部生としては，まだちょっと足りない気がします。法的な考え方を身につけるためには，さらに習得した知識，考え方を自分の言葉で表現し，主張する能力を磨くことが必要です。

　そして，その役割を担うのがゼミナール（略してゼミ）です。ゼミでは，自分が自信をもって主張した考え方でも，他の参加者や担当教員によって反論される可能性もあります。それに屈してしまうか，再反論して自分の主張の正当性を説得するのか，スリル満点です。白熱したバトルが展開されることになるでしょう。

　ゼミは，比較的少人数で行われることが普通なので，大講義とはまた違った雰囲気です。教室での討論だけではなく，教室外でいろいろなイベントが催されることもあるでしょう。そのような中でゼミ仲間の絆が深まったり，先生の新しい側面を発見できたり，「1つの科目」としての存在を超えた楽しみも得られることでしょう。

1 ゼミナールの活用

1 ゼミって何？

　大学の授業，とりわけ法学部の授業は，講義形式が多いのですが，通常これとならんで**ゼミナール**（Seminar：「ゼミ」と略称されることが多いのです）が開講されています。「演習」，「法学演習」などという名称になっているものがこれにあたります。講義も，予習をして，問題意識をもって聴くことが望ましいのですが，その性質上，どうしても受動的なものになってしまいます。これに対して，ゼミナールは，より積極的に参加し，担当教員も含めて参加者全員で真理を探究していくものです。教員から学生に知識が与えられるという一方的なものではなく，学生同士で，また，学生から教員に対して疑問点をぶつけ合い，自分の考え方を主張していく機会を提供するのがゼミナールであり，まさに大学の醍醐味といえるでしょう。

2 ゼミはこんなにためになる！

　大学における学習方法としては，講義を受けること，教科書，参考書などを読むことが挙げられます。これは重要なことですので，しっかりと行わなければなりません。しかし，そこで得られる知識・思考能力は法を学ぶにあたって必要なものですが，十分なものではありません。

> 表現力の養成

　前に述べたように，大学で学ぶこと，とりわけ法学には，唯一の正解というものはないのです（☞「大学での学習の特色」5頁）。教員が講義すること，書物に書かれていることは1つの主張です。それに対してはいろいろな疑問が生じるでしょうし，講義を聴講し，書物を読む皆さんが別の考え方を

もつこともあるでしょう。それをぶつけ合う機会がゼミナールなのです。

疑問を提起し，自分の考えを主張するためには，それを言葉に表すことが必要なのです。話すこと，書くことがこれらの手段となるのです。しかし，自分が何となくもっていた疑問点や考え方も，実際に言葉に表してみることはそれほど簡単ではないことに気づくでしょう。講義で話されること，書物に書かれていることが1つの主張であるように，皆さんの考えも1つの主張なのです。前に挙げた「死刑は残虐な刑罰か」という問題について，ゼミナールにおいて報告者は「それ自体は残虐な刑罰ではない」と主張したのに対し，皆さんは，「残虐な刑罰であって憲法に違反するので廃止した方がいい」と考えるかもしれません。その場合に，皆さんの考え方（死刑廃止論）の正当性を他の人たちに理解させなければなりません。そのためには，主張は説得力をもたなければなりません。大きな声を出したり，相手の発言を遮ったり，反論を許さなかったりする態度は説得力をもちません。法を学ぶ者としては，バランス感覚をもって論理的に一貫した主張をすることを心がけなければなりません。

バランスを取る能力の養成 自分の考え方も1つの主張なのですから，他の参加者から反論されることもあります。そして，議論の応酬によって，場合によっては自分の考え方をそのまま貫徹することもあるでしょうし，相手の考え方に納得させられることもあるでしょうし，あるいは，お互いの考え方を修正して歩み寄ることもあるでしょう。そのようにして，より説得力のある考え方に近づいていくことがゼミナールによってできるようになるのです。

とりわけ，法は利益が対立するところでその存在が表面化してく

るのですから，対立する立場にある人を説得することはとても重要な意味をもってきます。自分が独善的にならないようにするためにも，ゼミナールにおける議論は有益なのです。そして，自分の考え方を主張するための前提としては，相手の主張の内容を正しく理解することも必要ですし，質問の趣旨をふまえて誠実に答えることが求められます。そのためには，法についての基本的知識を確認しておくことも必要となるでしょう。

このように，ゼミナールにおいては，自分の考え方を主張するという積極的な能力が養われることになりますが，その前提として，人の話を聞き，書物を読んで正しく理解する能力も養われることになるのです。

3 ゼミの実際

さて，ゼミナールは実際にはどのような形態で行われるのでしょうか。

ゼミナールはいくつかの形式がありますが，ここでは，報告者（発表者）が報告をし，それに基づいて議論を展開するものを前提に，話を進めていくことにしましょう。

法学のゼミナールとして行われることの多い，(1) 事例問題の検討，(2) 判例研究を例にして，ゼミナールの進め方をみておきましょう。もっとも，これらの内容に関連した法的な基礎知識がまず確認され，それから本題に入っていくことも多くあります。司会・進行は担当教員が行うことも多いのですが，これも学生に委ねられることもあります。

これから説明するゼミ報告の例に引き続いて，報告者以外からの質問，意見交換が活発に行われることによって，報告者もそれ以外

の参加者も，そのテーマについてよりいっそう理解が深まることになります。

（1）事例問題の検討

> XはYを殺害しようとしてピストルを発射したところ，弾丸はYをかすめてこれを負傷させ，さらに近くにいたZに当たり，これを死亡させた。Xの罪責を論じなさい。

上記の問題が課題とされた場合，次のような形で報告が進められ，随時，または，報告終了後，質疑応答がなされることになります。

①**論点の指摘**　　事例で争われている法的な問題点について指摘します。

> XはYを殺害するつもりであったが，Yを死亡させずに，殺害するつもりのないZを死亡させた場合に，Yについて殺人の故意を認めるのか，Zについて殺人の故意を認めるのか，あるいは，両者に対して殺人の故意を認めるのか（事実の錯誤，故意の個数）。

②**事例を解決するための道具**（学説，判例）**の紹介，立場決定**

当該問題の論点について正しく解決していくために，学説上どのような見解が主張されているのか，判例はどのような立場をとっているのかを紹介します。それらを検討のうえ，自分はどの立場に立つのか決定します。

> 学説上は，行為者が認識した事実と発生した客観的事実が具体的に一致した場合に限り故意を認める見解（具体的符合説）と，両者が構成要件的に一致していれば，すなわち，人を殺す認識で客観的にも人を死亡させていれば故意を認める見解（法定的符合説）が対立しており，後者については，1つの故意に対しては1つの故意犯の成立のみ認める見解（一故意犯説）と，発生した結果の数だけ故意犯を認める見解（数故意犯説）が対立している。
>
> 判例は，法定的符合説の数故意犯説に立っていると理解されている。報告者としては，故意の認識対象は個別具体的であるべきことを根拠として，具体的符合説が妥当と考える。

③**事例への当てはめ・結論**　　自分の採用した立場に事例をあてはめ，結論を導きます。

> 具体的符合説によれば，Ｘは殺害をしようとしたＹを死亡させられなかったので，これについて殺人未遂罪が成立し，Ｚについては死亡させる認識がなかったので，故意は肯定できず，注意義務違反が認められる範囲で過失致死罪の成立にとどまる。両者は観念的競合となる。

④**質疑応答・討論**　　報告者以外の参加者から，具体的符合説の問題点，法定的符合説の妥当性などが指摘され，討論に至ることになります。

（2）判例研究

> 東海大学病院「安楽死」事件（横浜地判平成 7 年 3 月 28 日判時 1530 号 28 頁，判タ 877 号 148 頁）

上記の判例がゼミナールのテーマとされる場合には，次のような形で報告が進められ，質疑応答がなされます。通常，議論の中心は④の部分となりますが，それ以前の点についても，正しく理解するために確認されることがあります。

①**事実の概要**　　裁判の対象となっている事件がどのような経過をたどったのか，要点を説明します。また，控訴審，上告審の場合には，下級審における結論およびその理由も簡単に説明します。

> 医師である被告人Ｘは回復可能性のない末期患者Ｙに対して生命維持のために行っていた措置を中止し，次いで，生命短縮の危険を伴う苦痛緩和措置を施し，さらに，心臓を停止させる薬剤を注射してＹを死亡させた。

②**争　点**　　当該事件において法的に問題とされ，争われている

点を指摘します。

治療中止，苦痛緩和措置による生命短縮（間接的安楽死），殺害による苦痛からの解放（積極的安楽死）は許容されるのか？（ただし，本件では，実際には最後の部分のみ起訴され，判断の対象とされている。）

③**判旨（または，決定要旨）**　判決（または，決定）の内容を紹介します。この場合，結論（有罪か無罪か，どのような刑罰が言い渡されたのか，原告の請求が認められたのかどうか）だけではなく，その結論に至った筋道（理論構成）を，とくに争点に対応させて示すことが必要です。

積極的安楽死を許容するための４つの要件を示したうえで，本件ではこれを充足していないものとして，被告人に殺人罪の成立を認めた。（ただし，本件では，起訴されていない治療中止，間接的安楽死についても，その許容要件が述べられている。）

④**検　討**　判決（決定）がどのような考え方に基づいているのか，判例上どのように位置づけられるのか，学説からどのような評価を受けているのかなどを客観的に分析，紹介し，その是非について検討します。

医師による「安楽死」事件に対するはじめての司法判断である。積極的安楽死の他，治療中止，間接的安楽死の許容要件が示された。学説上は，安楽死の違法阻却の余地を認めたものと評価するもの，形式的には安楽死の違法阻却を認める余地があるものの，実質的にはこれを排除するものであると評価するものなどに分かれる。
報告者としては，患者の自己決定権を根拠として，抽象的には積極的安楽死の許容の可能性を認め，４要件を示したこと，当該事案については，この要件を充足していないために，殺人罪の違法性を肯定したことは妥当であると考える。

なお，判例評釈，判例解説（たとえば，「判例百選」）では，「事実の概要」の後に「判旨（決定要旨）」が記述され，「争点」は「解説」

の中で示されているものが多く，判例の研究会などでもこのような方式をとることがあります。後述のレジュメの例（☞148頁）もその方式に従っています。

　⑤**質疑応答・討論**　　ここでも，報告に対する質疑応答，討論が行われます。

4　どんな準備をすればいいのか？

　ゼミナールを実り豊かなものにするためには，十分な準備が必要とされます。報告者は万全の準備をしなければなりませんし，それ以外の参加者もそのまま教室に行って，黙って座っていればいいというものではありません。どんな準備が必要なのでしょうか。

（1）報告者

　ゼミナールがうまくいくかどうかは，第一次的に報告者にかかっています。報告者は十分な準備をしてこれに臨まなければなりません。

　①**資料収集**　　まず，第1に行うべきことは資料の収集です。教材として指定されている文献を読んでおくことはもちろんですが，その他の参考書にも目を通しておくことが必要です。判例研究の場合は，「判例百選」のような解説書だけではなく，「判例集」（☞162頁）で紹介した判例集そのものにあたっておかなければなりません。ある論点について学説上複数の立場が主張されている場合には，それぞれの見解が記述されている文献そのものを参照しておく必要があります。参考書などで，判例・学説を整理しているものもみられますが，それらは，その参考書の著者の目から判例・学説を整理しているのであり，その見解が本来意図しているところとずれている可能性，あるいは，間違って理解している危険性があります。マニ

ュアル本などは，判例・学説が示されている文献そのものをていねいに読んだ後で，整理のために参照するにとどめておきましょう。

　また，インターネットで検索語を入れると，扱おうとしているテーマについての解説が見つかることがありますが，「リーガル・リサーチ」（☞176頁）で述べるように，インターネット上の情報は，たとえば，最高裁判所，法務省等の公式サイトから個人が（趣味で）掲載しているものまで様々なので，その信頼性を確認しておく必要があります。いずれにしても，他人が掲載したネット上の情報をダウンロードして，そのままの形でレジュメにすることは決して行ってはいけません。

　②**レジュメ作成**　　収集した資料を基礎として，報告の順番に従ってレジュメを作成します。その際の手順は，「ゼミの実際」（☞140頁）で示したものを参考にすることができるでしょう。ただし，レジュメは自分の考えをわかりやすく伝えるための手段ですから，長い文章の羅列ではなく，箇条書き，図などを用いて，他の参加者に見やすいものにしてください。レジュメ作成にあたり，必要に応じて判例や文献で用いられている文をそのまま引用する場合（あまり長い引用は望ましくはありません）は，必ず「　」で括って，出典を明記してください。そうしないと剽窃（盗作）となり，単位取消し，卒業取消しにさえなる可能性があります。

　レジュメには，報告するテーマ，報告者，報告年月日および参考文献は必ず記載してください。また，複数のページにわたる場合には，各ページの下にページ番号を入れておくと，説明のときに便利です（☞〈レジュメの例〉148頁）。

　資料収集・文献検索とレジュメの作成については，改めて説明します（☞177頁）。

③**報　告**　　できるだけわかりやすい言葉で，ゆっくりと報告するように努めましょう。難しいことをわかりやすい言葉で説明するのは難しいことなのです。報告者本人が問題点を正しく理解していて，はじめてわかりやすい言葉で説明することができるのです。「要するにこういうことを言いたい」ということが，聴いている人にとって響いてくるような報告が望ましいのです。そして，聴いている人たちの反応を見ながら，報告を続けるようにしましょう。

後から述べるように，ゼミナールにおいては，報告者以外も十分に予習をして参加する必要がありますが，報告者が最も念入りに準備をしているはずです。報告者は一方的に話しまくるというよりも，ゼミナール参加者の関心を引きつけ，疑問を提起することによって，議論が盛り上がるはずです。「完璧に」報告して，参加者から何の質問も出ない状況よりも，むしろ，参加者からの質問を誘発して，それに対して答える，そして，さらに質問が続くという状況の方が，ゼミナールとしては有意義になるでしょう。「質問の出ない報告」ではなく，「質問の出る報告」を心がけた方がいいのです。そして，その質問に対しても対応できる準備も怠らないようにしましょう。

(2) 報告者以外の参加者

よくゼミナールでは，報告者は十分な準備をしているのに，それ以外の人はまったく理解していない，さらにひどいときには理解しようとしないという光景を目にすることがあります。これでは，ゼミナールはたんなる消化試合になってしまいます。報告の後で，あるいは途中で司会者から質問を促したときに，「大丈夫です」と答える学生を見受けることがありますが，そのときはたいてい大丈夫ではありません。「質問をしなくても完璧に理解したので大丈夫だ」という意味にはとても思えません。報告者による報告内容を正しく

理解し，疑問をぶつける必要があります。

　そのためにも，報告者以外もゼミナールのテーマについて十分に予習をしておくことが必要です。指定されている教科書，参考書があれば，必ず目を通しておいてください。その際に，わからない概念があったら，きちんと調べておくべきです。それによって，報告者の報告をよりいっそう正しく理解することができるのです。

　講義を聴く際にも，教員の解説をそのまま受動的に理解しようとするのではなく，問題意識をもって聴くことが大切ですが，ゼミナールの場合は，よりいっそう「対決姿勢」を鮮明にすると楽しくなります。何かあったら突っ込んでやろうという気持ちでゼミナールに臨めば，報告者もその突っ込みを切り返すよう努力してくることでしょう。この緊張感こそ，ゼミナールの醍醐味なのです。ゼミ中の議論はスポーツと同じでさわやかな「対決」なのです。

　そのためには，ゼミナールが開かれる前に，ゼミの学生が集まってサブゼミを開いておくのも1つの方法でしょう。これは，いわば，突っ込むための作戦会議です。返り討ちに遭わないように，十分な作戦を立て，ゼミナールに臨みましょう。

　ゼミナールを活用することによって，法に対する理解は飛躍的に深まることになるはずです。次回のゼミナールを楽しみにしていて下さい。

〈Step up〉
米倉明『民法の聴きどころ』（成文堂，2003）
我妻榮著／遠藤浩＝川井健補訂『民法案内1　私法の道しるべ〔第2版〕』
　（勁草書房，2013）
田中成明「講演　法的思考について―実践知＝賢慮と法的議論・判断―」司
　法研修所論集 116 号（2007）

〈レジュメの例①〉

〇〇年〇月〇日

〔判例研究〕
「不実の所有権移転登記がされたことにつき所有者に自らこれに積極的に関与した場合やこれを知りながらあえて放置した場合と同旨し得るほど重い帰責性があるとして民法 94 条 2 項、110 条を類推すべきものとされた事例」（最判平成 18 年 2 月 23 日民集 60 巻 2 号 546 頁）

担当　〇〇　〇〇

一　事実の概要

【1】「4　判例の読み方」（☞ 107 頁以下）を参考に、事実の概要をまとめて記載する。
【2】最高裁判所の判決を研究する場合には、第一審、控訴審での判決内容および上告理由についてもここで整理しておく。
【3】「判例時報」「判例タイムズ」などの判例雑誌の判決の直前のところに、囲い込みで掲載されている「コメント」は、実際にその裁判を担当した裁判官が書いていると思われるものであり、特に初学者が事実をまとめるときや、事実関係の記載が少ない判例の事実を記載するときには参考となる。
※ただし、安易に判例雑誌等の事実の概要を写すだけでは、当然、法解釈の実力はつかないので、自分でしっかりと一審からの事実関係を把握し、それをまとめる練習をしてみよう。

二　判決要旨

【1】「一　事実の概要」で整理した具体的事実に対する、裁判所の判断となる部分を、判決より抜き出す。その際、判例委員会が、判決理由のなかで「要旨」と付記し、下線が引かれているところを参考にしてみるとよい。
【2】「補足意見」「反対意見」等が付されている場合には、多数意見とともに、整理し記載する。

1

三　研究

〔主たる争点〕
　民法94条2項、110条の類推適用の射程範囲

〔本判決の意義〕
　94条2項単独類推適用、および94条2項と110条の重畳的な類推適用に関して、従来の判例では、真の権利者の帰責性を判断するにあたって、何らかの意思的関与を要件としていたものを、本判決では、その意思的関与と同視し得るほど重い帰責性があれば、善意無過失の第三者は保護されるとし、実質的に真の権利者の帰責性の要件を緩和したものと評価しうる。

〔これまでの判例〕
(1)　94条2項単独類推適用の事例
①最判昭和29年8月20日民集8巻8号1505頁
　〔同趣旨のものとして②最判昭和37年9月14日民集16巻9号1935頁、③最判昭和41年3月18日 民集20巻3号451頁 〕

・判例は、当初94条2項を類推適用するには、不実登記の作出が真の権利者の意思に基づいたものであること、つまりその意味での真の権利者の「積極的な関与」があることが必要であると考えていた。

④最判昭和45年4月16日民集24巻4号266頁
　〔同趣旨のものとして⑤最判昭和45年7月24日民集24巻7号1116頁、 ⑥最判昭和45年9月22日民集24巻10号1424頁 〕

・真の権利者の「積極的な関与」の要件は、徐々に緩和され、真の権利者の明示または黙示の承認があった場合にも、94条2項の類推適用が認められるようになる。

⑦最判昭和48年6月28日民集27巻6号724頁

・真の権利者が虚偽の外観を「放置」した場合にも94条2項の類推適用を拡張する。この判決からすれば、所有者が不動産登記の存在を知りながら、これを放置していれば黙示の承認があった、つまり真の権利者の関与があったとするのとほとんど相違ないこととなる。

2

(2)　民法 94 条 2 項・同 110 条併用適用事例

⑧最判昭和 43 年 10 月 17 日民集 22 巻 10 号 2188 頁

〔同趣旨のものとして⑨最判昭和 45 年 6 月 2 日民集 24 巻 6 号 465 頁、⑩最判昭和 45 年
11 月 19 日民集 24 巻 12 号 1916 頁、⑪最判昭和 47 年 11 月 28 日民集 26 巻 9 号 1715 頁、
⑫最判昭和 52 年 12 月 8 日判時 879 号 70 頁、⑬最判平成 12 年 12 月 19 日判時 1737 号
35 頁、⑭最判平成 15 年 6 月 13 日判時 1831 号 99 頁〕

・94 条 2 項単独 類推適用型は、真の権利者の承認した意思と外形とが対応ないし一致して
いるケースであるが、94 条 2 項と 110 条の併用適用は、真の権利者が作出ないし存続に関
与した外観と、第三者が信頼した外観とが一致していない、つまり、虚偽の外観が、真の
権利者の「意思」を超える場合に、110 条を併用適用している。

・94 条 2 項 単独類推適用では、 第三者が保護される要件として、善意のみが要求され無
過失は要求されていないが、94 条 2 項および 110 条が併用適用される場合には、第三者の
保護の要件として、善意のほか無過失まで必要とされている。

(3)　判例の検討

　(1)と(2)からすれば、判例は、一般に 94 条 2 項を単独で類推適用する場合には、真の権利
者の「意思的関与」を何らかの形で必要としており、その「意思的関与」が、作出された
外観との関係で認められないものについては、94 条 2 項と 110 条を併用適用することによ
って、さらに第三者の保護要件を加重し、無過失の要件を加えていると考えられる。

<疑問点>

　判例では、94 条 2 項を単独で類推適用する場合には、真の権利者の「意思的関与」を必
要とするが、110 条が併用適用される場合には、真の権利者の「意思的関与」を問題とせず
に、真の権利者の「帰責性」において判断しているように思われる。このように、94 条 2 項
と 110 条と の併用適用がなされる場合に、94 条 2 項の類推適用の要件が変わる根拠は何
か。

2　学説

　94 条 2 項類推適用については、判例理論が先行していたが、学説はその後、判例批評等
を通して、外観信頼保護の法理として、94 条 2 項の積極的な位置付けを行ってきたといえ
る。

3

- 星野英一「判批」法学協会雑誌 81 巻 5 号(1965)602 頁
- 四宮和夫「判批」法学協会雑誌 88 巻 3 号(1971)365 頁
  ↓

　しかし、この場合、94 条 2 項の類推適用の射程(真の権利者の関与)を考えるにあたって、94 条 2 項について、94 条 1 項と切り離してその趣旨を考察するのか、あるいは 2 項の前提として、1 項も含めて考えるのかという点については見解が分かれている。

この点について、次の見解が説得的であると思われる。
　(奥田昌道「民法 94 条 2 項の類推適用と不動産登記の公信力」同志社法学 52 巻 5 号(2001)360 頁以下)

　民法 94 条 2 項の類推適用は、一般的には、登記の公信力との関係で、わが国で不動産登記に公信力がみとめられないことから生ずる不都合を是正するための法技術と位置づけられており、公信力との関係で外観理論が用いられ、94 条 2 項の類推適用が拡大されてきたと思われる。しかし、その一方で、わが判例法による 94 条 2 項類推適用による保護は、ドイツ法にいうような公信の保障ではなく、一般的な善意者保護の法理における善意の保護である点に留意すべきである。したがって、94 条の構造は、あくまで 1 項では、真の権利者と相手方との取引行為の効力が問題とされ、2 項では、虚偽の外観を作出した真の権利者と相手方との契約(取引)が、有効であると信頼した第三者を保護するものであり、94 条では、どこまでも真の権利者と相手方との行為の効力が問題となるのであるが、これに対して、公信力の保護や善意取得の制度は、積極的に第三者に権利を与える制度であり、厳格に区別して使う必要がある。

3　私見

╷本報告で対象とした判例の結論および理論構成に対する報告者の考えを述べる╵

参考文献

╷【1】「答案・レポートの書き方」(☞ 192 頁)を参照しながら、本報告での参考文献を記載する。
【2】本報告で対象とした判例についての、判例解説、判例批評等がある場合には、それらのものは、きちんと整理しておくこと。╵

4

○○年○月○日

〔判例研究〕
「母の監護下にある 2 歳の子を別居中の共同親権者である父が有形力を用いて連れ去った略取行為につき違法性が阻却されないとされた事例」（最決平成 17 年 12 月 6 日刑集 59 巻 10 号 1901 頁）

担当　○○　○○

一　事実の概要

（1）被告人は、別居中の妻である B が養育している長男 C（当時 2 歳）を連れ去ることを企て、平成 14 年 11 月 22 日午後 3 時 45 分ころ、青森県八戸市内の保育園の南側歩道上において、B の母である D に連れられて帰宅しようとしていた C を抱きかかえて、同所付近に駐車中の普通乗用自動車に C を同乗させたうえ、同車を発進させて C を連れ去り、C を自分の支配下に置いた。

（2）上記連れ去り行為の態様は、C が通う保育園へ B に代わって迎えに来た D が、自分の自動車に C を乗せる準備をしているすきをついて、被告人が、C に向かって駆け寄り、背後から自らの両手を両わきに入れて C を持ち上げ、抱きかかえて、あらかじめドアロックをせず、エンジンも作動させたまま停車させていた被告人の自動車まで全力で疾走し、C を抱えたまま運転席に乗り込み、ドアをロックしてから、C を助手席に座らせ、D が、同車の運転席の外側に立ち、運転席のドアノブをつかんで開けようとしたり、窓ガラスを手でたたいて制止するのも意に介さず、自車を発進させて走り去ったというものである。

被告人は、同日午後 10 時 20 分ころ、青森県東津軽郡平内町内の付近に民家などのない林道上において、C と共に車内にいるところを警察官に発見され、通常逮捕された。

（3）被告人は、B との間に C が生まれたことから婚姻し、東京都内で 3 人で生活していたが、平成 13 年 9 月 15 日、B と口論した際、被告人が暴力を振るうなどしたことから、B は、C を連れて青森県八戸市内の B の実家に身を寄せ、これ以降、被告人と別居し、自分の両親及び C と共に実家で暮らすようになった。被告人は、C と会うこともままならないことから、C を B の下から奪い、自分の支配下に置いて監護養育しようと企て、自宅のある東京から C らの生活する八戸に出向き、本件行為に及んだ。

なお、被告人は、平成 14 年 8 月にも、知人の女性に C の身内を装わせて上記保育園から C を連れ出させ、ホテルを転々とするなどした末、9 日後に沖縄県下において未成年者略取の被疑者として逮捕されるまでの間、C を自分の支配下に置いたことがある。

（4）B は、被告人を相手方として、夫婦関係調整の調停や離婚訴訟を提起し、係争中であったが、本件当時、C に対する被告人の親権ないし監護権について、これを制約するような法的処分は行われていなかった。

1

二 訴訟の経過と決定要旨

（1）第一審判決（青森地方八戸支判平成 16 年 3 月 9 日）

【被告人・弁護人の主張】

①未成年者略取罪の主体に親権者は含まれない。

②被告人の行為は略取に該当しない。

③被告人の行為は、正当な親権の行使であり、刑法 35 条により違法性が阻却される。

④被告人には本件行為の違法性の認識がなく、その認識可能性もなかったのであって、責任が阻却されるはずである。

→無罪を主張

【裁判所の結論】

上記の主張をすべて排斥：懲役 1 年執行猶予 4 年（未成年者略取罪成立）

（2）第二審判決（仙台高判平成 16 年 8 月 26 日）

【控訴人の主張（控訴趣意）】

原審は、刑法 224 条および 35 条の解釈適用を誤っており、上記①～④のように考えるべきである。

【裁判所の結論】控訴棄却

（3）最決平成 17 年 12 月 6 日

【上告人の主張（上告趣意）】原判決は、憲法 24 条の解釈を誤って被告人を未成年者略取の主体とし、その行為を略取に該当すると判断しており違憲である。

【裁判所の結論】上告棄却

※⇒未成年者略取の成否について、職権で検討（下記〈決定要旨〉参照）

＜決定要旨＞

「本件において、被告人は、離婚係争中の他方親権者である B の下から C を奪取して自分の手元に置こうとしたものであって そのような行動に出ることにつき、C の監護養育上それが現に必要とされるような特段の事情は認められないから、その行為は、親権者によるものであるとしても、正当なものということはできない。また、本件の行為態様が粗暴で強引なものであること、C が自分の生活環境についての判断・選択の能力が備わっていない 2 歳の幼児であること、その年齢上、常時監護養育が必要とされるのに、略取後の監護養育について確たる見通しがあったとも認め難いことなどに徴すると、家族間における行為として社会通念上許容され得る枠内にとどまるものと評することもできない。以上によれば、本件行為につき、違法性が阻却されるべき事情は認められないのであり 未成年者略取罪の成立を認めた原判断は、正当である。」

＜今井功裁判官の補足意見＞……別冊資料参照

＜滝井繁男裁判官の反対意見＞……別冊資料参照

2

三　研究

　主たる争点

(1) 親権者も未成年者略取誘拐罪の主体となることができるか
　　⇒保護法益と主体
(2) 親権者による子の連れ去りが、未成年者略取罪の違法性を阻却するのはどのような場合か
　　⇒違法性阻却事由の有無とその考慮要素

(1) 親権者も未成年者略取誘拐罪の主体となることができるか

(a) 未成年者略取罪の保護法益

　＜判例＞
　◇被拐取者の自由および監護権（大判明治 43 年 9 月 30 日刑録 16 輯 1569 頁、
　　　　　　　　　　　　　　　　福岡高判昭和 31 年 4 月 14 日裁特 3 巻 8 号 409 頁）
　＜学説＞
　①被拐取者の自由（内田、中森など）
　②監護権ないし人的保護関係（井上、吉田など）
　③被拐取者の自由および監護権（大塚、川端、団藤、福田など）
　④被拐取者の自由および安全（大谷、西田、堀内、前田、山口など）

(b) 未成年者略取罪の主体

保　護　法　益	親権者は主体になれるか
①被拐取者の自由	○
②監護権ないし人的保護関係	×※
③被拐取者の自由および監護権	○
④被拐取者の自由および安全	○

※　ただし、親権者であっても他の親権者の監護権を侵害すれば、
　　本罪の主体となりうる。

3

（2）親権者による子の連れ去りが、未成年者略取罪の違法性を阻却するのはどのような場合か

<判例>

最決平成 15 年 3 月 18 日刑集 57 巻 3 号 371 頁

[事案]

　オランダ国籍で日本人妻と婚姻していた被告人が、平成 12 年 9 月 25 日午前 3 時 15 分ころ、別居中の妻が監護養育していた 2 人の間の長女（当時 2 歳 4 か月）を、オランダに連れ去る目的で、長女が妻に付き添われて入院していた病院のベッド上から、両足を引っ張って逆さにつり上げ、脇に抱えて連れ去り、あらかじめ止めておいた自動車に乗せて発進させた。

[決定要旨]

　「以上の事実関係によれば、被告人は、共同親権者の 1 人である別居中の妻のもとで平穏に暮らしていた長女を、外国に連れ去る目的で、入院中の病院から有形力を用いて連れ出し、保護されている環境から引き離して自分の事実的支配下に置いたのであるから、被告人の行為が国外移送略取罪に当たることは明らかである。そして、その態様も悪質であって、被告人が親権者の 1 人であり、長女を自分の母国に連れて帰ろうとしたものであることを考慮しても、違法性が阻却されるような例外的な場合に当たらないから、国外移送略取罪の成立を認めた原判断は、正当である」。

四　本決定の意義

◇監護権の制限されていない親権者であっても未成年者略取罪の主体となる

◇構成要件該当性のアプローチではなく、違法性阻却のアプローチの確認

◇違法性判断の考慮要素の提示

◇15 年決定の射程外の未成年者略取罪の成立範囲の提示

五　私見 …… 省略

【判例評釈】

①佐藤拓磨「判批」刑事法ジャーナル 4 号（2006）92 頁以下

②十河太朗「判批」受験新報 664 号（2006）16 頁以下

③諏訪雅顕「判批」信州大学法学論集 7 号（2006）221 頁以下

④松原芳博「判批」ジュリスト 1313 号（2006）172 頁以下

⑤江見健一「判批」捜査研究 659 号（2006）2 頁以下

⑥前田巌「最判解」刑事編平成 17 年度 671 頁

⑦門田成人「判批」法学セミナー614 号（2006）123 頁

⑧谷滋行「判批」研修 693 号（2006）11 頁以下

4

6 法学の勉強に必要なツール
―法令，判例，書籍・雑誌の検索方法―

　この章では，大学で法学を勉強するうえで必要となる様々なツール（道具）について紹介します。皆さんが高校の時を思い出すと，教科ごとに教科書，参考書，問題集，辞書など様々なツールがあったかと思います。法学の分野でも，講義で使用される教科書だけではなく，法令集，判例集，書籍・雑誌等のツールが必要となります。本章では，主要なものを紹介します。

　また本章では，法令，判例，書籍・雑誌を検索する際に利用する，データベース，索引についてもどのようなものがあるのか紹介します。従来は，冊子体（紙媒体）のものを利用した検索方法が一般的でしたが，最近では各種データベースも整備されています。実際の検索に際しては，データベースを利用した方が必要な情報をより能率的に探し出すことができます。

　書籍・雑誌についても，図書館の書庫を当てもなく歩くのではなく，各種データベースを利用すれば，効率よく必要とする書籍・雑誌を見つけることができます。データベースを利用した文献，判例，判例評釈の検索の実際については，「リーガル・リサーチ」（☞176頁）を参照して下さい。

1 法令集，条約集，官報

1 法令集

「法令集」には，基本的な法令が収録されており，「六法全書」，「六法」とも呼ばれています。ちなみに六法とは，憲法，民法，刑法，商法，民事訴訟法，刑事訴訟法の基本となる6法令を指しますが，転じて「法令集」をも意味します。

> **法令集** ①～②の小型法令集に収録されている法令には，若干の違いがありますが，法学部で勉強する上では，いずれかが手元にあれば足ります。③には，一般の書店でも入手できる法令集としては最も多くの法令が収録されています。

> ① 『デイリー六法』(三省堂)
> ② 『ポケット六法』(有斐閣)
> ③ 『六法全書』(有斐閣)

「どの六法を買えばいいのですか」という質問は，1年生の授業を担当しているとよく聞かれる質問ですが，「どの法令集を選ぶか」は，「使いやすさ，読み易さ」が1つの基準になります。授業によっては法令集が指定されたり，推薦されたりすることもあるかと思いますので，どの法令集にしようか迷う場合には，指定，推薦されたものを購入するのも1つの方法です。

> **判例付き法令集** 「判例付き法令集」とは，収録されている法令のうち主要なものについて，条文ごとに判例の要旨を載せた法令集です。判例要旨をその場で確認するのには便利ですが，掲載されているのは判例の要旨に限られるため，当該判例について詳しく調べるためには出典を手がかりに判例集(判決原本)に当たる必要があります (☞「判例集」162頁)。

また，法学部の専門科目の試験では法令集の持ち込みが許可されている科目が多いと思いますが，判例付き法令集は持ち込めない場合が多いので注意が必要です。以上の注意点を理解したうえであれば，判例付き法令集は，法学の学習を進めるうえで大きな手助けとなることでしょう。

① 『判例六法』（有斐閣）
② 『判例六法 Professional』（有斐閣）
③ 『分冊　六法全書』（新日本法規出版）
④ 『模範小六法』（三省堂）
⑤ 『模範六法』（三省堂）

　①，④は，携行に便利な判型ですが，判例要旨を掲載するため，先に紹介した小型法令集に比べると収録法令数は少なめになっています。

　③は，法分野ごとに6分冊となっており，主要な法律の判例が収録されています。⑤には，電子版（CD-ROM版）もあります。

　また，①，②，④，⑤には，スマートフォン，タブレットPC用のアプリケーションソフトもあります。

全法例集　　わが国で施行されている法令数は膨大な数に上っており，市販されている大型法令集にもすべての法令は収録されていません。多くの法令を参照する必要のある行政法などの分野，あるいは先端的，特殊な分野で先に紹介した法令集に収録されていない法令について調べるには，大学図書館などで次のいずれかに当たる必要があります。

① 『現行日本法規』（法務大臣官房司法法制部編集，ぎょうせい，1949年～）
② 『現行法規総覧』（衆議院法制局・参議院法制局編集，第一法規，1950年～）

それぞれの電子版として,「現行法令 CD-ROM」,「電子版現行法規」もあります。

オンライン法例集

　　　　　　　上記の冊子体,電子媒体 (CD-ROM) の法令集のほか,オンラインで利用可能な法令集として,「電子政府の総合窓口」の**法令データ提供システム**(http://law.e-gov.go.jp/cgi-bin/idxsearch.cgi) があります。ただし,オンライン法令集は速報性に優れますが,「官報で掲載された内容と異なる場合は,官報が優先します」とされているので,利用にあたっては注意が必要です。

旧法令

　　　　　失効した法令を調べるには,『旧法令集』が便利です。①には,第二次大戦前のものを中心に,失効した法令のうちで重要なもの 120 件が収録されています。②には,平成期に改正された法令のうち重要な改正前の規定 44 件が収録されています。

①我妻榮編『旧法令集』(有斐閣,1968 年)
②江頭憲治郎ほか編『旧法全集　平成改正版』(有斐閣,2012 年)

このほか,先に紹介した『現行日本法規』には主要旧法令約 480 本を収録した巻があります。

2　条約集

小型法令集にも,ごく限られた数のわが国が締約国となっている条約が収録されていますが,国際法の分野を勉強する上では「国際法の法令集」に相当する,条約集が必要になります。

①位田隆一＝最上敏樹編集代表『コンサイス条約集』(三省堂)
②岩澤雄司編集代表『国際条約集』(有斐閣,年刊)
③薬師寺公夫ほか編集代表『ベーシック条約集』(東信堂,年刊)
④『条約集－二国間条約』,『条約集－多国間条約』(外務省国際法局編集,国立印刷局発行,年刊)

①～③の小型条約集に収録されていない条約については，④で調べることができます。また，先に紹介した『現行日本法規』，『現行法規総覧』にも条約が収録された巻があります。

3 官　報

『官報』は，行政機関の休日を除いて毎日発行されている政府の広報新聞で，新法令，改廃法令は官報へ掲載されることにより正式に公布されます。当日から遡って1週間分については，国立印刷局がインターネット (http://kanpou.npb.go.jp/) 上で提供しています（インターネット版「官報」）。ただし，インターネット版官報に誤りがあった場合には，通常の印刷された官報に記載された事項が基準となりますので，利用に当たっては注意が必要です。

また，首相官邸のウェブサイト (http://www.kantei.go.jp/jp/kanpo/digest.html) には，「**官報ダイジェスト**」として，官報の目次が掲載されており，公布法律，政令へリンクが張られています。「官報ダイジェスト」のバックナンバーについては，同じく首相官邸のウェブサイトにある「**官報バックナンバー**」(http://www. kantei.go.jp/jp/kanpo/digest-bk.html) で過去1年分を遡って入手することができます。

なお，官報に掲載された新法令，改廃法令は『**法令全書**』（国立印刷局，月刊）に公布年月日順に収録されます。

2　用語集，注釈書

1　法律学辞典

法律用語には，日常用語とは異なる意味をもっている（例：「善

意」と「悪意」）ほか，厳密な使い分け（例：「又は」と「若しくは」）が求められるものがあります（☞「用語法」50頁）。このため，法令の条文や教科書の説明を正確に理解するうえでは，法律学辞典が手元にあると重宝します。

①伊藤正己・園部逸夫編集代表『現代法律百科大辞典』（全8巻，ぎょうせい，2000年）
②三省堂編修所『デイリー法律用語辞典』（三省堂，2015年）
③高橋和之ほか編集代表『法律学小辞典［第5版］』（有斐閣，2016年）※
④法令用語研究会編『有斐閣法律用語辞典［第4版］』（有斐閣，2012年）※
⑤林大・山田卓生編『法律類語難語辞典［新版］』（有斐閣，1998年）
※をつけたものにはCD-ROM版も発売されています。

　近年，刑法典の口語化のほか，民法典の平仮名化などが行われ，法令の表現は以前よりもわかりやすいものになりましたが，法律用語の読み方がわからなければ，せっかくの法律学辞典も使いこなせません。その場合，⑤が重宝します。

2　注釈書（コンメンタール）

　コンメンタールとは，法律の条文ごとにその意義，要件，効果などについて解説（逐条解説）した書物をいいます。シリーズになっているコンメンタールとしては次のようなものがあります。

①『コンメンタール○○法』『新基本法コンメンタール○○法』『新・コンメンタール○○法』（日本評論社）
②『条解○○法』（弘文堂）
③『大コンメンタール○○法』（青林書院）
④『注解○○法』，『新・注解○○法』（青林書院）
⑤『注釈○○法』，『新版注釈○○法』（有斐閣）
⑥『判例コンメンタール○○法』，『新・判例コンメンタール○○法』（三省堂）

3 判例集

裁判所の判例を掲載している出版物には、公式判例集、判例雑誌に分類されます（☞「判例の読み方」107 頁）。ここでは、各種判例集、判例雑誌とともに、判例を検索するツールとしてデータベース、判例索引を紹介します。データベースを使った具体的な判例の検索方法については、「リーガル・リサーチ」（☞ 176 頁）を参照して下さい。

1 公式判例集

(1) 最高裁判所

① 『最高裁判所判例集』（最高裁判所判例調査会，1947 年〜）

最高裁判所判例調査会が重要判例として選択したものが登載され、民事の部、刑事の部から構成されています。多くの場合、民事の部は『**最高裁判所民事判例集**』（民集）として、刑事の部は『**最高裁判所刑事判例集**』（刑集）として製本されます。

なお、このほか最高裁判所の公式判例集として、『**最高裁判所裁判集民事**』（集民，1947 年〜）、『**最高裁判所裁判集刑事**』（集刑，1947 年〜）があり、『最高裁判所民事判例集』、『最高裁判所刑事判例集』に登載されなかった裁判のうち、裁判実務上参考になると思われる判決・決定が登載されています。裁判所ウェブサイトで見ることができます。

② 『裁判所時報』（最高裁判所事務総局，1948 年〜，月 2 回）

最高裁判所の重要な判例の全文が掲載されています。

（2）下級裁判所

① 『高等裁判所判例集』（最高裁判所判例調査会，1947〜2002 年）

　各高等裁判所の裁判が登載され，多くの場合，民事の部は **高等裁判所民事判例集**（高民集）として，刑事の部は **高等裁判所刑事判例集**（高刑集）として製本されていました。裁判所ウェブサイトで見ることができます。

② 『東京高等裁判所判決時報』（東京高等裁判所調査室，1953 年〜）

　『東京高等裁判所刑事判決時報』（東京高等裁判所調査室，1951〜1953 年）が改題され，民事事件が追加されたものです。東京高裁の事件を民事・行政事件，刑事事件の 2 部に分け，民事・行政事件の部は **東京高等裁判所民事判決時報**（東京高民時報）として，刑事の部は **東京高等裁判所刑事判決時報**（東高刑時報）として刊行されています。なお，両者とも判決の抄録となっています。

　このほか廃刊となった公式判例集として，以下のものがあります。

① 『高等裁判所刑事判決特報』（高刑判決特報，最高裁判所事務総局，1949〜1956 年）
② 『高等裁判所刑事裁判特報』（高刑裁判特報，最高裁判所事務総局，1954〜1958 年）
③ 『高等裁判所刑事裁判速報集』（高刑速，法務大臣官房司法法制調査部，1981〜1999 年）
④ 『下級裁判所民事裁判例集』（下民集，最高裁判所事務総局，1950〜1984 年）
⑤ 『第一審刑事裁判例集』（一審刑集，最高裁判所事務総局，1958 年）
⑥ 『下級裁判所刑事裁判例集』（下刑集，最高裁判所事務総局，1959〜1968 年）
⑦ 『刑事裁判月報』（刑月，最高裁判所事務総局，1969〜1986 年）

（3）分野別判例集

① 『家庭裁判月報』（家月，最高裁判所事務総局，1949 年〜）
② 『訴訟月報』（訴月，法務省訴訟局，1955 年〜）

①には，最高裁判所事務総局家庭局が最高裁判所，下級裁判所における家事事件，少年事件の中から選択した裁判（審判）が掲載されています。

②には，法務省が関与した民事事件，行政事件，租税事件の判例が掲載されています。

このほか廃刊となった判例集として，以下のものがあります。

① 『行政事件裁判例集』（行集，最高裁判所事務総局，1950〜1999年）
② 『労働関係民事裁判例集』（労民集，最高裁判所事務総局，1950〜1997年）
③ 『無体財産権関係民事・行政裁判例集』（無体例集，最高裁判所事務総局，1969〜1990年）
　『知的財産権関係民事・行政裁判例集』（知的裁集），最高裁判所事務総局，1991〜1998年）

なお，廃刊となった上記 3 分野の判例については，最高裁判所のウェブサイトを利用して入手することができます（☞ 158 頁）。

（4）戦前の判例集

『大審院民事判決録』（民録，1875〜1921 年）
『大審院刑事判決録』（刑録，1875〜1921 年）
『大審院民事判例集』（民集，1922〜1946 年）
『大審院刑事判例集』（刑集，1922〜1947 年）

大審院の判例集は，1875〜1921 年までが『大審院民事判決録』，『大審院刑事判決録』，1922〜1946 年までが『大審院民事判例集』，1922〜1947 年までが『大審院刑事判例集』です。

なお、『大審院民事判決録』、『大審院刑事判決録』には巻ではなく輯が用いられています。また、『大審院民事判例集』、『大審院刑事判例集』は、民集、刑集の略称が用いられますが、戦後の「民集」、1922～1947年までが「刑集」と区別するため、**「大民集」**、**「大刑集」**の略称も用いられます。

2　判例雑誌

（1）全分野を対象とするもの

裁判所の刊行している公式判例集とは別に、判例雑誌も刊行されています。下級裁判所の判決が登載されている公式判例集には休刊となったものが多く、判例雑誌が重宝します。

> ①『判例タイムズ』（判例タイムズ社、月刊、1950年～）
> ②『判例時報』（判例時報社、旬刊、1953年～）

①は、月1回発行され、判例が特報、速報、最高裁、行政裁判例、労働裁判例、民・商事裁判例、刑事裁判例に分けられ収録されています。

②は、月3回（1日、11日、21日）発行され、毎号「判例の部」（判例特報、判決録）、「記事の部」があるほか、1日号には判例評釈として、「判例評論」が掲載されています。

（2）分野別判例雑誌

> ①『金融・商事判例』（経済法令研究会、月2回、1966年～）
> ②『金融法務事情』（金融財政事情研究会、月2回、1953年～）

①には、民事・商事に関する判例が掲載されています。現誌名になる前は『週刊金融判例』、『週刊金融・商事判例』と題されていた時期もあります。

②には、主として金融取引に関する判例が収録されています。

3 判例索引

　法学の勉強を進めていくと，判例を素材とした事例研究が内容の演習を履修することもあるかと思います（いわゆる「ゼミナール（ゼミ）」。☞138頁）。事例研究の授業では，『別冊ジュリスト判例百選』シリーズ（有斐閣）等，判例を編集したものが教科書として指定されることも多いかと思いますが，判例を勉強していくうえでは「判決原本」に直接当たる必要があります。

　また，判例を調べる場合には，常に判例の年月日，裁判所などがわかっているとも限りません。授業によっては，単に「〇〇についての判例を調べなさい」，あるいは「〇〇についてレポートを提出しなさい」という指示があり，自ら判例を探す必要も出てくることでしょう。ここでは，判例を探すためのツールとなる「判例索引」を説明します。

（1）「裁判例情報」（最高裁判所ホームページ）

　最高裁判所のウェブサイト（http://www.courts.go.jp）には，「**裁判例情報**」のページがあり，全分野の判例（「統合検索」）のほか，分野横断的に裁判所ごとの判例（①～③），または分野ごとの判例（④～⑥）について，裁判所名，事件番号，年月日による判例検索のほか，キーワードによる検索も可能です。このうち，キーワード検索は，判例の年月日，裁判所などがわからない場合に重宝します。

　ただし，キーワード検索を行う場合，キーワードの選定の仕方，あるいはキーワードの入力の仕方（「AとB」という2つのキーワードによる「AND検索」なのか，「AまたはB」という「OR検索」なのか）により，表示される結果が違いますので，判例の拾い漏れを防ぐためには複数キーワードを試してみる必要があります。

また，下記の③〜⑥については，掲載期間が限られているため，古い判例を探す場合には，(2) の有料データベース，あるいは (3) の冊子体の判例索引等を利用する必要があります。

① 「最高裁判所判例集」
② 「高等裁判所判例集」
③ 「下級裁判所判例集」
④ 「行政事件裁判例集」
⑤ 「労働事件裁判例集」
⑥ 「知的財産裁判例集」

このほか，2005 年に設置された知的財産高等裁判所も，ホームページ上の「裁判例情報」で判決を公開しています。

(2) 有料データベース

判例を検索する有料のデータベース (ウェブ版) として，次のようなものがあります。大学の図書館が契約していれば，大学図書館に設置されている端末，あるいは学内の端末 (PC) からもアクセスできると思います。

① LEX/DB インターネット (TKC)
② D1-Law.com 判例体系 (第一法規)
③ Westlaw JAPAN (新日本法規出版)
④ LLI/DB 判例秘書 INTERNET (LIC)
⑤ Lexis AS ONE (レクシスネクシス・ジャパン)

(3) 冊子体

冊子体で刊行されている索引として，以下のものがあります。

① 『民事判例索引集』，『刑事裁判索引集』(新日本法規，1947 年〜)
② 『法律判例文献情報』(第一法規，1981 年〜，月刊)

①の『民事判例索引集』には，各種判例集，判例雑誌などに掲載された判例の判示事項が民法，民事訴訟法，商法，諸法の 4 編に分類の上，掲載されています。『刑事裁判索引集』には，各種判例集，

判例雑誌等に掲載された判例の判示事項が刑法，刑事訴訟法，憲法・諸法の3編に分類の上，掲載されています。

4 　判例評釈

判例を素材とした事例研究の授業では，担当教員が事件ごとに報告者（レポーター）を割り当てて，指定された判例について報告をする機会もあるかと思います（☞具体的なレジュメの例は148～155頁，「レジュメの作り方」181頁）。その際，事実の概要，判決・決定のポイント（判決・決定要旨），判決の意義などを理解するうえでは，判例評釈が役に立ちます。

1　最高裁判所判例解説

『最高裁判所判例解説　民事篇』（法曹会，1954年～）
『最高裁判所判例解説　刑事篇』（法曹会，1954年～）

対象事件の調査を担当した最高裁判所調査官が判示事項，裁判の要旨などを摘示し，解説したものです。

2　商業雑誌

判例評釈に特化した商業雑誌として，次のようなものがあります。これらの多くは，法学総合雑誌，判例雑誌の増刊，別冊の形態をとっており，定期的に刊行されています。

① 『別冊ジュリスト判例百選』（有斐閣）
② 『〇年度重要判例解説』（『ジュリスト』臨時増刊，有斐閣）
③ 『〇法の基本判例』（『法学教室』増刊号，有斐閣）
④ 『判例セレクト』（『法学教室』2・3月号別冊付録，有斐閣）※
⑤ 『私法判例リマークス』（『法律時報』別冊，日本評論社，年2回）

①は，主要な法分野ごとに編集され，定期的に改訂されています。

②を利用することで，次の『判例百選』が刊行されるまでの重要判例をフォローできます。

③には，憲法，民法，刑法の各シリーズがあります。

④には，憲法，民法，刑法の判例が掲載されています。

⑤には，民法，商法，民事訴訟法，国際私法の判例が掲載されています。

⑥には，年度別の重要判例が法分野別に掲載されています。

⑦は，年 2 回 (4 月・10 月) 発行され，基本六法，行政法のほか司法試験の選択科目分野の重要判例が掲載されています。

⑧は，『判例時報』の毎月 1 日号に綴じ込みで収録されている判例解説です。『判例時報』とは別に製本されている場合もあります。

このほか，『ジュリスト』，『法律時報』，『法学教室』，『法学セミナー』等の法律雑誌にも，判例評釈が掲載されています。なお，『ジュリスト』には，最高裁判所調査官による解説として「時の判例」もあります。

3　判例評釈のデータベースと索引

判例評釈の探し方も，判例そのものの検索と同様，データベース，冊子体索引を利用する形になります。データベースを使った具体的な判例評釈の検索方法については，「判例，判例評釈の検索」(☞ 186 頁) を参照して下さい。

（1）データベース

① LEX/DB インターネット（TKC）
② D1-Law.com 判例体系（第一法規）
③ Westlaw JAPAN（新日本法規出版）
④ LLI/DB 判例秘書 INTERNET（LIC）
⑤ Lexis AS ONE（レクシスネクシス・ジャパン）

　上記データベースはいずれも，判例の検索結果の表示画面に判例評釈の項目，関連文献の項目があり，クリックすると詳細が表示されます。データベースによっては，判例評釈そのものを PDF ファイルにて入手することも可能です。

（2）冊子体

①『最高裁判所図書館　邦文法律雑誌記事索引』（最高裁判所図書館，1957 年〜）
②『最高裁判所判例解説索引　民事篇』，『最高裁判所判例解説索引　刑事篇』（法曹会，1954 年〜）
③『法律判例文献情報』（第一法規，1981 年〜）
④「判例評釈」（『法律時報』巻末に掲載）

　①の「第 2 編　判例評釈記事法条索引」には，前年 1 月から翌年 5 月までの判例評釈が収録されています。

　②は，最高裁判所判例解説について，民事篇・刑事篇に分けて索引が編纂されています。

　③の「第 2 節　判例編」では，判例のほか判例評釈も検索できます。

　④は，『法律時報』の巻末にあり，判例評釈の一覧が掲載されています。

⑤　法律雑誌

　法学に関する定期刊行物は，法律雑誌と呼ばれますが，総合雑誌，

分野別の雑誌，学会誌，大学紀要等に分類されます。

1　法律総合雑誌

　法律論文，判例評釈等が分野横断的に掲載されている代表的な法律総合雑誌として，次のものが挙げられます。

　① 『ジュリスト』（有斐閣，月1回）
　② 『論究ジュリスト』（有斐閣，季刊）
　③ 『法律時報』（日本評論社，月刊）
　④ 『法学教室』（有斐閣，月刊）
　⑤ 『法学セミナー』（日本評論社，月刊）

　①～③は，主として研究者，実務家を対象とし，④と⑤は，主として法学部学生，大学院生を対象としています。

　このほか，法律雑誌として，以下のようなものがあります。

　⑥ 『時の法令』（朝陽会，月2回）
　⑦ 『法律のひろば』（ぎょうせい，月刊）
　⑧ 『法曹時報』（法曹会，月刊）
　⑨ 『研修』（法務省法務総合研究所，月刊）

2　分野別法律雑誌

　法学の特定分野に関する主な雑誌としては，次のようなものがあります。

（1）民事法系

　① 『民商法雑誌』（有斐閣，月刊）
　② 『旬刊商事法務』（商事法務研究会，旬刊）
　③ 『NBL』（商事法務，月2回）
　④ 『銀行法務21』（経済法令研究会，月刊）

(2) 刑事法系

① 『季刊　刑事弁護』（現代人文社，季刊）
② 『刑事法ジャーナル』（成文堂，季刊）
③ 『現代刑事法』（現代法律出版，2005 年休刊）
④ 『捜査研究』（東京法令出版，月刊）

3　学会誌

各分野の学会が刊行する学会誌として，**『私法』**（日本私法学会，有斐閣，年 1 回），**『刑法雑誌』**（日本刑法学会，有斐閣，年 4 回），**『公法研究』**（日本公法学会，有斐閣，年 1 回）などがあります。

4　大学紀要

大学法学部，研究所等が編集・発行する雑誌として，大学紀要があります。書名としては，大学名を冠しているもの（例：**『同志社法学』**（同志社法学会），**『東洋法学』**（東洋大学法学会），**『早稲田法学』**（早稲田大学法学会）など）のほか，発行主体の母体となる大学名を冠していないもの（例：**『法学協会雑誌』**（法学協会，東京大学），**『法学研究』**（慶應義塾大学法学研究会），**『法学論叢』**（京都大学法学会）など）があります。

6　白書，官公庁のホームページ

1　白　書

各種「白書」は，政府の施策の現状を国民に周知させることを目的に中央官庁が編集，刊行しており，法務省法務総合研究所 **『犯罪白書』**（国立印刷局），警察庁 **『警察白書』**（国立印刷局）などがあります。

なお，どのような白書が刊行されているかについては全国官報販

売協同組合のウェブサイト（http://www.gov-book.or.jp/book/）で調べることができます。

2　官公庁のホームページ

皆さんが法学の勉強を進めていくうえでは，官公庁のホームページから各種文書，資料を入手する必要が出てくることもあるかもしれません。このうち，中央省庁のホームページを調べたい場合には，「電子政府の総合窓口」の「**各府省・独立行政法人等のホームページ**」（http:// www.e-gov.go.jp/link/ministry/index.html）のページで，府省別に各府省・独立行政法人等のホームページへリンクが張られており，目的の省庁ホームページのトップページに辿り着くことができます。

7　法律文献のデータベースと索引

法律文献の調べ方についても，データベース，冊子体目録を利用して調べることができます。

1　データベース
（1）総合データベース

① 「Pub DB 出版書誌データベース」（日本出版インフラセンター，http://www.books.or.jp）
② 「bookplus」（日外アソシエーツ）
③ 「magazineplus」

①は，国内で発行され，現在入手可能な図書のデータベースです。
②は，1926 年から現在まで出版された図書のデータベースです。
③は，一般誌から専門誌，大学紀要，海外誌紙まで収録した雑誌

記事データベースです。

（2）法律文献データベース

「法律判例文献情報」（第一法規　法情報統合データベース）

法関連文献（図書，雑誌・紀要）および判例の書誌情報が調べられます。

2　冊子体

（1）総合文献目録

冊子体の総合文献目録としては，以下のものがあります。

① 『日本件名図書目録』（日外アソシエーツ，年刊）
② 『BOOKPAGE 本の年鑑』（日外アソシエーツ，年刊）

（2）法律文献目録

冊子体として刊行されている目録・索引には以下のものがあります。

① 『最高裁判所図書館　邦文法律雑誌記事索引』（最高裁判所図書館，年刊，1957〜2006 年）
② 『邦文法律関係記念論文集総合目録』（法律図書館連絡会編，国立国会図書館，1988 年）
③ 『法律判例文献情報』（法律判例文献情報研究会，月刊，1981 年〜）
④ 『法律図書総目録』（法律書経済書経営書目録刊行会，年刊）

①の「第 1 編　法律雑誌記事分類索引」は，最高裁判所図書館収集の雑誌に掲載された法律関係の論文，資料などの索引です。2005年以降のものについては，最高裁判所ホームページにある「最高裁判所図書館」の「蔵書検索」で調べることができます。

②には，1984 年 12 月までに刊行された法学関係の記念論文集に掲載された論文が収録されています。

③の「第 1 部　文献編」には，法学に関する図書，研究紀要，雑誌論文，新聞掲載署名論文のうち，法律に関する文献と認められる

ものが収録されています。

　④には，刊行されている法律・経済・経営分野の書籍が掲載され
ており，巻末には書名，著者名索引があります。書店で配布（無
料）されています。

　このほか，法律雑誌に掲載されている文献情報も有用です。

　① 「文献月報」（『法律時報』巻末）
　② 「学界回顧」（『法律時報』12月号）

　①は『法律時報』の巻末にあり，法学の文献一覧が分野ごとに掲
載されています。また，②は『法律時報』の12月号が「○年学界
回顧」特集となっており，各分野で公表された書籍，論文等にコメ
ントが付されて紹介されます。

7　リーガル・リサーチ

　法令，判例，法律関係の書籍・雑誌の検索方法は，「リーガル・リサーチ」と呼ばれます。皆さんが大学に入りたての頃は，「リーガル・リサーチが必要になるのは，まだまだ先のことだ」と思うかもしれません。しかし，早い段階から簡単な報告やレポートが求められることがありますし，学年が進み，演習（ゼミナール）で判例報告の準備をしたり，卒業論文（ゼミ論文）を作成したりすることになれば，その重要性を実感するでしょう。リーガル・リサーチには，「習うより慣れよ」の側面もありますので，本章を一読し終えたら，実践してみて下さい。

学生Ａ「今日の授業で，『裁判員制度について調べなさい』って課題が出たけど，どうしたらいいのかな？」
学生Ｂ「僕は，『判例について調べなさい』って言われたよ」。
学生Ａ「何から調べ始めたらいいんだろう？」
学生Ｂ「僕に聞かれたってわかんないよ」
学生Ａ「そういえば，調べた内容について，レジュメを作って，プレゼンもしなくちゃいけないんだよ」
学生Ｂ「僕もだよ」
学生Ａ「高校までと違って，大学は自分で色々調べたり，報告しないといけないから，大変だよね」
学生Ｂ「……」
学生Ａ「2人で悩んでいても仕方がないから，明日，ゼミの先生のオフィスアワーで，それぞれ聞いてみようよ」
学生Ｂ「そうだね」

① 文献検索とレジュメの作成

> 教　員　「さぁ，始めましょうか。Ａ君の課題は『裁判員制度』について，調べるということのようだけど，もう少し，具体的に話してくれないかな？」
>
> 学生Ａ　「はい。私の課題は，裁判員制度について，レジュメを作り，10分程度でプレゼンテーションしなさいというものです」
>
> 教　員　「なるほど。ただ，裁判員制度というだけでは範囲が広いから，どこかに絞らないといけないね」
>
> 学生Ａ　「……。絞る？」
>
> 教　員　「裁判員制度のどこに焦点をあてて報告するかってことだよ」
>
> 学生Ａ　「う～ん」
>
> 教　員　「裁判制度について，何か関心があることってない？」
>
> 学生Ａ　「えっと……。どうやって私たちが犯人の刑を決めるのかってこととかですかねぇ」
>
> 教　員　「そうですか。じゃあ裁判員制度と量刑判断についての文献を調べてみてはどうですか」
>
> 学生Ａ　「そんなことできるんですか？」
>
> 教　員　「できますよ」
>
> 学生Ａ　「でも，どうやったらいいのかわかりません」
>
> 教　員　「大学のオンライン・データベースを使ったことがありますか？」
>
> 学生Ａ　「……。ありません」
>
> 教　員　「では，まずその説明から始めましょう」

1　文献の検索

　文献検索には，各大学が契約しているオンライン・データベースを使うことが便利です（☞「法学の勉強に必要なツール」156頁）。これには，現在，いくつかの種類がありますが，ここでは，CiNiiを使用して説明することにします。

　CiNiiは，皆さんが調べものをする初期段階で，どのような文献があるのか，またどの雑誌に収録されているのかといった情報を得るのに役立ちます。

なお，CiNii では，記事や論文の本文を閲覧することはできません（ただし，「機関リポジトリ」などのリンクがある場合は閲覧可能），必要な文献が見つかったら，収録されている雑誌などがどこの図書館に所蔵されているか，OPAC や Webcat で確認し，現物に当たることになります（図書館の利用の仕方については，「図書館の活用」〔☞ 189 頁〕で説明します）。

　CiNii の画面は，以下のようになっています（2019 年 12 月 1 日現在）。

論文検索 著者検索 全文検索					
フリーワード					検索
すべて		本文あり			∧ 閉じる
タイトル					
著者名	著者ID		著者所属		
刊行物名	ISSN		巻号ページ 巻	号	ページ
出版者	参考文献		出版年 　年から	年まで	

　CiNii では，キーワード，著者名，雑誌名などから検索することが可能です。A 君に出された課題は，「裁判員制度について」ですから，キーワード検索が便利でしょう。「裁判員制度」について書かれた文献を調べるために，「裁判員制度」とキーワードを入れてみます。

論文検索 著者検索 全文検索					
裁判員制度					検索
すべて		本文あり			∧ 閉じる
タイトル					
著者名	著者ID		著者所属		
刊行物名	ISSN		巻号ページ 巻	号	ページ
出版者	参考文献		出版年 　年から	年まで	

裁判員制度というキーワードでは，1937件もヒットします（2019年12月1日現在）。これらを1つ1つ当たっていくのでは，日が暮れてしまうでしょう。しかし，A君と先生の会話を思い出して下さい。A君は先生との会話の中で，「裁判員制度と量刑判断」にテーマを絞っていたと思います。そこで，CiNiiでも「裁判員制度」に，「量刑判断」というキーワードを追加して検索条件を絞ってみることにします。

論文検索 著者検索 全文検索			
裁判員制度 量刑判断			検索
すべて	本文あり		∧ 閉じる

タイトル					
著者名		著者ID		著者所属	
刊行物名		ISSN		巻号ページ	巻　号　ページ
出版者		参考文献		出版年	年から　年まで

　先ほど1937件あった記事・文献情報が，30件になりました（2019年12月1日現在）。30件を見てみますと，わが国の裁判員制度における量刑判断を扱う文献のほか，諸外国との比較を通して論じているものなど様々です。先の会話を見る限り，A君は，比較法的検討を念頭にはおいていないようですから，タイトルから，わが国の裁判制度における量刑判断を取り扱っていると思われる論文1つを例にとってさらに説明を続けたいと思います。検索結果から，1つを選択しました。以下のような画面が出てきます。

裁判員制度における量刑判断（特集 裁判員制度のゆくえ）—
（第2部 裁判員制度の運用の予測—現行制度との比較）

原田國男

この論文を読む／探す

NDL-OPAC NDL-OPAC-国立国会図書館で本をさがす

CiNii Books CiNii Books-大学図書館でさがす

NULink NULink

収録刊行物

現代刑事法
現代刑事法6（5），47–58, 2004–05
現代法律出版

「論文タイトル」や「執筆者名」はとくに説明は不要かと思いますが，雑誌名等のところは重要です。上記検索結果では，「現代刑事法6（5）47-58 2004-05 現代法律出版」とあります。これを見ただけでは，なかなかその意味するところを理解できないと思います。以下の表を見てみて下さい。

表　　記	内　　容
現代刑事法	雑誌名
6（5）	6巻5号
47–58	掲載頁
2004–05	発行年月
現代法律出版	発行所

皆さんは，前記情報に基づいて，文献を探し，入手することになります。その際には，リンクのある OPAC などを利用して，**雑誌名**から自分の大学の図書館に所蔵があるかを確認し，ない場合には，Webcat などで所蔵している他大学などの図書館を探します。

　いずれかの方法で当該雑誌が所蔵されている図書館が見つかったとしましょう。今度は，**巻・号**や**発行年**を頼りに，多数発行されている当該雑誌の中から，探している記事・論文が掲載されている 1 冊を探し出します。1 冊の掲載雑誌（今回のケースでは，現代刑事法の 6 巻 5 号）が見つかりましたら，その論文が掲載されている最初のページ（今回のケースでは，47 頁）を開いてみて，間違いがないか確認してみましょう。

　これで目当ての記事・論文を読むことができるようになりました。必要な文献がいくつもある場合には，この作業を繰り返すことになります。このほかにもいくつか検索ツールがありますが，基本的な操作方法は同じです。また，各大学の図書館では，データベースの利用方法などの講習会が開催されていますので，積極的に参加してみて下さい。

2　レジュメの作り方

学生Ａ	「先生，探していた文献が図書館にありました。ありがとうございました」
教　員	「よかったね」
学生Ａ	「まだ，文献を読んでいないのに申し訳ないのですが，そもそも『レジュメ』って何ですか？」
教　員	「レジュメは，プレゼンテーションの際の資料みたいな感じです。授業でプリントが配られたりするでしょ？」
学生Ａ	「あぁ，あれのことですか」
教　員	「ポイントを指摘しておくから，文献をしっかりと読んだうえでレジュメを作ってみてごらん」

(1) レジュメとは？　　レジュメ（résumé）は，「要約」という意味のフランス語です。現在では，研究発表や講演などの内容をまとめたものを指します。後に説明しますが，皆さんがプレゼンテーションをする際の聞き手の手助けとなるものといえるでしょう。

　レジュメは，発表を聞いてもらうための補助資料ですから，細かすぎてはいけません。聞き手は，レジュメにばかり目がいってしまい，話を聞いてくれなくなってしまうからです。かといって，単なる目次にとどまったのでは補助になりませんし，図表だけでは，単なる資料になってしまいかねませんので注意が必要です。

　このほか，レジュメを作成する際には，飽きさせないことへの配慮も必要となりますので，報告内容を文字にするだけでなく，図表なども用いて変化をつけるとよいでしょう。最近の講義では，レジュメが配布されることが増えてきました。それらも参考に，読み手の立場に立ったレジュメ作りを心がけて下さい。

〈ワンポイントアドバイス〉

　①形式的記載内容
　・発表する講義名称
　・発表年月日
　・発表者の氏名
　・タイトル
　・参考文献
　②枚数は発表時間にあわせた適切な分量にする。
　③報告内容を活字にするだけではなく，図表なども用いる。
　④フォントやポイントも工夫する（強調する場所など）。

法学演習　　　　　　　　　　　　　　　　　　　　　○年△月□日

裁判員制度と量刑判断

法学部法律学科
△△　□□

1　裁判員制度とは

2　事実認定手続と量刑手続

（1）事実認定手続

（2）量刑手続

3　量刑資料

4　量刑判断の明確化

（1）量刑事情

（2）量刑相場

5　評議について

学生Ａ　「先生，作ってきました。」
教　員　「ちょっと，見せて下さい」
学生Ａ　「どうですか……」
教　員　「う〜ん。目次みたいになってしまっているね」
学生Ａ　「そうですね……」
教　員　「今回の課題では，制限時間が10分だし，もう少し内容を絞ってはどうだろうか。『裁判員制度と量刑』では，漠然としてるよ。あと表とかも入れてみてはどう？」
学生Ａ　「う〜ん……。どうしようかなぁ」
教　員　「文献を読んでみて，どこに一番興味をもったの？」
学生Ａ　「そうですねぇ。私たち，一般市民も量刑を判断するとなると，量刑のルールがある程度明確にならないといけないと思いま

した。判断要素やこれまでの量刑の傾向などです」

教　員　「なるほど。では，そのように直した方が，A君の問題意識が
　　　　　皆に伝わると思うけど」

学生A　「そっかぁ。直してみます。もう一度見ていただけますか？」

教　員　「いいですよ。頑張って下さい」

学生A　「はい。ありがとうございます。失礼します」

教　員　「あっ，ちょっと待って。せっかくだから，プレゼンテーショ
　　　　　ンについても説明しておきましょう」

学生A　「はい。プレゼンテーションをイメージしながら，レジュメを
　　　　　作り直した方がいいですもんね」

教　員　「そう。その通り。コーヒーブレイクをしながらやろう」

☕ Coffee Break ☕

プレゼンテーションのポイント

　プレゼンテーション（presentation）とは，「発表」という意味の英語です。ゼミ等を例にとれば，プレゼンテーションは，単に人前で話をするということにとどまらず，自分が学習してきた成果を的確に聞き手に伝えることが求められます。以下でポイントを示しておきますので，参考にしてみて下さい。英語には，"Practice makes perfect." ということわざがあります。事前に何度も繰り返しリハーサルを行なっておくことが成功の秘訣です。「ぶっつけ本番」は駄目なのです。

(1) 形式面
　①制限時間を守る。

　②必要に応じてパワーポイントなど発表の補助機材を用いる。

(2) 実践面
　①具体例を用いて話をする。
　②自分が理解していること，知っていることを話す。
　③短い文章で話す。
　④声量に変化を出す。
　⑤発表に対応しているレジュメの箇所を示す。
　「レジュメ○頁，上段の部分を説明しますので，△を見て下さい」。
　⑥原稿の単なる棒読みにならないようにする。
　⑦目線や表情にも気を配る。
　⑧聞き取りやすいペースで話す。
　　（1分で300〜350文字程度）

（2）レジュメの完成！？

法学演習　　　　　　　　　　　　　　　　　　　　○年△月□日

裁判員制度と量刑判断

―判断基準・判断要素の明確化―

法学部法律学科
△△　□□

1　はじめに
　　　◇量刑判断は「ブラック・ボックス」
　　　◇量刑判断の明確化の必要性

2　量刑判断

　（1）従来の方法
　　　　＝裁判官の裁量による適切な判断

　（2）裁判員制度下のルール
　　　　→量刑判断の合理化の必要性

3　量刑の判断要素

判断要素	考慮の可否
余　　罪	×
前　　科	○※
被告人の態度	○※
被害感情	○※
人種・性別	×

※考慮の際の注意事項は，口頭で説明する。

4　量刑動向と量刑ガイドライン

　（1）量刑動向の把握

　（2）量刑ガイドラインの導入

5　おわりに

【参考文献】

学生A　「いかがでしょうか……?」
教　員　「前より, 随分良くなっているよ」
学生A　「本当ですか!?」
教　員　「参考文献のところは, 先生によってはいらないという人もいるから確認してみるといいよ」
学生A　「はい, わかりました。今回は, たくさんの文献を読むことはできませんでした。検索してみると, どんどん読まなくてはいけないと思われる文献が出てくるんです」
教　員　「そうだね。慣れてきたら, たくさんの文献を読んで整理し, 発表するといいと思いますよ。内容に深みが出ると思いますし。基本的な作業は, 今回と変わりませんから, 自信を持って下さい」
学生A　「はい, やる気が出てきました」
教　員　「あとは, リハーサルを行なって, 本番に備えて下さいね」
学生A　「ありがとうございます。失礼します」

② 　判例, 判例評釈の検索

学生B　「先生, 授業中に言及された『所有権移転登記抹消登記手続』に関する判決はどのように探せばいいんですか?」
教　員　「冊子になっている判例索引を使ってもいいけど, 法律のデータベースを使うのが便利だと思うよ。データベースの使い方は分かるかな?」
学生B　「1年生の時の授業で一応話しは聞きましたが, 細かい操作方法までは覚えていません」
教　員　「それじゃ, 操作方法について教えるから, この機会に使い方を覚えておいて下さいね」

(1) 判例の検索方法　　判例の検索には, 冊子体の判例索引や電子媒体 (CD-ROM/DVD) の判例索引を利用することもできますが, データ更新時期の関係で, 最新の判例については収録されていない可能性があります。この点, **オンライン・データベース**は頻繁に更新されますので, 大学の図書館が有料データベースを契約していれば, データベースによる検索が最も能率的です。

ここでは，本書の別冊に収録されている民事判例の「所有権移転登記抹消登記手続請求事件」（平成15年（受）第1103号，民集第60巻2号546頁）を探してみましょう。その際，使用するデータベースとして，「**TKC法律情報データベース　LEX/DBインターネット**」の「**判例データベース**」（以下，LEX/DB）を例として説明します。

　LEX/DBでは，フリーワード（キーワード）による検索のほか，判決年月日，裁判所名，事件番号，法編，法条などからも検索可能です。今回探している判例の場合には，キーワードになる「所有権移転登記抹消登記手続」のほか，判決年月日，裁判所名，事件番号がわかっていますので，いずれによる検索も可能です。ただし，「所有権移転登記抹消登記手続」というキーワードを利用すると，多数の判例（1005件，2019年9月1日現在）が検索結果として表示されてしまいますので，事件番号の「平成15年（受）第1103号」を「判例データベース」の画面上にある「**事件番号**」の欄に入力して，右上の「**検索開始**」をクリックするのが最も簡便ではないかと思います。試しにやってみましょう。

■事件番号　　　　　※年数と番号は半角で，事件記録符号は全角で入力してください。

平成 ▼	15 ▼ 年（	受	事件記録符号一覧 ）第	1103 号

　「検索開始」ボタンをクッリクすると，この判決の詳細が表示されます。

選択	〔上段〕事件名／著名事件名　〔中段〕文献番号、判決年月日、裁判所名、事件番号、審級　〔下段〕判示事項・概要／裁決事項	直接表示へ
	所有権移転登記抹消登記手続請求事件	書誌 全文
1	28110488　平成18年 2月23日　最高裁一小法廷　平成15年(受)第1103号　　上告審　　判例PDF　　評釈	□ □
□	上告人が、自己の所有する本件不動産につき、本件不動産の登記済証及び実印を預かったAが上告人に無断でA名義の所有権移転登記を経由し、さらにAが本件不動産を被上告人に売却して被上告人名義の所有権移転登記を経由したとして、被上告人に対…	

この画面には，事件名，文献番号，判決年月日，裁判所名，事件番号，判示事項等が3段になって表示されていますが，右端の「**全文**」をクリックすると，判決全文が画面に表示されます。さらに，右上の「**印刷**」をクリックすると印刷することもできます。

今回は，事件番号がわかっていましたので，一発で必要な判例の原本を入手することができましたが，「○○についての判例を調べなさい」というような課題が出た場合には，**キーワード検索**を活用すれば，○○についての判例の候補を探し出すことができます。ただし，キーワードが一般的な用語の場合，相当数の判例が検索結果として表示されてしまいますので，さらに別のキーワードを入力して絞りをかけることもできます。具体的な方法としては，AとBについての判例を検索する「**AND検索**」，AまたはBについての判例を検索する「**OR検索**」，AであるけれどもBではない判例を検索する「**NOT検索**」があります。

あるいは，キーワードの入力に加えて，「**裁判所名**」の欄で最高裁判所の判例に限定したり，「**判決年月日**」の欄に年月日を入力して一定の期日以降の判例に検索対象を限定することもできます。

また，今回は最高裁判所の上告審の判決文のみを探しましたが，「**書誌**」のページには第一審，控訴審の判決原文へのリンクが張られていますので，必要があれば第一審，控訴審の判決文も入手することができます。

いずれにしても，データベースの操作については，「慣れ」が必要ですので，図書館が実施するガイダンス等があれば，是非参加してみて下さい。

(2) 判例評釈の検索方法　事例研究を行うゼミ等の演習の授業を履修していると，特定の判例についての報告を求められたり，

判例についてのレポートの提出が求められることがあるかもしれません。

　判例評釈の検索についても，判例の検索と同じく，冊子体の判例索引や電子媒体（CD-ROM/DVD）の判例索引を利用することもできますが，やはりオンライン・データベースによる検索が最も能率的です。

　先ほどの判例を例に取ると，判例の詳細が表示された画面右側の「**書誌**」をクリックすると，「**評釈所在情報**」が表示されます。この判例については，合計 36 本の評釈が見つかりました（2019 年 9 月 1 日現在）。それぞれの評釈については，収録されている雑誌の出典がありますので，それを手がかりに図書館等で探して入手できます。

　なお，一部の判例評釈については，「書誌」をクリックして表示される画面の左上にある「**判例評釈へ**」をクリックすると，「**判例評釈一覧**」が表示され，原本を PDF ファイルにて入手することもできます。判例研究のレジュメについては，148 頁以下を参照してください。

③　図書館の活用

1　大学図書館

　皆さんがレポートの作成，ゼミの報告，卒業論文で必要な資料収集のために利用する場所としては，まず大学の図書館が挙げられます。多くの大学の図書館では，コンピュータを利用した検索システム（**OPAC**（Online Public Access Catalog），オーパック）が導入されています。検索方法については，システムによって違いがありありますが，基本的には書名，著者名，キーワードなどで，大学図書館が所

蔵している文献（書籍，雑誌など）を探し出すことができます。また，システムによっては目的の資料の所在，また資料の状態（在架，貸出中）が表示されたり，貸出中の場合には予約できる場合もあります。

いずれにしても，自分の大学図書館を使いこなすのは基本中の基本ですから，図書館に置いてある利用案内を読むほか，ガイダンス，講習会等に出席してみることをお勧めします。

2 他大学図書館

大学の図書館に資料がない場合，他大学の図書館と相互利用で協力している場合があれば，他大学の図書館を利用することができます。この場合，他大学の図書館へ出向いて閲覧するだけなのか，貸出も受けることができるのかは相手先図書館との協力関係により異なります。また，直接出向かなくても，自分の大学図書館を窓口として，複写・取り寄せサービスを実施している場合もあります。直接出向く場合には自分の大学の紹介状が必要となる場合があるほか，複写・取り寄せサービスの場合には実費が必要な場合もありますから，詳細については自分の大学の図書館に確認しましょう。

なお，他大学の図書館に所蔵されている書籍，雑誌の有無を調べるには，国立情報学研究所のデータベース「**NACSIS-Webcat**」（http://webcat.nii.ac.jp/）を利用すれば，どの大学の図書館に目的の資料が所在しているか分かります。

3 国立国会図書館

国立国会図書館は，「**納本制度**」に基づいて日本で出版された資料が網羅的に収集されており，2018年度末の蔵書は，図書が約1135万冊，逐次刊行物（雑誌・新聞）が約1854万点に上っています

(国立国会図書館「国立国会図書館年報（平成30年度）」統計による。）。東京本館のほか，2004年には京都府に関西館が開館しました。

　国立国会図書館は，満18歳以上であれば利用資格があります。利用方法としては，国立国会図書館へ直接出向いて，目的の資料を閲覧，複写（「複写サービス」）するほか，**「図書館間貸出制度」** に加入している図書館を窓口として，国立国会図書館の資料を借受図書館内で閲覧することもできます（複写利用について承認されている場合には複写も可）。また，**「遠隔複写サービス」** も実施しており，来館せずに複写を申し込み，郵送・宅配便で複写製品を受け取ることもできます。

　国立図書館の蔵書については，**「国立国会図書館蔵書検索・申込システム（NDL-OPAC)」** により，明治以降の日本語図書，洋図書，雑誌，新聞，博士論文などを検索することができます。詳細は，国立国会図書館のホームページ（http://www.ndl.go.jp/index.html）を参照して下さい。

〈Step up〉
山口弘明『プレゼンテーションの進め方〔新版〕』（日本経済新聞社，2001）
西野喜一『法律文献学入門　法令・判例・文献の調べ方』（成文堂，2002）
いしかわまりこ＝藤井康子＝村井のり子『リーガル・リサーチ〔第5版〕』（日本評論社，2016）
阿部博友＝小林成光＝高田寛＝高橋均＝平野温郎『世界の法律情報：グローバル・リーガル・リサーチ』（文眞堂，2016）
田高寛貴＝原田昌和＝秋山靖浩『リーガル・リサーチ＆リポート』（有斐閣，2015）
ロー・ライブラリアン研究会『法情報の調べ方入門―法の森のみちしるべ』（日本図書協会，2015）

8 答案・レポートの書き方

　法学部では，成績評価のために，定期試験のほか，レポート（小論文）を書くことが求められます。とくに，論述問題やレポート（小論文）では，日ごろの学習の成果を文章にして表現することが求められます。

　これまでの学習でも，わかっていたつもりが，いざ問題を解いてみると，正解を導くことができなかったといった経験は，誰もがしていることでしょう。講義を聞いて知識を得たり，法的問題点を理解したと思っていても，それを答案に記すことは簡単ではないのです。

　その理由はどこにあるのでしょうか。インプットが不十分なことに原因があるのでしょうか。それとも，単に文章を書くことが不得意なだけでしょうか。レポートの場合には，インプットが不十分であれば著書や論文などを見ながら取り組むことができるわけですから，それだけが原因ではないようです。また，法学は社会科学ですから，文学的で芸術性の高い文章を書くことが求められているわけではありません。

　では，どこに本質的な原因があるのでしょうか。端的に言えば，まだ皆さんが答案やレポート（小論文）を書くための方法論を知らないだけなのです。とりわけ，後者には，書くにあたっての守るべきルールがあるため，注意が必要です。結局のところ，皆さんに求められるのは，方法論をマスターしたうえで，ルールを守りながらインプットとアウトプットを繰り返して仕上げていくことです。これはさほど難しいことではありません。

　そこで，本章では，「これだけは知っておいて欲しい」，「これだけのルールは守って欲しい」というポイントを中心に説明していきますのでマスターして下さい。

1 答案の書き方

1　定期試験の特徴

　皆さんはこれまで，何度も定期試験を経験するとともに，高校入試や大学入試を受験してきたことと思います。高校入試や大学入試と定期試験との違いは，前二者は，合否を積極的に認定する必要があり，不合格者が出ることが多くのケースで必然的に予定されているのに対して，後者は，講義の内容についての理解度を答案に示すことが求められるのであって，不合格者が出ることを出題者は望んでいるわけではないという点にあります。教員サイドとしても，受講生に合格者（単位取得者）が多く出れば出るほど，講義に安心と充実感が得られますし，他方，合格答案が少ない場合には，受講生に努力を促すだけでなく，自ら講義の内容・方法を反省しなければなりません。その意味では，単位取得は，学生・教員双方の努力や理解度・伝達度を図るバロメーターでもあるのです。

　また，入試では，過去問などを調べて出題傾向やレベルを知っておく必要がありますが，定期試験で重要なのは，先ほども述べましたように，講義の理解度を答案に示すことですから，講義に出てノートをとることが一番の近道です。

では，講義を聞いて，ノートをとれば試験をクリアーできるかといえば，残念ながらそれだけでは不十分です。その理由は，法学部の定期試験では，これまでに何度も経験してきた穴埋め問題や選択問題のほかに，語句説明や論述問題も多く出題されるからです。とりわけ，論述問題は，頭でわかっていても，いざ文章にしようとするとなかなか難しいものですし，単なる作文とは違いますから，解答の手法を押さえておかなければなりません。

　以下では，すでに経験済みの穴埋め問題や選択問題を概観するとともに，新しく経験するであろう語句説明や論述問題について，対処方法をみていきたいと思います。

2　穴埋め問題・選択問題

　穴埋め問題や選択問題といった問題形式は，大学での定期試験のほか，公務員試験や各種資格試験でも多用されています。

　以下では，具体的イメージを掴んでもらうために，いくつか問題を出していますが，問題自体の内容を理解し，正解を導くことがここでの目的ではありません。正解か不正解かではなく，出題形式を知り，今後の学習のポイントを把握することが大切です。

| 穴埋め問題 | 　穴埋め問題は，当該学問のテクニカルタームやその内容を示すためのキーワードを虫食いにして出題 |

する方法です。出題例を見てみましょう。

> 問　以下の①〜②の（　）に適切な語句を入れなさい。
>
> 　わが国の刑法には，犯人から金銭その他の財産を奪う刑罰として，財産刑が存在する。財産刑は，（①），（②），没収の3種類あり，（①）は1万円以上の金銭を，（②）は1000円以上1万円未満の範囲で，金銭を支払わせる刑罰である。

前記問題は，刑事系科目のうち，とくに刑法の刑罰に関する問題です。刑罰には，死刑，懲役，禁錮，拘留といった人身刑のほか，罰金，科料，没収といった金銭その他の財産を奪う財産刑もあります。本問は，後者について，条文に即して出題したものです（正解が気になる人は，刑法15条，17条を見て下さい）。

法学は，法規が基本ですから，講義の中で重要なものとして取り上げられた条文は，六法などにマークするなどして押さえるようにして下さい（この点は，学習の際の1つのポイントでもあります。）。

選択問題　選択問題は，いくつかの選択肢の中から，正しいもの，あるいは間違っているものを選ぶ出題方法です。出題例を見てみましょう。

問　わが国の立法過程に関する次の1から3までの各記述のうち，誤っているものを1つ選びなさい。

1. 内閣は，法律の規定を実施するため，政令を制定することができる。
2. 内閣は，条約を締結するに際しては，必ず事前に，国会の承認を得なければならない。
3. 衆議院で可決し，参議院でこれと異なった議決をした法律案は，衆議院で出席議員の3分の2以上の多数で再び可決した場合には，法律となる。

上記問題は，皆さんが中学や高校の社会科で勉強したわが国の立法過程に関する問題です。法学の分野では，憲法の領域の問題となります。いずれも憲法の条文に規定がありますが，条文を正確に読み，どこが間違っているのかを導くことが求められます（正解が気になる人は，憲法73条6号，73条3号，59条2項を見て下さい）。

3　論述問題

論述問題は，出題された問題に対して，文章で解答することが求

められます。ここでは、法的知識のほか、理解力や論理力など、総合的な力が求められます。論述問題は、大別すると、①**事例問題**、②**一行問題**、③**見解論評問題**があります。また、論述問題とまではいえませんが、語句説明が求められる場合もあります。解答に際しては、それぞれ押さえておくべきポイントがありますので、どういった出題がなされるのかイメージを掴むとともに、解答のためのポイントを捉えて下さい。

事例問題

　　　事例問題とは、抽象的な法概念や法の原理・原則を直接問うものではなく、具体的な事例の法的解決が求められる問題です。この出題形式では、具体的な事例の解決をはかる過程で、①適用可能性のある規定および制度趣旨、②類似の事案や関連する事案の判例、③学説における法解釈などの検討を展開し、自身の帰結を導くことが求められます。

　解答の際に重要なのは、抽象的な法的問題ではなく、具体的な事例の解決が求められているという点です。つまり、事例問題に具体的に掲げられている一言一句を注意深く読み、事案を具体的にイメージしながら、条文を示して解釈し、当てはめを行って法的解決を導く必要があるわけです。

　出題例を見てみましょう。

> 問　Xは殺意をもってAを殺害したが、その直後にお金が欲しくなり、Aが所持していた財布から現金を抜き取り自分の物にした。Xにはどのような犯罪が成立するか。

　上記問題は、刑法の問題です。問われているのは、Xの罪責ですから、Xの行為を1つ1つ分析し、どのような罪に該当するのかを示すことが求められます。皆さんは、Xの行為が殺人罪に該当することはすぐにわかるでしょう。では、その後にお金が欲しくなりA

の財布から現金を抜き出した行為は，どのような犯罪になるのでしょうか。

　少し内容に入ることになりますが，刑法235条が規定する窃盗罪は，他人の占有する財物をその意思に反して奪う犯罪です。万引きやスリなどをイメージしてもらうとよいでしょう。しかし，上記問では，Aが死亡しているため現実的な支配を認めることができず，Aの占有は認められないはずです。そこで，他人の占有下にない物を領得する占有離脱物横領罪（刑法254条）が成立するようにも思われます（落とし物を自分のものにしてしまうといった感じです）。いずれの犯罪に該当するかで成立要件が異なり，立証内容も変わりますし，科される刑罰に差が生じますから，議論になるのです。

　この点については，死者の占有は認められないから占有離脱物横領罪の成立を認める見解もありますが，殺害直後の奪取行為については，犯人が被害者を死亡させたことを利用してその財物を奪ったという一連の行為を全体的に評価して，窃盗罪を構成するというのが判例です。学説も，前に述べたように占有離脱物横領罪の成立を認める見解のほか，判例と同様に窃盗罪を認める見解も有力に主張されています。

　このように，事例問題では，行為に法を適用する際に，議論がある場合（論点・争点がある場合）には，なぜ議論する必要があるのかを示したうえで（たとえば，解釈如何によっては結論が異なるなど），判例・学説などの解釈を展開し，規範的命題を導き出して，事案（Xの行為）にあてはめていくことになります。なお，登場人物が多数いたり，権利関係が複雑にからみあう事案においては，簡単な図を書いて整理するとよいでしょう（☞「抽象的な理論と現実問題の解決」12頁）。

なお，事例問題についてはより詳細で具体的な答案の書き方を載せていますので（☞「6 答案を書いてみよう」208頁），そちらで実践してみましょう。

一行問題 　　一行問題とは，制度や法概念，法の原理・原則などが問われる問題です。文字通り，一行程度で問題が構成されています。一行問題は，概念の説明を求めるもの，制度の比較を求めるもの，原則と例外の検討を求めるものなど，多岐にわたります。そこで，一概に説明することは難しいのですが，一行問題では，単なる知識の羅列ではなく，出題された制度や法概念，法の原理・原則の趣旨，類似の概念・原理・原則との相違点，これらが議論の対象とされた判例・学説などを論じることが求められます。

解答する際に重要なのは，各種制度のほか，抽象的な法概念や法の原理・原則が出題されているのですが，法学は，単なる抽象的議論のためにあるのではなく，具体的な問題に直面した際に，どのように解釈・適用するかが目的となります。それゆえ，一行問題の場合でも，答案の中に判例での事例を含めた具体例を挙げて検討することができればよりよいものになるでしょう。

具体的問題を見てみましょう。

問　刑事訴訟における挙証責任について論じなさい。

上記は，刑事訴訟法の問題です。細かい点まで説明することはできませんが，道筋を示すために必要な範囲で説明します。上記では，まず，「挙証責任」とは何なのかといった概念を説明する必要があります。ごくごく簡単にいえば，挙証責任とは，ある事柄を立証できなかった場合に，不利益な判断を受ける当事者の法的地位をいいます。刑事事件では，「疑わしきは被告人の利益に」の原則のもと

で，基本的に，検察官が挙証責任を負うわけです（たとえば，殺人罪で起訴された事件の場合，検察官が被告人の殺意を立証できなければ，殺意はなかったものとされます。）。その際，法解釈の大前提となる根拠規定を示しておくことは必要不可欠です（憲31条，刑訴336条後段）。

このように，原則として，挙証責任は検察官が負うのですが，例外的に被告人側に挙証責任が転換される場合があります。たとえば，刑法230条の2の名誉毀損における事実の証明（摘示事実の真実性）があります。条文には，「前条第1項の行為が……，事実の真否を判断し，真実であることの証明があったときは，これを罰しない」とありますから，被告人が挙証に失敗すると，「疑わしきは被告人の利益に」に反して，罰せられることになりかねません（「疑わしきは被告人の不利益に」）。そこで，憲法31条に違反するといった上記規定の合憲性が問題になるのです。

そうすると，合憲性を認めるためには，説得的な理由（根拠）が必要になるはずです。すなわち，被告人に挙証責任を負わせることが例外的に合理性をもちうる特別の場合といえるかが検討されねばなりません。では，どのような場合であれば合理性が認められるのでしょうか。そこでは，この点について，議論している判例・学説を検討する必要が出てきます。こうした一連の検討を経て，自身の見解をまとめあげて解答を結ぶ，これが一連の流れです。

やや大雑把な説明になりましたが，一行問題では，概念などを明示し，法的議論が必要なところでは，判例・学説を用いて議論し，結論に至るというプロセスが必要になるのです。

> **課題** 死刑制度の存廃について論じなさい。

なお，挙証責任について，以下のような出題がなされることもあります。

問　次の語句について，簡単に説明しなさい。
　　挙証責任

先ほどの問題とどこが違うのでしょうか。本問では，挙証責任について論じることまでは求められず，**語句説明**が要求されているにすぎません。このような場合には，先に説明した箇所のうち，「挙証責任とは，ある事柄を立証できなかった場合に，不利益な判断を受ける当事者の法的地位をいいます。刑事事件では，『疑わしきは被告人の利益に』の原則のもとで，基本的に，検察官が挙証責任を負う（憲法31条，刑訴法36条後段）」程度の説明ができれば十分です。ちょうど，辞書等で語句の意味を引いた際に載っている程度とイメージしてもらうとよいかもしれません。当該語句を説明する範囲内で解答すれば足りるのです。

見解論評問題　　見解論評問題とは，ある問題・議論に対して示された見解が問われる問題です。この出題形式では，提示された見解の是非などを論じ批評することが求められます。

解答する際に重要なのは，まず当該見解を正確に理解することです。ここで躓いてしまっては，元も子もありません。まず当該見解が何を言わんとしているのかを押さえなければなりません。単に表面的な字面だけを追うのではなく，時代背景等も考慮する必要性が生じることもあります。

次に，当該見解に従った場合のメリット・デメリットの分析が必要です。ある問題・議論に対して，この見解がどのような効果・帰結をもたらすのかを検証するのです。そして，最後に，これらの検討を踏まえて，この見解を支持できるのか否か，また支持するため

の条件は必要か否か，必要であればどのような条件かなどを検討することが求められます。

> **問**「永住外国人に選挙権を与えるべきである」との見解について論評しなさい。

　前二者と比べて，見解論評問題の出題頻度は低いですが，パターンに慣れておくことは有益です。その際，新聞の社説欄などの論じ方は参考になるでしょう。前記出題方式では，ある議論に対する相手の見解を理解したうえで，法を解釈し，自説を展開するという視点が重要となります。「ゼミナールの活用」（☞138頁以下）で紹介されているゼミでのディベート方法と通じるものがあるでしょう。

> **課題**「冤罪（えんざい）のおそれが否定できない以上，死刑制度は廃止されるべきであり，代替刑として終身刑の導入が望ましい」との見解について論評しなさい。

4　答案完成までの道のり

　以上，各出題別にポイントをみてきました。おそらく，皆さんが一番悩むのは，3の論述問題だと思います。頭ではわかっていても，実際に上手く答案に書けないということはよくあることです。

　では，成績のよい人は，誰しも文章を書くことが上手な人なのでしょうか。たしかに，私たち教員が採点していても，本当に上手い文章の学生はいますし，文才を感じることもあります。しかし，文才がなければ解答できないという

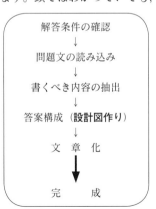

解答条件の確認
↓
問題文の読み込み
↓
書くべき内容の抽出
↓
答案構成（**設計図作り**）
↓
文　章　化
↓
完　　成

のでは，理解度を測るための試験として相応しくありません。論述試験は，決してそのようなものではないのです。どのように書いていくか。その道のり（プロセス）を押えているか，否かの違いでしかありません。

　では，どのように書いていけばよいのでしょうか。フローチャートに沿って説明していきます。

解答条件の確認

　はじめに，当たり前のようですが，解答する条件を確認することです。たとえば，筆記用具は，「ペンのみ」，「黒ペンのみ」などと条件が付されている場合があるからです。こうした場合，何でも書けばよいのではありません。ルールを守らない答案は，スタート地点で躓いてしまっています。落ち着いて確認して下さい。

読み込み・抽出

　次に，問題文を何度も読むことです（読み込み）。論述試験での手がかりは，皆さんが勉強してきた知識と問題文だけです。習得した知識は，勉強量によってそれぞれですが，問題文は，全員に共通して与えられている「ヒントの宝庫」ですから，一度読んですぐに書き始めるのではなく，何度も読み返し，書くべき内容を順番を気にせずにピックアップしていって下さい。

設計図作り？

　もっとも強調したいのが，「設計図作り」です。「設計図」と聞いただけでは何のことだかわからないでしょうから，家を建てるプロセスを例に考えてみたいと思います。

　家を建てるに際し，木材やのこぎりなどの資材・道具があり，大工さんがいれば家は完成するでしょうか。大工さんは，どの資材をどこに使用するかわかりますし，当然，道具の使い方も熟知してい

ます。しかし，建築の依頼主がどのような仕組み・形状の家に組み立てることを求めているかはわかりません。つまり，資材，道具，大工さんが揃っているのですから，好き勝手に作れば家は完成するかもしれませんが，建築の依頼主が希望するような家は完成し得ないのです。なぜでしょうか。それは，「設計図」がないからです。資材，道具，大工さんに「設計図」が加われば，大工さんは「設計図」に従って，依頼主が希望する家を組み立てていくことができるのです。

答案構成　これを答案を書く皆さんに置き換えてみましょう。この場合，資材が「勉強してきた知識」，道具が「ペン」，大工さんが「皆さん」となります。この3者が揃えば何とか書き上げることはできるかもしれません。しかし，**出題の意図**（建築の依頼主の要望）にそった解答ができるかは疑問です。問題文から読みとった出題の意図にそった形で答案を完成させるためには，設計図，つまり，どのように書いていくのかという「**答案構成**」が必要になるのです。この「答案構成」をしないために，あっちにいったり，こっちにいったりする答案になってしまい，採点者を「本当にわかっているのだろうか」と疑心暗鬼にさせてしまうのです。

　試験には，制限時間がありますから，あせる気持ちはわかりますが，落ち着いて問題文を読み，書くべき内容を思い出せるだけ順不同で箇条書きにピックアップし，さらにどの順番で書いていくのか，簡単な目次みたいなものを答案用紙の余白でかまいませんので作ってみて下さい。それが答案構成です。第一次的答案構成ができれば，頭の中はかなり整理されているはずです。最初に出し切れなかった知識をその答案構成に書き足していけば，かなりしっかりとした「設計図」ができるでしょう。

| 設計図の確認 |

設計図ができると必然的に書く順番も決まってくるわけですが，その順番に間違いがないか，論理の飛躍はないかを確認します。Aの次はB，Bの次はCという流れが大切です。Aの次にCが来ている答案には，論理の飛躍はないか，何か抜け落ちていないか確認しましょう。

法学では，論理的な思考が求められます。答案構成は，一見すると，面倒くさく，遠回りのように見えますが，論理一貫した解答の作成への近道なのです。

| 文 章 化 |

これらの工程が終わりましたら，後はその設計図を見ながら，どんどん書いていくだけです。これだけの準備ができた答案は，採点者にとって非常に読みやすいものになっています。多少の書き間違いや誤解があっても，筋が通っていて，**幹**がしっかりとしているわけですから，採点者からしてみれば，そんなことは**枝葉**の問題であって，さほど気にはなりません。実際に採点をしていますと，答案の片隅に答案構成をした答案に出会います。そうした場合，採点前からよい答案の香りがするわけですが，ほぼ例外なく，読み易く，よくできた答案が多いです。

家を建てる話に戻ると，誤解を恐れずにいえば，大工さんの腕が悪くても，設計図に沿って作ってくれさえすれば，完成した家は依頼主の希望からそれほどかけ離れた物にはならないはずです。つまり，大工さんの腕がよければ，よりよい家が完成するかもしれませんが，仮に悪かったとしても許容範囲の家はできるでしょう。これを答案に置き換えてみると，たしかに，文才のある学生が書いた答案は，よりよい答案になるかもしれませんが，仮に，文才がなくても答案構成ができていれば，十分な答案が完成するのです。あとは，皆さんのもつ素材（勉強してきた知識）が充実していれば，よりよい

答案になっていくといった感じでしょうか。

　解答者としては，出題と関係のない知識でも，せっかく勉強したのだからと書きたくなる心情はよくわかります。山が外れたり，知識が乏しい場合などはとくにそういう気持ちになるでしょう。しかし，せっかく設計図ができたのに，余分なものを書いてしまっては，やはり完成品の見栄えはよくありません。「ここにこんな物が付いているのはおかしい」となってしまいます。アートとしてはよいかもしれませんが，法学は社会科学です。出題に答えるという必要な範囲で解答するようにしましょう。

　ただし，簡潔に書けばよいというものでもありません。たとえば，出題者は，論述問題を作るときに，ある程度，必要な分量を想定しています。そこで，「裏まで書いてよい」という場合，通常は当該問題を論じる場合には，裏までかかってしまうだろうという思いが入っています。普通に書けば裏までいくだろうと。その場合には，裏まで書くことが大事になってきますし，答案構成を見直して，どこか書くべきことが抜け落ちていないか再検証してみましょう。もっとも，わからないことを適当に長く書くよりは，たとえ分量が少なくても，わかっているところをきっちりと書いた方が好印象です。書いてる本人がわかっていないことを読み手に「わかって」と言っても無理な話です。

　なお，**箇条書き**の答案も散見されますが，きちっと文章にする必要があるということはいうまでもありません。

5　設計図の構成と内容

　先ほどから何度も「設計図」を書いて下さいと繰り返してきました。「設計図の大切さはわかったし，それに沿って書けば何とかな

りそう」といった感じになってきたのではないでしょうか。そうだとすれば、次に、必要となるのは、「では、どうやって設計図を書いたらよいのか」でしょう。

　法学分野において求められる文章は、文学的なものではありません。つまり、法学では、芸術的・情緒的表現や趣深い文章構成は求められておらず、法に基づいた正確な文言を用い、気を衒わずオーソドックスな文章構造で説得的に書くことが大切です。あくまでも法的議論ですから、論理的・実証的に説得力のある議論の展開が必要とされます。とりわけ、学生が悩むのは、どのような流れで文章を書けばよいのかという文章構造でしょう。「わかっていたけれど、上手く書けなかった」という悩みはよく耳にするところです。

　オーソドックスな文章構造として古くから指針とされてきたのが、「序論・本論・結論」、「起承転結」などの手法です。これらは、基本中の基本であると同時に、論述問題の答案では、必要（十分）条件ともいえますから、マスターして欲しいと思います。

序論・本論・結論

序論・本論・結論とは、論述問題の答案やレポート（小論文）のもっとも基本的な構成パターンといえます。レポート（小論文）では、序論として、一定のテーマに即した法的問題から始まり、本論で法的議論を展開し、結論では、本論での法的議論を踏まえて序論での法的問題に答える（あてはめ・法的判断を行う）というプロセスをたどります。

　まず、**序論**では、何が問題となるかを抽出することが必要です（論点・争点の抽出）。言い換えれば、なぜ本論で法的議論をしなければならないのかを明らかにしなければなりません。序論を受けて、**本論**では、法的議論を展開することになります。具体的には、判例や学説などを中心に検討していくことになります。**結論**では、事例

にあてはめて法的判断（結論）を示したり，私見を述べることが求められます。

起承転結 についても，文章を書く基本として，一度は聞いたことがあるかと思います。起承転結は，誰が編み出したのかは不明ですが，漢詩などの絶句の構成作法として伝承されてきました。起句で内容を歌い起こし，承句で起句を承け，転句で詩意を転じて，結句で全体を結びます。これを文章を書く作法に応用しているのです。

この作法を，法的判断を説得的に根拠づけて提示する過程（紛争を法的に解決する過程）に応用しますと，およそ次のようになります。まず，「起」で与えられた法的問題について，何が問題となるのか（論じるべきポイント）などを挙げます。次に，「承」で自分の採用する考え方（見解）以外の説（他説）について，根拠・利点などを「起」を承ける形で整理しておきます。「転」では，先の「承」で挙げた他説を採用しない理由を挙げ，「結」で自説とそれを支える積極的根拠を明示し，提示されている具体的事案にあてはめて結論を導きます。**法的な意味での起承転結**とよぶことができるでしょう。

起承転結については，こうした構成にする必然性はないとする見解もあります。おそらく，その理由は，起承転結のうちの「承転」にあるように思われます。つまり，「転」というのは，本来，話の内容を大きく転じる箇所になるわけですが，法的論証では，必ずしもそれが必要であるとはいえないからです。むしろ，上記「転」で書くべき内容である他説への批判などは，「承」のところで記述すればよいとするのです（もっとも，構成の問題は別にして，反対説を検討することで自説の説得力が増しますし，反対説はいわば相手方の言い分ですから理解しておく必要があります。裁判での相手方とのやり取りを思い浮

かべてもらうとよいでしょう）。このように，起承転結における「転」の意味を厳密に解すれば，「起承結」となり，先の序論・本論・結論と同じ構成になります。

なお，文章を書く構成としては，法的文章という意味での起承転結と「序論・本論・結論」＝「起承結」に大きな違いはありません。

6　答案を書いてみよう

> **設問**　Aは，甲土地近くに新しく開通する新幹線の駅ができるという情報をインターネットで見て，この土地が値上がりすると思って，その所有者であるBに事情を話したうえで購入を申し出たところ，Bは，ちょうど現金が必要であったことから，売却を承諾して，甲土地を1億円で売買する契約がAB間で締結された。ところが，その後，Aの得た情報は誤りであることが判明した。そこで，Aは，錯誤を理由に，その意思表示の取消しを主張できるだろうか。

（1）問題を読んだら，答案構成を考えよう

論じるべき問題（争点）の発見

まず，当事者の関係図を描くなどして事実関係を整理して，どのような法的問題が問われているかを発見しましょう。試験問題の作問者は，答えてほしいと考えている論点を念頭において問題を作ることが一般的です。そこで，問題文をよく読むと，その中に答えるべきポイントが隠されていることがよくあります。普段から講義に出席して，きちんとその講義科目について勉強していれば，そのポイントは容易に発見できるでしょう（講義では，試験問題のヒントが与えられることも多いので，自分でメモを取りながら受講することが大切です）。

前掲の［設問］では，錯誤（民法95条）について述べなければならないことは，すでにその問題文から明らかですので，これに沿っ

た解答をしなければなりません。問題文は，読み飛ばさずに，最後まできちんと読む必要があります。与えられた問題に沿った解答ができなければ，いくら頑張って解答を書いても，零点になる可能性があるからです。たとえば，前掲の［設問］について，Aはだれかに騙された可能性があるというような「第三者の詐欺」についてのみ論じても，問題に正面から答えたことにはなりません。このような誤った解答の例が次のようなものです。

×　問われている問題に正面から答えていません。

解答用紙

　Aは，「甲土地近くに新幹線の駅ができる」という誤情報をつかまされて騙された被害者であり，民法96条2項に基づいて，保護されるべきである。Bは，調べれば，自分の土地の近くに，新幹線の駅ができないことを知ることができた。そこで，Aは，Bとの契約を取り消せる。

×　問題文にない事実を勝手に決めつけてはいけません。場合分けして考えましょう。

IRAC（アイラック）という定式

前掲の［設問］は，錯誤に関する伝統的な考え方からすれば，典型的な「動機の錯誤」に関する問題です（わからない用語があれば，法律用語辞典で調べるとよいでしょう）。では，どのような順にこの問題を論じていくのがよいのでしょうか。

　事例問題に答えるには，「IRAC（アイラック）」という定式がよく知られています。これは，Issue（問題の所在：争点），Rules（ルール：根拠条文，判例・学説），Application（あてはめ：要件を満たす事実の有無の検討），Conclusion（結論）の4つの単語の頭文字です。事例問題の解答には，この4つのポイントをきちんと押さえて書いて

いく必要があることを示しています。

(2) 根拠となる条文を挙げて問題に答えよう

　前述のように問題を発見したら，次は，根拠となる条文を見つけ出す必要があります。法律家になるには，憲法および法律に照らして，問題を解決することができるようになる必要があります（憲法76条3項）。

　2020年4月1日以降になされた意思表示については，民法（債権関係）改正（平成29年法律第44号）により改正された民法95条が適用されるので，以下では，この改正後の条文によって述べることにします。同条1項2号は，「表意者が法律行為の基礎とした事情」についての錯誤について規定しており，［設問］では，この条文の適用が問題になります（詳しくは，民法総則の教科書を読んでみましょう）。売買契約の問題だからといって，民法第3編第2章「契約」の規定を探しても，問題を解決する条文を見つけられないのです。これは，民法典が「パンデクテン方式」によって編纂されているからです。売買契約の問題であっても，第3編第2章「契約」の規定ではなく，意思表示に関する一般規定がある第1編「総則」を探さなければなりません。法典の体系を意識して，総則（民法1編）と各則（民法2〜5編）を行き来して条文を探せるようになる必要があります（慣れていないうちは，六法には，後ろに，事項索引がついているものが多いので，条文を発見するのにこの事項索引を利用すると便利です）。

　民法95条1項によると，「表意者が法律行為の基礎とした事情についてのその認識が真実に反する錯誤」（2号）が，「法律行為の目的及び取引上の社会通念に照らして重要なものであるとき」（柱書）には，意思表示を取り消すことができるものとされています。［設問］では，「甲土地を1億円で買いたい」という表示自体には，内

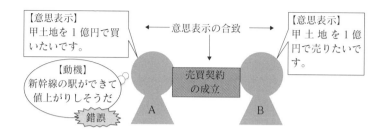

【意思表示】
甲土地を1億円で買いたいです。

←――意思表示の合致――→

【意思表示】
甲土地を1億円で売りたいです。

意思表示の合致
↓
売買契約の成立

A　　　　　B

【動機】
新幹線の駅ができて値上がりしそうだ

錯誤

心との食違いは認められず，「意思表示に対応する意思を欠く錯誤」（同条1項1号）はありません。そうではなく，Aの錯誤は，その意思表示を行う際に基礎とした事情，すなわち，「甲土地近くに新幹線の駅ができて値上がりする」と思っていたところ，実際には，そのような事実はなく，その認識が真実に反することにあります。上の図にあるように，これは，伝統的な考え方からは，意思表示の前提となる動機に錯誤があると分析され，動機の錯誤は，改正前の民法95条にいう「要素の錯誤」にあたるかどうかが問題とされてきました。これに対して，改正条文では，動機の錯誤は，先に述べたように，民法95条1項2号によって規定されているので，一見，解答するのは簡単のようにもみえます。しかし，同条を適用するにも，「表意者が法律行為の基礎とした事情についてのその認識が真実に反する錯誤」にあたるかどうか，その錯誤が「法律行為の目的及び取引上の社会通念に照らして重要なものであるとき」といえるかどうか，さらには，表意者が法律行為の基礎とした「事情が法律行為の基礎とされていることが表示されていた」（同条2号）といえるかどうかを，問題文によって与えられた事実について，慎重に判断する必要があります。特に，「表示されていた」の意味をめぐって，従来の判例を踏まえた議論があるので，このような議論がある点については，判例・学説に注意して論じる必要があります。

このように，事例問題の多くは，単に適用条文を発見して示すだけでなく，条文の解釈を通じてその解決策を考えねばならないというものです。そこで，六法を参照して，単に条文を引用した（＝書き写した）というだけでは答えたことになりません。このような不足した解答の例が次のようなものです。

△　根拠条文を挙げることはできています。しかし，単に引用しているだけなので，部分点がせいぜいです。

解答用紙

　Aは，近くに新幹線の駅ができると勘違いしており，その「表意者が法律行為の基礎とした事情についてのその認識が真実に反する錯誤」（民95条1項2号）に当たって，取り消すことができる。

×　他の要件を満たしているかどうかの検討が不足しているので，「基礎とした事情」について錯誤があるにしても，取り消すことができるとはいえません。

　ここでは，動機の錯誤に関する理論的な問題には深入りしないものの，たとえば，最判昭和29年11月26日民集8巻11号2087頁は，「動機は表意者が当該意思表示の内容としてこれを相手方に表示した場合でない限り法律行為の要素とはならない」ものと述べています。また，最判平成28年1月12日民集70巻1号1頁は，「意思表示における動機の錯誤が法律行為の要素に錯誤があるものとしてその無効を来すためには，その動機が相手方に表示されて法律行為の内容となり，もし錯誤がなかったならば表意者がその意思表示をしなかったであろうと認められる場合であることを要する。そして，動機は，たとえそれが表示されても，当事者の意思解釈上，それが法律行為の内容とされたものと認められない限り，表意者の意

思表示に要素の錯誤はないと解するのが相当である」と述べています。改正前の条文に基づく判断ですが，これらを参考にすれば，前掲の［設問］については，IRAC の定式に従って，たとえば次のような解答が書けるでしょう。

解答用紙

　本問では，「甲土地を１億円で買う」というＡの意思表示には，内心と表示との間に食違いが認められない。しかし，このような意思表示をしたのは，甲土地の近くに新幹線の駅ができると誤信したためであり，その内心を形成するに至った動機において，真実に反する認識があった。そこで，本問においては，Ａにおいて，民法 95 条 1 項 2 号にいう「表意者が法律行為の基礎とした事情についてのその認識が真実に反する錯誤」（以下，「動機の錯誤」という。）があるとして，その意思表示を取り消すことができるかどうかが問題になる。Ａの動機の錯誤は目的物の価格にかかわるものであって「重要なもの」（同条 2 項）といいうるが，問題となるのは，「その事情が法律行為の基礎とされていることが表示されていた」（同条 2 項）といえるかどうかである。そこで，以下において，この要件を検討する。

　判例は，動機は，たとえそれが表示されても，当事者の意思解釈上，それが法律行為の内容とされたものと認められることを要求する。たとえば，「近くに新幹線の駅ができる」というＡの動機は，表示されていなければ相手方Ｂがこれを知りえないのであり，そのような動機の錯誤を理由に意思表示が常に取り消しうるものになるとすれば，取引の安全を害することになる。そうであるとはいえ，単に表示されただけでは，法律行為の内容とされたとはいえず，相手方においても，このことを基礎として契約を締結したといえる場合において，法律行為の内容とされたものと認められると考えられる。そうでなければ，本来的には表意者が引き受けるべき動機の錯誤のリスクを，取消権の行使を通じて，相手方に押し付けることになって，不当と考えられるからである。

　そこで，本問においても，Ａによる意思表示の取消

○　論じるべき問題点をきちんと指摘して，論述の方向性を明らかにしましょう。

○　判例を引用するだけでなく，その判例に賛成か，反対かという自分の考えを理由を示しながら述べるとさらによいです。なお，「表示されていた」の解釈については，議論があり，表示があればよいのか，法律行為の内容となっていなければならないのかということについて，解釈が必要となっています。議論がある場合には，判例を紹介してから，学説を参考にして，自分の考えを述べるとよいでしょう。（さらなる議論は，民法総則の講義やテキストで学んでください。）

しが認められるには，上記の判例に沿って，「近くに新幹線の駅ができる」ことが，法律行為の内容になっている必要があると考えられる。ところが，本問では，Aは，Bに対して一方的に事情を話して購入を申し出ているだけであり，たとえば「近くに新幹線の駅ができる」ことを前提として当事者が価格について交渉しているとかいうように，この事情が法律行為の内容になっているものと評価できる事実は，特に認められない。

よって，本問では，Aは，錯誤に基づく意思表示の取消しを主張することができないものと考えられる。

○　設問にきちんと答える必要があります。書き終えたら，必ず読み直しましょう（冒頭の問いに対して論理一貫して正面から答えているでしょうか，法律用語や字句の誤りはないでしょうか，意味の分かりにくい文はないでしょうか，分かりやすく段落分けされているでしょうか）。

②　レポートの書き方

1　レポート完成までの道のり

レポート（小論文）が完成するまでの道のりには，いくつか踏まえなければならないポイントがあります。**答案**と共通するところもありますが，レポート特有のルールがありますので，その点を押さえて作成して下さい。

まずは，レポートの完成までの流れをフローチャートでざっと見てみましょう。フローチャートは，基本的なレポート（小論文）の完成までの道のりです。ただ闇雲に走ってもゴールにはたどり着けません。

2 テーマ設定

　レポート（小論文）は，家を作るのと同じように1つの作品です。この作品の出来栄えの鍵を握るのが**テーマ設定**です。同じ時間をかけても，テーマによって完成品に大きな違いが生じてしまいます。場合によっては，内容はそっちのけで，ただ形になっただけという残念な結果になることもありますし，そもそも形にすらならないことも少なくありません。書き手には，時間的な制約（提出期限）があるわけですから，テーマ設定の良し悪しによって完成品の出来栄え

```
        テーマ設定
          ↓
      文献・資料収集
          ↓
    文献・資料の読み込み
          ↓
   問題の所在と結論の設定
    本格的なテーマ設定
          ↓
       目 次 の 作 成
          ↓
      目 次 の 肉 付 け
          ↓
      文献・資料収集
          ↓
    文献・資料の読み込み
          ↓
       文 章 化
          ⇓
       完 　 成
     ※ルール確認
```

えに差が生じることは必至です。限られた時間の中でよりよい作品を作りたいものです。

テーマの探し方　テーマを設定するためには，その前提として，まずテーマを探さなくてはなりません。探したうえで，いずれか1つを選択することになるわけですが，そもそも「良い」テーマはどのように探せばよいのでしょうか。

　論文には，**オリジナリティー**が必要です。これまでと何ら変わり映えしない内容の場合には，そもそも書く意味自体が疑われてしまいます。もっとも，このことは，「**ゼロから何かを生み出すこと**」と同義ではありません。研究は積み重ねですから，新たに積み重ねら

れた部分が新しい研究成果として論文の価値となります。こうして学問は少しずつ，しかし着実に進展してきたのです。その意味では，論じる際には，オリジナルな部分が必要とされることは否定できませんが，法学部生に課されるレポートは，厳密な意味でのオリジナリティーが求められることは少なく，多くは，「**どれだけきっちり勉強したか**」という面が重視されています。自分の知識や考えだけでレポートを完成させることが要求されているわけではなく，これまでの研究業績や議論状況などを正確に分析・整理する基礎力を身につけることが求められているのです。その先にオリジナリティーの要請があります。

　そうであれば，一定程度，情報量としては多いことが「良い」テーマ選びの1つの鍵であるといえるでしょう。先の「法学の勉強に必要なツール」（☞156頁），「リーガル・リサーチ」（☞176頁）をフル活用して，まず皆さんの大学の図書館で入手可能な文献が多数あるテーマから探し始めてみることをお勧めします。その際には，いきなり長編や本格的な論文を探すのではなく，まずは概要を把握すべく，短く書かれているものを探してみた方がよいでしょう。

$\boxed{\text{テーマの選び方}}$　先ほど，レポートで大事なのは，「どれだけきっちり勉強したか」であるといいました。それは嘘ではありませんが，テーマについては，「**当該法領域で重要性の高いものを選んで欲しい**」というのが正直なところです。また，論じることの重要性が高いテーマを設定したこと自体，評価の対象にすらなりえます。つまり，レポートや小論文を書く際に，現在のわが国において議論が必要なテーマであることが大切なのです（「**なぜ今論じる必要があるのか**」）。

　何でも指定の文字数に至ればいいんだという考えで取り組まれた

レポートは，仮に評価するとしても，文字数に至ったという努力的価値しか見出すことはできず，それはまた，さほど大きな努力的価値ではないでしょう。コピー＆ペーストは，文字数達成の努力すら全くありませんから論外です（☞「コピー＆ペースト」222 頁）。今もなお，わが国における重要なテーマであるか否かは，講義によって判断できる場合もありますし，新聞を含め，新しい判例・文献・資料を収集して，読み込むことでわかってくるものです。この努力的価値は決して小さいものではありません。

なお，テーマの選び方には，もう 1 つのコツがあります。それは，自分が最も興味を惹かれるテーマを選ぶということです（「**好きこそ物の上手なれ**」）。書き手が興味のあるテーマで文章を作成した場合，不思議と読み手に熱意が伝わります。「ちょっと面白そうだなぁ」，「何か納得できないなぁ」で構いません。そこでの興味が，問題の所在を鮮明にし，結論の説得性につながっていくのです。

3 問題の所在と結論の設定

レポート（小論文）を書く場合には，すでに担当教員によってテーマが設定されている場合が少なくありません（「責任能力について」など）。時には，テーマ設定にとどまらず，タイトルまで設定されている場合もあります（「取調べの可視化について」など）。このようなケースは，「取調べ」・「可視化」といったキーワードで文献・資料を収集・整理して書いていくことになりますが（☞「リーガル・リサーチ」176 頁），「刑事司法の諸問題」などのように，大枠のテーマだけが設定されていることも少なくありません。後者の場合は，皆さんに，**テーマの焦点を絞る**ことが求められるのであり，ただ漠然と文章を書くのではなく，重要なポイントにスポットをあてて絞り

込んでいくことが必要になります。

　図書館などで調べたいくつかの論文を手にしてみて下さい。サブタイトルが付いているものを目にすることがあるでしょう。タイトルの下や横に書かれている文言です。ここには，主題の中でとくにスポットをあてているポイントが示されています。

> 刑事裁判への裁判員制度の導入………タイトル
> 　－裁判員の選任手続を中心に－………サブタイトル

　いくつかの文献・資料を収集し，短いもので大枠を理解したら，文献・資料の数を増やしていき，より詳細に重要なポイントを探っていくことになります。つまり，先のサブタイトルレベルにまでテーマを絞り込んでいくのです。これがレポートや小論文を書く際の**問題の所在**にもなります。また，その頃には，おぼろげではありますが，「こんな感じに締めたい，結びたい」といった**結論**らしきものも頭に浮かんできているでしょう。

　なお，ここでの絞り込んだテーマ設定（問題の設定）が完成の段階までそのままの形で生き残るかはわかりません。文献・資料を精査しながら考察し，文章を書いていく中で変化は生じてくるものです。担当教員などによって設定された大枠としてのテーマ設定からはみ出すことは許されませんが，その範囲内で絞り込んだテーマに変化が生じることはやむを得ませんし，当初考えていた結論と異なる結論に行き着くことさえあります。こうした事態になると困惑してしまうかもしれませんが，悲観する必要は全くありません。その変化は，皆さんが考え抜いた「証」なのです。

4　目次の作成

　文献・資料を収集して読み込み，論じるべきポイントやおぼろげながら結論が見えてきたら，**目次**を作成しましょう。目次を作成するということは，**完成品の設計図**を描くことを意味します。何度も何度も書き直して目次を作るのです。実は，レポート（小論文）を書く際に，一番苦労するのがこの目次の作成です。しかし，レポート作成にとって，一番大事なのもこの目次の作成なのです。この段階で，最初の導入部分（「はじめに」，「問題の所在」など）と結論部分（「むすび」，「むすびにかえて」，「おわりに」など）について，およそのイメージができているわけですから，あとは導入部分から結論に至るプロセスで埋めていくことになります。フローチャートのうち，二，三，四の中身は，論じる内容によって千差万別ですが，スタートからゴールまでを論理的に展開できるように何が必要となるのかを何度もシュミレーションして構成していきます。その際には，答案のところで説明しました「設計図の構成と内容」（☞ 205 頁）を参照して下さい。

　目次ができると，レポートは**ほぼ完成**です。皆さんからは「今から書くのに何を言っているんだ」という声が聞こえてきそうですが，これは嘘ではありません。もう作品の設計図はしっかりと出来上がっているじゃないですか。あとは，その

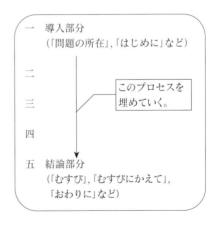

設計図をより緻密なものに仕上げるために肉付けをし，中身を文章で満たしていけば，おのずと完成品に仕上がるのです。書くことは，設計図に沿って作り上げていく，いわば**作業**なのです。設計図を作ることで，どこが弱いのかがわかりますし，そこを補強した設計図は，その後生じるであろう微調整やマイナーチェンジに耐えうるものとなっています。

　レポートの挫折の多くは，結局のところ，この設計図作りを面倒くさがっていきなり書き始めるところに原因があるように思われます。設計図を作らないから骨組みすらできず，そんな状態にもかかわらず，いくら良質のコンクリートを流し込んでも立派な家ができるはずはありません。逆にいえば，しっかりとした設計図があり，それにしたがって作業していけば，腕（文章を書く力）によって完成までの時間や完成品の出来栄えに多少の差はでるでしょうが，作品（レポート〔小論文〕）は仕上がるはずです。

5　目次の肉付け

　目次の肉付けとは，どこにどんなパーツを取り付けるかなど設計図をさらに緻密にし，作品の完成をより鮮明にイメージできるようにするための工程です。具体的には，大枠の目次の見出しに，いくつかの小見出しをつけていくとともに，そこで論じるべき内容を細分化し，文献・資料を整理していきます。これができあがると，どんな内容の文章をどこに書くのかがかなり詳細にわかりますから，あとは，時間との戦いです。

　この頃になると，かなりの文献・資料を読んでいますから，自然と文章を書く力も身についてきていますし，書くことが楽しくなっているでしょう。

6 ほぼ完成

　ここまでくれば，残すは執筆過程で生じる微調整やマイナーチェンジへの対応です。そこでは，新たに必要になった文献・資料の収集，読み込み，文章化という一連の流れを完成まで繰り返すことになります。見落としや論理の飛躍もここでチェックします。あとは，より良い作品にするための作業ですから，時間の許す限り取り組んで欲しいと思います。この頃には，作品に対する愛着もわき，仕上げ作業は苦にはならないでしょう。

　なお，皆さんは，パソコンで原稿を書くことが多いと思いますが，ただ画面上で見るだけではなく，プリントアウトして読んでみると印象が違いますし，新たな間違いに気がつくことも少なくないでしょう（誤字・脱字など）。実際に提出する状態で繰り返し読むことも大切です。

7 法律学のレポートのルール

引用は盗作か？　先のレポート（小論文）の書き方に沿って文章が出来上がり，誤記や誤字・脱字などがないかチェックし終わったとします。「これであとは提出するだけ」と皆さんの労をねぎらいたいところなのですが，まだ本当の意味での完成とはいえません。レポート（小論文）作成に際して用いた資料や文献などの**引用**と**出典**の明示が必要です。

　引用とは，自分の見解のよりどころとしたり，他を論評するために他者の学説や考え方を引くことをいいます。他方，**出典**は，引用した学説や考え方の出所である文献や書籍を指します。すでに見てきたように，レポート（小論文）を書くにあたっては，多くの文献や書籍などを参照するわけですが，あたかも自分で考えたように書

くことは許されません。中には，「パクる」のはいけないから他人の文章を引用するとレポート（小論文）の評価が下がると思っている学生もいるようですが，ここにはまったくの誤解があります。法学に限らず，学問は，これまでの研究成果の蓄積の上に積み重ねていくものですから，自ずと過去の研究を踏まえることになります。それゆえ，引用があるのが当然で，ない場合こそ，「パクっている」，つまり**無断借用**，**盗作**，**剽窃**とみられても仕方ありません。

　なお，「レポート（小論文）や論文の中身を読まなくても引用をみるだけで良し悪しがわかる」とよくいわれます。まさかと思われるかもしれませんが，決してオーバーな表現ではありません。「このテーマで○○先生の論文が引用されていないのはおかしい。調べ不足だな」といった感じです。同様に，引用せずごまかしてレポートを作成したつもりでも，どこからもってきたかはおよそわかるものです。「△△先生の論文ですでに同様の見解が主張されているのに引用していないし，参考文献としてもあがっていないのは不適切である」といった具合です。

　引用・出典の大切さがわかったのではないでしょうか。

コピー＆ペースト　　最近では，インターネット上の情報をそのままコピーし，貼り付けたレポートが散見されます。いわゆる「コピペ」です。こうしたレポートは，当然のことながら評価の対象とはなりません。参考にするなとはいいませんが，それでも公的機関のホームページなど一定の制約はあります。仮に語尾を「です」から「である」に変更しても，自分の作品になるわけではありませんので注意して下さい。

引用と出典の表現方法　　それでは，ここで引用と出典のルールを確認しておきたいと思います。引用と

出典にはそれぞれルールがあります。

　引用には，要約して用いる場合とそのまま用いる場合があります。要約して用いる場合には，必要がありませんが，一言一句違わず引用する場合には，「　」で括らなければなりません。ここで注意を要するのは，文章全体が「　」だらけになったり，「　」で括った文章が延々と何行にも渡って続くようではいけないということです。見栄えの問題だけでなく，どこが重要なのかがわからなくなるばかりか，もはや自分のレポート（小論文）とはいえない状態ともいえるでしょう。また，「である」で終わっている文章を「です」に変えたからといって自分の文章であるとは言えませんので，きっちり正確に「　」で括りましょう。さらに，引用した箇所には，「**注**」をつけること（**脚注**）が必要です。注は，論文などを読むと目にしますが，先ほどの引用箇所に番号を付し（注番号といいます），その番号に対応する場所に出典などを記載します。注と出典は密接にリンクします。以下の枠内では，抽象的な表示にとどめますが，皆さんがもっているどの専門書・論文でも構いませんので，実際のもので確認しておいて下さい。

◇他人の学説，考え方，判決文などを引用する場合には，引用箇所を「　」で括って表示し，自分の文章と区分すること。
◇引用される文章は，必要最小限度の範囲にとどめること。
　※引用が多数の箇所に及ぶことがいけないのではなく，手当たり次第に長く引用してはならない。
◇他人の学説，考え方，判決文などを引用あるいは参照した場合，必ず出典を注番号で明示すること
◇注と出典の例
　〇〇〇〇〇〇〇〇〇〇〇〇〇〇〇〇〇〇〇〇〇〇〇 [1]。「△△△
　△△△△△△△△△△△△△△△△△△ [2]」。

(1) 執筆者名「論文名」雑誌名　巻　号（発行年）頁。
(2) 執筆者名『書名』（発行所，版表示，発行年）頁。

出典の表示方法は，わが国では，厳密にルール化されているわけではありません。そのため，皆さんが手にする文献ごとに相違点があり，戸惑いを感じることも懸念されますが，基本的なルールを押さえておくことが大切です。出典は，文献や書籍の種類によって細分化されています。以下で確認しましょう（法律編集者懇話会編「法律文献等の出典の表示方法」による）。

なお，以下の枠内には，複数の表示方法を掲載しています。いずれを採用しても構いませんが，統一感をもって作成することが必要です。

《文献の表示》

雑誌論文の場合　雑誌論文とは，「法律雑誌」（☞170頁）に詳細があるように，ジュリストや法学セミナーなどの雑誌に掲載された論文です。雑誌論文を引用した場合の基本的な出典の表示方法は以下の通りです。

〈雑誌論文の場合〉
執筆者名「論文名」雑誌名　巻　号　頁（発行年）
執筆者名「論文名」雑誌名　巻　号（発行年）頁
※括弧は一重かぎ括弧「　」
※定期刊行物については，略称でもよい。
（例）ジュリスト⇒ジュリ
※論文のサブタイトルはできる限り記載する。

単行本の場合　単行本とは，叢書や全集などに対するもので，1冊1冊を単独に刊行した本です。ただし，1冊の本といっても色々な種類がありますので個別に見ていきます。

〈単独著書の場合〉
執筆者名『書名』　頁（発行所，版表示，発行年）
執筆者名『書名』（発行所，版表示，発行年）頁

※括弧は二重かぎ括弧『 』
※書名に改訂版，新版等の表示がある場合は書名の一部として表示する。他方，書名にそれぞれが表示されていない場合は，（ ）内に入れる。ただし，版表示については，初版本については入れないが，改訂版，第2版，第3版等は必ず入れる。なお，(発行所，版表示，発行年)は，(発行年，版表示，発行所)でもよい。
※シリーズ名・著書のサブタイトルは，必要に応じて入れる。

〈共著書の場合〉
◇一般
執筆者名「論文名」共著者名『書名』 頁（発行所，発行年）
共著者名『書名』 頁〔執筆者名〕（発行所，発行年）
　※共著者が3名以上の場合には，1名のみ表示し，その他の共著者名は「ほか」と表示する。本書で言えば，武藤眞朗ほか『法を学ぶパートナー[第4版]』（成文堂, 2020）となる。
◇講座もの
執筆者名「論文名」編者名『書名』（発行所，発行年）
執筆者と編者が同一のときは，後の方を省略する。
　※「編集代表」，「編者」は（編）と，監修は「監」と略してもよい。
◇コンメンタール
編者名『書名』 頁〔執筆者名〕（発行所，版表示，発行年）
執筆者名『書名』 頁〔編者名〕（発行所，版表示，発行年）
◇記念論文集
執筆者名「論文名」献呈名『書名』 頁（発行所，発行年）
　※献呈名は，○○古稀のような略記で表示しても良い。
◇翻訳書の場合
原著者名（訳者名）『書名』 頁（発行所，発行年）

判例研究の場合　　判例研究とは，過去に下された裁判についての研究（分析・検討）です。

〈判例研究の場合〉
執筆者名「判批」雑誌名　巻　号　頁（発行年）
執筆者名「判批」雑誌名　巻　号（発行年）　頁
　※「判例批評」「判例研究」等については，原則として表題を掲げずに，「判批」「判研」とする。
　※判例百選等の判例解説ものについても「判批」として扱う。ただし「判例解説」（最高裁調査官解説）の場合は「判解」とする。

座談会の場合　　座談会とは，ある話題に関して，複数人で談じる会です。法学の分野では，新しい法令ができたり，法改正があっ

た場合に，有識者が集まって議論が行われます。レポート（小論文）
を書く際には，これらの議論を文章に起こして雑誌などに掲載され
たものを引用することがあります。

〈座談会の場合〉
出席者ほか「テーマ」雑誌名（書名）　巻　号　頁〔○○発言〕（発行年）
出席者ほか「テーマ」雑誌名（書名）　巻　号（発行年）頁〔○○発言〕

　　前掲文献の場合　　　前掲文献とは，前に掲げた文献，すなわち，
当該レポート（小論文）中に，すでに引用したことがある文献です。
前掲文献は，脚注にすべてを再度記載するのではなく，省略して表
示します。

〈前掲文献の場合〉
著者／執筆者の姓・前掲注（○）頁
著者／執筆者の姓・前出注（○）頁
　※前掲（または前出）の場合は，単行本および論文とも初出の注番号を必ず表示する。
　※当該執筆者の文献が同一の（注）のなかで複数引用されている場合には，下記いず
　　れかの表示方法をとる。
　◇論文の場合：該当の雑誌名だけを表示するのを原則とする。
　　ただし，論文のタイトルの略表示を用いてもよい（巻，号等は省略する）。

《判例・裁判例の表示》

　　文献と異なり，判例・裁判例は別途表示方法があります。抽象的
な記載にとどめるとかえってわかりにくくなると思われますので，
以下で具体的に示しておきます。

最判平成 18 年 2 月 23 日民集 60 巻 2 号 546 頁〔548 頁〕
最決平成 17 年 12 月 6 日刑集 59 巻 10 号 1901 頁
東京地八王子支平成 3・8・28 判タ 768・249
大判大 12・4・14 刑集 2 巻 336 頁
　※頁は原則として，その判例が掲載されている初出の頁を表示する。
　※特に該当部分を引用する場合は，その頁を〔　〕（キッコウ）で囲むか，読点（,）
　　を付し連記して表示する。
　※引用頁の表示は，その判例集の通しの頁とする。

※最高裁の大法廷判決については，最大判と表示し，小法廷判決については原則として，最判と表示する（小法廷を表記する場合は，最〇小判と表示，例えば，第一小法廷判決であれば，最一小判と表示）。なお，旧大審院の連合部判決については，大連判と表示し，その他は大判と表示する。また，地名はフルネームで表示する。
※年・月・日および巻・号・頁は「・」（ナカグロ）で表記してもよい。
※たて組みの場合には，原則として，漢数字を用いるが，年・月・日はアラビア数字で表記してもよい。

　このように，文献・判例・裁判例それぞれ出典の表示方法が異なりますが，引用して注をつけ，出典を載せることはルールですから，きっちりと守って下さい。慣れてくれば自然に覚えていくものですが，当面は，本書の該当箇所を参照しながら取り組むことになるでしょう。

　なお，原則レポート（小論文）や論文には引用をして注をつけ，出典を示すことが求められますが，担当教員によっては，注はつけなくてもよいとする場合もありますので，指示に従って下さい。その場合には，代わりに参考文献一覧の記載などの指示があるでしょう。参考文献一覧の表示方法は，引用箇所などを特に示さず，参考にした文献や資料を出典の表示方法に倣って末尾にリスト化して下記のように記載することになります。

【参考文献】
・執筆者名『書名』（発行所，版表示，発行年）
・執筆者名「論文名」雑誌名　巻　号（発行年）頁
・執筆者名「判批」雑誌名　巻　号（発行年）頁
・最判昭和 58 年 10 月 7 日民集 37 巻 8 号 1282 頁〔1285 頁〕

　これでようやく本当の意味での完成です。ここまでくると，ただ書いた，ワープロを打ったというものにとどまらず，愛着のある作品になっているでしょう。

　※外国文献の引用方法については，"The Bluebook － A Uniform System of Citation" などを参照して下さい。

〈Step up〉────────────────────────────────

木下是雄『理科系の作文技術』（中央公論新書，1981）

　　同　　『レポートの組み立て方』（筑摩書房，1994）

小林康夫＝船曳建夫編『知の技法』（東京大学出版会，1994）

河野哲也『レポート・論文の書き方入門〔第4版〕』（慶應義塾大学出版会，
　2018）

藤田哲也編著『大学基礎講座―充実した大学生活をおくるために〔改増版〕』
　（北大路書房，2006）

大橋真由美＝宮木康博＝久保大作「〔座談会〕より充実した法学学習へ」法
　学教室462号（2019）31頁以下

9 実務の現場を見てみよう

　法学は，理論と実践がいわば車の両輪になっていますから，どちらか一方が欠けてもうまく前に進みません。皆さんにとっては，講義や著書・論文を通して法を学習することも大切ですが，そこで終りとするのではなく，学習している内容が実践されている現場を実際に見てみることも有益です。勉強している内容が実践されている場面に遭遇するわけですから，得るものは多いはずです。

　もっとも，単なる物見遊山では困ります。皆さんは，学習のために行くのであって，遊びに行くわけではありません。学習の前と後では，現場の見え方も変わってくるものです。ここでは，裁判所・刑務所（少年院）を紹介していますが，それぞれに注意事項がありますので，ルールを学び，ポイントを押さえて，ぜひ，これらの施設に足を運んで下さい。

　現場を見てみることも皆さんの「法を学ぶパートナー」にしましょう。

1 　裁判所見学・傍聴

　裁判は，原則として誰でも傍聴することが可能です（憲法82条）。見学・傍聴に事前の予約は必要ありません。ただし，裁判所に行けば自分が見たい裁判を必ず傍聴できるとは限りません（社会的関心が高い事件で，傍聴希望者が殺到した場合など）傍聴席の数には限りがあり，立ち見は認められていませんから，傍聴希望者が座席数を上回るような場合には，抽選になります（**傍聴券交付手続**）。

　実際に裁判傍聴に行くとなると，色々と戸惑うことがあるかもしれません。そこで，以下では，裁判所見学・傍聴のシュミレーションをしてみようと思います。東京地方裁判所・東京高等裁判所などを例にとりますが，どこの裁判所でもほぼ同じですので，別の裁判所の見学・傍聴を予定される場合でも心配はいりません。

　東京地方裁判所では，入口で金属探知器等によるチェックがあります。裁判風景については，映画やドラマで見たことがあると思いますが，実際に裁判が行われる法廷は各裁判所に1つしかないわけではありません。たとえば，東京高等裁判所の庁舎は，東京高等裁判所，東京地方裁判所および東京簡易裁判所（刑事部）の合同庁舎ですが，法廷数は150を超えます。

　そこで，まず皆さんは，どの事件が審理される法廷を傍聴するのかを決めなければなりません。どのような裁判が行われているかは，法廷の入り口付近に掲示されている**開廷表**で知ることができます。開廷表は，いわば裁判の予定表であり，事件番号，事件名，開始時間，法廷，担当，審理段階，民事事件の場合は当事者名（原告，被告），刑事事件の場合には，被告人名などが記載されています。東京地方裁判所・高等裁判所では，1階に当日行われるすべての裁判

についての開廷表が置かれており，各法廷の入口横に当該法廷で行われる裁判についての開廷表が掲示されています。1階のバインダーで綴じられた開廷表を閲覧して傍聴事件を決定し，当該法廷に向かって下さい。

　なお，近時では最高裁判所のホームページでも裁判員裁判の開廷期日情報を見ることができます。

　傍聴する事件を決定する際のポイントとしては，事件内容で判断するのもよいですが，手続のどの段階を見たいのかも重要です。刑事事件を例にとりますと，審理の初めから傍聴したい場合には，審理段階のところに「**冒頭手続**」と記載されているものを，証人尋問などの証拠調べを傍聴したい場合には，「**証拠調べ**」と記載されているものを選ぶとよいでしょう。

　法廷内の様子や登場人物の役割については，すでに図表等で紹介済ですので，ここでは省略します（☞「民事裁判の流れ」82頁，「刑事裁判の流れ」88頁）。皆さんは，傍聴席に座るわけですが，傍聴席には，前の方の座席に白いシートがかけられていることがあります。何だろうと思うかもしれませんが，これは，**記者席**です。国民の関心が高いと思われる事件については，記者席が設けられ，広く国民一般に情報が提供されるようになっているのです。こうした事件では，前述した傍聴券交付手続が行われる可能性が高くなります。

　審理が始まりますと，すでに「裁判所と裁判の流れ」（☞73頁）で学習した手続が目の前で展開されていきます。刑事裁判では，裁判官，検察官，弁護人，被告人の発言に，民事裁判では，裁判官，原告，代理人，被告の発言に注目し，「なぜ？」，「どうして？」という疑問・関心をもち，メモを取りながら聞いてみて下さい（法廷でのメモは，レペタ法廷メモ訴訟〔最大判平成元年3月8日民集43巻2号

89 頁〕以降，許可されています)。その疑問をもち帰り，大学での勉強などに反映させて欲しいと思います。

　最後に，裁判傍聴に関して，何点か注意事項を指摘しておきます。法廷の入口付近にも，**傍聴時の注意事項**が掲示されていますから，最初に確認しておきましょう。法廷内では，審理の妨げとならないように私語をしたり，音を立ててはいけません。飲食などはもってのほかです。また，審理の内容について，撮影・録音機材は許可なく法廷内に持ち込むことはできません。ニュースなどで担当する裁判官の法廷内の映像が流れることがありますが，あれは，事前に裁判所の許可を得て，審理の開始前に撮影しているものです。とくに注意して欲しいのは**携帯電話**です。携帯電話については，マナーモードではなく，電源を切るようにして下さい。法廷内は厳粛ですから，マナーモードのバイブの振動音も審理の妨げになります。なお，トイレに行きたくなったり，体調が悪くなった場合には，基本的にいつでも構いませんので，静かに退席して下さい。

　なお，近時では，裁判の傍聴のほかに，各裁判所ごとに法廷見学や模擬裁判なども行われています。最高裁判所のホームページのほか，リンク先の各裁判所のページで各種イベントを確認して参加してみて下さい。「進路・資格・検定」（☞239頁以下）にありますように，裁判官，検察官，弁護士，裁判所事務官，裁判所書記官として，皆さんの将来の職場になるかもしれません。

─〈ワンポイントアドバイス〉─────────────

　　◇　大人数の場合には，予約を求められることがありますので，傍聴する裁判所のホームページなどで確認する。
　　◇　服装は基本的に何でも構いませんが，裁判の審理の妨げとなったり，傍聴席の関係者に不愉快な思いをさせないよう常識の範囲内で考えて下さい。

◇ 裁判所には，「法廷ガイド」という冊子があり，専門用語の解説や手続の流れなどがわかりやすく説明されていますので，裁判所に行ったらまず入手する（最高裁判所のホームページからも入手可）。

◇ 傍聴のおすすめ開始時刻は，午前10時と午後1時です。

◇ ただぼーっと見聞きするだけでなく，今どこの手続が行われているのかを想定しましょう。

◇ 刑事裁判・民事裁判の両方を傍聴すると比較ができて良いでしょう。

◇ 皆さんがメモなどを取りながら真剣に傍聴していると，終了後に検察官，弁護人が法廷で質問等に応じてくれることがあります。

◇ 入退室は，審理の途中でも基本的に自由ですが，多人数で一気に入退室するのはマナー違反です。

☕ Coffee Break ☕

法服はなぜ黒いのか？

　裁判官が法廷で身にまとっている服を法服といいます。皆さんも映画やドラマなどで裁判官が黒色の服に身を包んでいるのを見たことがあるのではないでしょうか。では，なぜ法服は黒いのでしょう。そこにはちゃんとした理由があります。

　私たちは，社会生活を送るうえで，数々の争いやトラブルに巻き込まれることがあります。争いやトラブルは，放置しておくのではなく，解決しなければなりません。こうした解決の役割を担うのが裁判所です。裁判所が，個人間の法的な紛争を解決したり，犯罪を犯した疑いのある者が有罪か無罪か

を判断することによって，国民の権利を守り，国民生活の平穏と安全を保つことができるのです。

　争いやトラブルの解決は，ルールにのっとって行われるわけですが，いくらルールが決まっていても，判断者である裁判官が公平な第三者でなければ，公平かつ平和的に解決することはできません。裁判官が理不尽に力の強い者に屈するといったことは許されないのです。

　黒色は他の色に染まることはありません。そこで，裁判官の公正さを象徴する色として最適であるとされ，大審院時代より法服の色は黒に決まっています。

2 刑務所参観

　裁判所見学・傍聴では，どの範囲まで実務を体験できているのでしょうか。判決が下されると事件は裁判所を離れますが，実務は，これで終わりではありません。

　民事裁判では，仮に「被告は原告に 100 万円を支払え」という判決が言い渡されたとしても，被告が任意に原告に金銭を支払わなければ，強制執行の手続が必要になります（☞「民事裁判の流れ」82 頁以下）。他方，刑事事件では，「被告人を懲役 10 年とする」との判決が言い渡され，刑が確定すれば，被告人は刑務所に収容され，矯正処遇が施されるのです。裁判員制度では，裁判員となった一般の国民が，被告人にはどのような刑罰を科すのがよいのかを判断することになりますが，その際には，被告人の刑を執行猶予とし，家族のもとで更生させるほうがよいのか（社会内処遇），それとも刑務所などの刑事施設で更生させるのか（施設内処遇）を考えなければなりません。それゆえ，刑務所がどういうところなのかを知っておく意義は小さくないと思います。

　そこで，以下では，刑務所参観を簡単にシュミレーションするとともに，刑務所はどのような所で，何が行われているのかなどについて，概観してみたいと思います。また，末尾に刑務所や少年院の一日の例を載せておきますので，あわせて参照して下さい。

　刑務所に到着すると，会議室などで担当者から資料の配布があり，当該刑務所の VTR の視聴や**刑務官**（少年院の場合は**法務教官**）による口頭説明があります。見学ルートは，見学時間帯，見学者の人数などによって変わるため，一概にはいえませんが，面会所や各種作業場，運動場，雑居房・独居房などを見せてもらうことができるでしょう。

刑務所では，受刑者に対して矯正処遇が行われるわけですが，刑事施設及び受刑者の処遇等に関する法律には，「受刑者の処遇は，その者の資質及び環境に応じ，その自覚に訴え，改善更生の意欲の喚起及び社会生活に適応する能力の育成を図ることを旨として行うものとする」と規定されています。これを受けて刑務所では，受刑者に対して，改善更生および円滑な社会復帰に向けた矯正処遇として，**刑務作業**，**改善指導**および**教科指導**が行われています。

刑務作業は，現在，全国 76 の刑事施設（刑務所，少年刑務所および拘置所）で実施されており，約 4 万 4000 人が就業しています（2018年度）。刑務作業に従事しているのは，刑法上の所定の作業として就業している懲役受刑者や換刑処分として就業義務のある労役場留置者のほか，就業の義務はありませんが，自ら望んで就業している禁錮受刑者，および拘留受刑者です。意外に思うかもしれませんが，就業義務のない禁錮受刑者，つまり，働くことを刑罰として科されていない者のうちの大半が作業に従事しています。

受刑者などは，木工，印刷，洋裁，金属，革工，化学，自動車などの中から適性などに応じた職種が指定されます。

刑務作業といえば，刑事施設の中でのみ行われるとのイメージがあるかもしれませんが，それは誤りです。刑務作業は，構外で実施される場合があります。**構外作業**は，開放的処遇の一環として施設が直接管理運営する作業場のほか，民間企業の理解・協力のもとで，外部の作業場でも実施されます。外部作業には，施設から通勤する場合もあれば，宿泊施設を利用することもあります。

作業を行った受刑者などには，**作業報奨金**が支給されます。支給は原則として釈放時となりますが，在所中も必要な物品購入や家族への送金等に使用することができます。1 人当たりがもらえる 1 か

月の作業報奨金の平均計算額は，約4360円です（2018年度）。

改善指導とは，受刑者に対し，犯罪の責任を自覚させ，受刑者に犯罪の責任を自覚させるとともに，社会生活に適応するために必要な知識や生活態度を習得させるために行われる指導です。これには，**一般改善指導**と**特別改善指導**があります。前者は，一般的に講話や面接，相談，助言によって先の目的を達成するために行われます。後者は，薬物依存や暴力団関係者であることが改善更生および社会復帰に支障をきたしている場合に，薬物依存離脱指導や暴力団離脱指導を実施するほか，就労支援指導なども行います。なお，近時では，**被害者の視点**に立った教育にもより一層の力が注がれています。

教科指導とは，社会生活の基礎となる学力を欠くことが改善更生や社会復帰の妨げになっていると思われる者や学力の向上が社会復帰にとくに資すると認められる者に対して学校教育に準じる内容の指導を行うことです。教科指導では，国語，算数などのほか，図書・テレビなどによる視聴覚教育や書道，ペン習字，簿記などの通信教育の受講指導などがあります。

今回の学習を機に，裁判だけでなく，**行刑**についても関心をもってもらえればと思います。

最後に，裁判所見学・傍聴とは異なり，刑務所は，誰でも自由に参観できるわけではありません。大学のゼミや法科大学院において，担当教員の引率のもとに参観するチャンスがあると思いますので，ぜひその機会を逃さずに参加して下さい。「進路・資格・検定」（☞239頁）にありますように，**刑務官**や**法務教官**として，皆さんの将来の職場になるかもしれません。

【刑務所の1日の例】

起　床	6：40
点　検	6：50
朝　食	7：00
出　室	7：30
始　業	7：50
休　息	9：45 ～ 10：00
昼　食	11：50 ～ 12：30
休　息	14：30 ～ 14：45
終　業	16：30
入　室	16：35
点　検	16：55
夕　食	17：00
余暇時間	17：30 ～ 19：00
自由時間	19：00 ～ 21：00
就　寝	21：00

【少年院の1日の例】

起　床	7：00
朝食・身辺整理	7：30
朝　礼	9：00
職業訓練・労働安全衛生・	
体育・クラブ活動	
昼　食	12：00
職　業　訓　練	13：00
夕　食	17：00
進路指導講座	
集　会	18：00
職業指導講座	
日　記　記　入	18：50
専　門　学　科	
	19：10
自己計画学習	
Ｔ　Ｖ　視　聴	
	20：00
自己計画学習	
就　寝	21：30

〈ワンポイントアドバイス〉

◇　犯罪白書やホームページなどを参考にして事前学習を行う。
◇　服装は,派手なものを避け,隅々まで細心の注意を払う。近時はスーツの着用が求められるケースが少なくない。
　　(例)①ハイヒール等を避け,スニーカー・皮靴等を履く。
　　　　②スカートを避ける。
◇　化粧等は必要最小限度にとどめ,香水は控える。
◇　参観冒頭にある担当者の注意を守る。
　　(例) 施設内の隊列など。
◇　携帯電話や煙草など,所持品を所内で持ち歩かない。
◇　裁判所の見学・傍聴と異なり,刑事収容施設法12条に基づき,施設長の許可により参観が可能となることを肝に銘じて行動する。

☕ Coffee Break ☕

刑務所で作られた製品はその後どうなるの？

刑務作業で製作された製品は，広く刑務作業製品とよばれますが，中でも，財団法人矯正協会刑務作業協力事業部から原材料の提供を受け，国の企画により製作した製品は，刑務所作業製品，通称CAPIC製品とよばれています。CAPICとは，矯正協会刑務作業協力事業（Correctional Association Prison Industry Co-operation）の略称です。このCAPIC製品は誰でも購入することができ，安価で良質な製品として評判を呼んでいます。各刑務所近辺に店舗が設置されているほか，各地のイベントで販売されています。また，近時ではインターネットでの購入も可能です。刑務所へ参観した際などに，何か1つ購入されてはいかがでしょうか。

10　進路・資格・検定

　この本を読んでいる皆さんの多くは，法学部に在籍して法律の勉強をしているのではないかと思いますが，法学部で勉強することにした動機，理由は人によって様々だと思います。将来は法曹（裁判官，検察官，弁護士）になることを目指して法学部の門を叩いた人もあるかと思いますし，地方公務員として仕事を通じて地元に貢献したいと考えている人，あるいは，法学部で学んだことを活かして，実業界で活躍したいと考えている人もいることでしょう。

　皆さん自身，友達や親戚の方などに「法学部に進学する」，あるいは「法学部で勉強している」と言うと，「将来は弁護士になるのか」と訊かれた経験をもつ人も多いのではないでしょうか。世間では「法学部イコール司法試験」という考える人も多いのではないかと思いますが，司法試験を受けて実務法曹になることだけが法学部卒業者の進路ではありません。

　この章では，法学部を卒業した後の進路について，実務法曹になるための法科大学院（ロースクール）と法科大学院修了後に受験する司法試験，法律の専門職になるための司法書士試験，行政書士試験など各種資格試験のほか，法律学の検定試験である「法学検定」，「ビジネス法務検定」についても説明します。

　また皆さんの中には将来公務員になることを目指している人も多いと思いますが，国家公務員，地方公務員になるための試験について概要を説明します。一口に「公務員」といっても，皆さんにはあまり馴染みのない職種もあり，仕事の多様性に驚かされるかもしれません。

　このほか，法律の知識を活かして実業界で活躍したいと考えている皆さんも多いかと思いますが，企業の中でも法律のスペシャリスト部門として位置づけられる法務部，知的財産部の仕事の概要についても紹介します。

1 法科大学院

法曹養成の制度 裁判官，検察官，弁護士を「**法曹三者**」と呼びます。2003年までは，司法試験（旧司法試験）に合格した後，司法修習を経て裁判官，検察官，弁護士になっていましたが，2004年春に全国各地に**法科大学院（ロースクール）**が開設されてからは，法科大学院へ進学した後，司法試験を受験するのが原則になりました。また，2011年からは，法科大学院を経由しない人にも法曹資格を取得する途を開くために設けられた「司法試験予備試験」が実施されています（☞次頁「司法試験予備試験」）。

法科大学院の標準修業年限は，3年間（**法学未習者コース**）とされていますが，法学部卒業者については法科大学院が法律基本科目を修得済みと認定することで法律基本科目の履修が免除され，2年間（**法学既習者コース**）で修了することができます。2020年より大学法学部に「法曹コース」が新設され，「大学法学部3年間（早期卒業）＋法科大学院既修者コース2年間」の5年一貫教育課程が行われることになりました。また，法科大学院を修了すると「**法務博士（専門職）**」の学位が授与されます。

カリキュラム 法科大学院のカリキュラムは，公法系科目（憲法・行政法），民事系科目（民法・商法・民事訴訟法），刑事系科目（刑法・刑事訴訟法）からなる「**法律基本科目群**」，法曹倫理，法情報調査，法文書作成，模擬裁判，リーガル・クリニックなどの「**実務基礎科目群**」，法哲学，法史学，法社会学，比較法，政治学，経済学等の「**基礎法学・隣接科目群**」，倒産法，租税法，経済法，知的財産法，労働法，環境法，国際法などの「**展開・先端科目群**」から構成されています。講義を担当する教員については，実務法曹

を養成する法科大学院の目的に鑑み，全専任教員のおよそ2割が法曹三者，官公庁・企業の法務担当者等の実務家教員から構成されており，いずれの科目群も理論と実務の架橋に主眼が置かれています。講義方式についても，大教室・大人数の一方通行のものではなく，少人数・双方向での授業が中心となります。

司法試験　法科大学院修了後に受験資格を得ることができる司法試験は，論点暗記型による選抜の弊害が指摘されていた従来の司法試験とは異なり，論理的思考力，問題解決能力など，法科大学院で学んだ教育成果を踏まえる形で実施されます。法科大学院を修了後5年の期間内は毎回受験資格が与えられ，**短答式試験**（①憲法，②民法，③刑法）と**論文式試験**（①公法系科目，②民事系科目，③刑事系科目，④選択科目）を受験します。短答式試験については最低基準点（満点の40％）が設定されており，1科目でも最低基準点に達していないものがある場合には不合格となります。短答式試験の合格者のみ論文式試験が採点されますが，論文式試験において1科目でも最低基準点に達していないものがある場合には不合格となります。最終的には短答式試験と論文式試験の得点を合算して総合点をもって合否が決定されます。

選択科目については，倒産法，租税法，経済法，知的財産法，労働法，環境法，国際関係法（公法系），国際関係法（私法系）から1科目を選択します。司法試験合格後は，1年間の司法修習を受け，司法修習終了段階で裁判官，検察官，弁護士のいずれかの道を選択します。

司法試験予備試験　司法試験予備試験は，法科大学院を経由しない人にも法曹資格を取得する途を開くために設けられた試験で，司法試験予備試験に合格した人は，法科大学

院修了者と同等の資格で司法試験を受験することができます（受験回数制限も同様に適用されます）。

短答式試験（①法律基本科目（憲法・行政法・民法・商法・民事訴訟法・刑法・刑事訴訟法），②一般教養科目（人文科学・社会科学・自然科学・英語）），**論文式試験**（①法律基本科目＝短答式試験と同一，②一般教養科目＝短答式試験の範囲から英語を除く，③法律実務基礎科目（民事訴訟実務・刑事訴訟実務・法曹倫理）），**口述試験**（論文式試験の法律実務基礎科目と同一）が行われます。

2 資格・検定

法曹三者のほか，法律関係の資格，あるいは法律の知識の活かせる資格としては，次のようなものがあります。また，法律学の検定試験である法学検定，ビジネス法務実務検定については，法学部での勉強の成果を測る客観的な指標となるほか，各資格試験に向けた試験勉強のペースメーカーとして受験してみても良いでしょう。なお，各資格，検定の詳細については，本章末に掲げてあるウェブサイトなどを参照して下さい。

1 法律関係の諸資格

司法書士 司法書士は，他人の依頼を受けて登記・供託に関する手続を代理するほか，裁判所・検察庁，法務省へ提出する書類の作成を行います。このほか，法務大臣が指定した研修を修了（認定司法書士）すると，簡易裁判所での訴訟代理業務（弁論・和解・調停）も行えます。

| 弁理士 | 近年，特許権をはじめとした知的財産権の重要性が広く認識され，わが国でも「知財立国」の名の下，知的財産の創作，保護，活用を国を挙げて取り組んでいます。弁理士は，工業所有権（特許権，実用新案権，意匠権，商標権）を特許庁へ出願し，権利を取得するまでの手続を代理するほか，知的財産や研究開発について助言を行う知的財産専門の実務家です。

| 行政書士 | 行政書士は，他人の依頼を受け，官公庁に提出する申請書類の作成・提出手続代理，遺言書などの権利義務，事実証明に関する書類，契約書の作成などを行います。

| 社会保険労務士 | 社会保険労務士は，労働社会保険関係の法令に精通し，適切な労務管理その他労働社会保険に関する指導を行う専門家です。

2 会計関係の諸資格

| 公認会計士 | 公認会計士は，監査・会計の専門家として，財務書類の監査証明義務，会計業務，税務業務，コンサルティング業務を行います。

| 税理士 | 税理士は，税務に関する専門家として，税務代理（税務署などに対する税金の申告・不服申立てや税務調査の立会い），税務官公署に提出する税務書類の作成，税務相談，会計業務などの業務を行います。

3 その他の資格

| 不動産鑑定士 | 不動産鑑定士の業務には，土地や家屋などの不動産の価値を公正な立場から判断し適正な価格を決定する「鑑定評価業務」と，顧客に対し将来の不動産の価値変動

などについてアドバイスする「コンサルティング業務」があります。

土地家屋調査士は，所有者に代わり不動産の
表示に関する登記につき必要な土地又は建物の
調査，測量，申請手続又は審査請求の手続を行います。

宅地建物取引士は，宅地・建物の取引の際，
取引相手に対し，物件の状態，権利関係，法令
上の制限，代金支払の条件などの重要事項を説明する専門家です。

中小企業診断士は，中小企業の経営課題に
対応するための診断・助言を行う専門家です。

4 検定試験

法学検定は，法学に関する知識を客観的に評価す
る検定試験として，ベーシック〈基礎〉，スタンダ
ード〈中級〉，アドバンスト〈上級〉にわかれ，年1回実施されま
す。

ベーシック〈基礎〉は，法学入門「憲法」「民法」「刑法」につい
ての基礎知識・能力を測る試験として，法学部1年次生～2年次生
程度を対象とします。

スタンダード〈中級〉は，「法学一般」「憲法」「民法」「刑法」の
必須科目に加え，選択科目5科目（民事訴訟法，刑事訴訟法，商法，行
政法，基本法総合（憲法・民法・刑法））から1科目を選択し，基本的
な条文の解釈や重要判例の理解度を測る試験として，法学部2年次
生～標準的な3年次生程度を対象としています。

アドバンスト〈上級〉は，学習の進んでいる法学部3年次生～法
学部卒業程度を対象とし，「法学基礎論」「憲法」「民法」「刑法」の
必須科目に加え，民事訴訟法，刑事訴訟法，商法，行政法から1科

目と労働法，倒産法，経済法，知的財産法から1科目を選択します。将来法曹を目指すためのステップとして，また企業や官公署において法律実務を担当しうるだけの一定水準以上の体系的な法学の実力を証明する試験として利用されます。(法学検定試験委員会「法学検定試験 2019 年受験要項」より)

ビジネス法務実務検定　　近時，ビジネスの世界では，「コンプライアンス（法令等遵守）」の重要性が広く認識されています。ビジネス法務実務検定は，実務的な法律知識を修得することを目的に創設され，3級，2級，1級に分かれて年2回（3級，2級）と年1回（1級）実施されています。

　3級では，3級公式テキストの基礎知識とその応用力が問われ，3級取得者には「ビジネス法務リーダー®」の称号が与えられます。

　2級では，3級の範囲及び2級公式テキストの基礎知識とその応用力が問われ，2級取得者には「ビジネス法務エキスパート®」の称号が与えられます。

　1級では，1級，2級，3級の範囲に該当する法律・関連法令が出題範囲とされ，1級取得者には「ビジネス法務エグゼクティブ®」の称号が与えられます。(東京商工会議所ウェブサイト「ビジネス法務検定試験」より)

③　大学院法学研究科

　法学部のある大学の中には，大学のほか各種研究所（シンクタンク等）の研究者，高度な法律知識をもった職業人の養成等を目的に法学専攻の大学院を設置しているものもあります（多くの場合，○○大学大学院法学研究科とよばれています）。大学院法学研究科は，2年

間の**修士課程**（博士前期課程）と3年間の**博士課程**（博士後期課程）から構成され，基礎法学，比較法学，民事法学（私法学），公法学，刑事法学，政治学等の専攻が設置されています。

修士課程には，博士課程への進学を前提とした研究者養成コースのほか，修士課程で学んだ知識を活かす形で専門職への就職を目指すコース（「専修コース」などとよばれている）を設置している大学院もあります。また，大学院によっては，社会人を対象とした入試制度や授業形態を設けているところもあります。

4 公務員

公務員は，国家公務員と地方公務員に大別されますが，様々な職種があり試験も千差万別です。

1 国家公務員

総合職 | 各省庁の幹部候補生として採用されるいわゆる「キャリア組」です。比較的早い時期から責任ある仕事を任せられ，政策の企画立案，立法，予算編成など各省庁の業務の中枢を担います。従来の国家Ⅰ種に相当しますが，大卒程度試験に加え，新たに院卒者試験も設けられました。

一般職 | 各省庁の特定部門のスタッフとして業務に従事します。実力次第で幹部への道が開かれる可能性があります。勤務地は原則として採用を受けた地方局管内の移動となりますが，「行政」の試験区分による本省庁への採用は，受験地域区分を問いません。大卒程度試験が，従来の国家Ⅱ種に相当します。

| 外務省専門職員 | 外務省専門職員は，外務本省と在外公館（大使館，領事館，政府代表部）に交互に勤務し，地域別，分野別の専門家となります。 |

外務省専門職員は，外務本省と在外公館（大使館，領事館，政府代表部）に交互に勤務し，地域別，分野別の専門家となります。

国税専門官は，国税局や税務署において，国税調査官（税務申告の調査・指導），国税徴税官（滞納税金の督促・滞納処分），国税査察官（脱税の調査・告発）として活躍します。

財務専門官は，財政・金融のプロフェッショナルとして，財務局，財務省，金融庁で活躍することが期待されています。

労働基準監督官は，厚生労働本省のほか，全国各地の労働局，労働基準監督署に勤務します。工場，事業所などに立ち入り，法定労働条件が確保されるように監督・指導します。

刑務官は，刑務所・少年刑務所，拘置所に勤務します。刑務所・少年刑務所では，受刑者への指導を通じて社会復帰に向けて様々な指導を行います。拘置所では，勾留中の被疑者・被告人の逃走・証拠隠滅を防止し，公平な裁判が受けられるようにします。

法務教官は，少年院や少年鑑別所に勤務し，非行を犯した少年の社会不適応の原因を除去して，心身ともに健全な少年として社会に復帰させることを職務とします。

裁判所事務官は，各種裁判事務，一般事務に従事しますが，一定期間在職すると，試験を受けて裁判所書記官となる道があります。

家庭裁判所調査官は，各家庭裁判所において家事審判法で定める事件の審判，調停について必要な調査などを行います。

衆議院事務局・参議院事務局　衆議院事務局，参議院事務局職員は，衆議院，参議院の本会議，委員会などの運営事務，議員立法に関連した調査事務，一般事務に従事します。

国立国会図書館職員　国立国会図書館職員は，国会職員として国立国会図書館の司書業務のほか，立法調査業務，一般事務に従事します。

2　地方公務員

都道府県 （道府県上級，東京都Ⅰ類）　都道府県庁には，中央の各省庁が担当する分野をカバーするため，様々な部局が置かれています。また都道府県全域を対象とするため，各地に出先機関が設置されています。事務系職員は，部局間を定期的に移動し，多様な業務を経験します。

市 （市役所上級），東京都特別区 （東京都特別区Ⅰ種）　市役所，東京特別区の区役所も基本的には都道府県と同様の組織形態をとりますが，都道府県庁に比べて地域が狭く，出先機関も少ないため，職員の多くは本庁で働きます。また，都道府県庁と比べると，各種手続の窓口業務などを通じて住民と接する機会も多くなります。

警 察 官　都道府県には，都道府県公安委員会があり，都道府県警察を管理しています。警察官の具体的業務として，地域警察 （交番・駐在所へ勤務）のほか，刑事警察 （各種刑法犯の解決），交通警察，生活安全警察 （犯罪，事件，事故，災害の防止），警備警察 （雑踏・要人警備）があります。

| 消 防 官 | 消防官の所属する消防本部は，1つないし複数の市 |

消防官の所属する消防本部は，1つないし複数の市町村ごとに置かれており（東京都は都の組織として東京消防庁），地域の防災活動，火災・水害発生時の救急・救助活動において中心的な役割を担っています。

5 企業の法務部，知的財産部

法務部

皆さんの中には法学部を卒業して企業に入り，法務部で仕事をすることを考えている人も多いかもしれません。我々の日常生活の多くの場面に法律が関係していますが，企業の活動においても，取引先，顧客との契約締結のほか，事業提携，合併・企業買収をはじめとして，業務のあらゆる場面で法律が関係しています。

法務部の仕事としては，①**予防法務**，②**紛争処理**，③**戦略法務**に大別されます。①の予防法務は，契約書類などの事前審査のほか，法令遵守に向けた「コンプライアンス・プログラム」の策定，事業計画や株主総会・取締役会事項を法的に審査することなどが主な内容です。②の紛争処理は，顧客・取引先，株主，地域住民などからの苦情，紛争を処理します。顧問弁護士や警察などと協力する場合もあります。③の戦略法務は，事業提携，合併・企業買収等の事業戦略を法的側面から支援します。

知的財産部

特許権，商標権，意匠権，著作権などの知的財産権の重要性が認識される中，企業によっては，法務部とは独立した知的財産部が置かれている場合があります。知的財産部の基本的な役割としては，知的財産の権利化，知的財産の活用が中心となります。

知的財産の権利化とは，特許権を例にとると，自社の開発した技術に対する特許権を取得するための特許庁への出願手続が中心となります。知的財産権の活用方法としては，第三者に対して特許権の実施や使用を許諾すること，または特許権そのものを譲渡する方法があります。

事項索引

さ　行

た　行

執筆者紹介

武藤眞朗 （むとう まさあき）
　　1991 年　早稲田大学大学院法学研究科博士課程単位取得退学
　　現　在　東洋大学法学部教授
　　〈担当項目〉…1, 4, 5

多田英明 （ただ ひであき）
　　2003 年　慶應義塾大学大学院法学研究科博士課程単位取得退学
　　現　在　東洋大学法学部教授
　　〈担当項目〉…3 ①, 6, 7 ②③, 10

宮木康博 （みやき やすひろ）
　　2007 年　同志社大学大学院法学研究科博士課程単位取得退学
　　現　在　名古屋大学大学院法学研究科教授
　　〈担当項目〉…2, 3 ②〜⑤, 7 ①, 8, 9

法を学ぶパートナー［第4版］

2008年4月20日　初　版第1刷発行
2009年3月20日　補訂版第1刷発行
2012年3月20日　第2版第1刷発行
2017年3月20日　第3版第1刷発行
2020年9月20日　第4版第1刷発行
```

```
　　　　　　　武　藤　眞　朗
著　者　　　多　田　英　明
　　　　　　　宮　木　康　博

発行者　　　阿　部　成　一
```

〒162-0041　東京都新宿区早稲田鶴巻町514

発行所　　株式会社　成文堂

電話03(3203)9201(代)　Fax03(3203)9206
http://www.seibundoh.co.jp

製版・印刷・製本　シナノ印刷
☆乱丁・落丁本はおとりかえいたします☆
© 2020　Muto, Tada, Miyaki　　Printed in Japan

ISBN978-4-7923-0674-8　C3032

定価（本体1,800円＋税）
```

○所有権移転登記抹消登記手続請求事件

平成15年（受）第1103号
同18年2月23日第一小法廷判決　棄却

【上告人】　控訴人　原告　中村一富　代理人　河野　　浩　ほか
【被上告人】　被控訴人　被告　加来満治
【第1審】　大分地方裁判所　平成14年4月19日判決
【第2審】　福岡高等裁判所　平成15年3月28日判決

○ 判 示 事 項

不実の所有権移転登記がされたことにつき所有者に自らこれに積極的に関与した場合やこれを知りながらあえて放置した場合と同視し得るほど重い帰責性があるとして民法94条2項，110条を類推適用すべきものとされた事例

○ 判 決 要 旨

不動産の所有者であるXから当該不動産の賃貸に係る事務や他の土地の所有権移転登記手続を任せられていたAが，Xから交付を受けた当該不動産の登記済証，印鑑登録証明書等を利用して当該不動産につきAへの不実の所有権移転登記を了した場合において，Xが，合理的な理由なく上記登記済証を数か月間にわたってAに預けたままにし，Aの言うままに上記印鑑登録証明書を交付した上，AがXの面前で登記申請書にXの実印を押捺したのにその内容を確認したり使途を問いただしたりすることなく漫然とこれを見ていたなど判示の事情の下では，Xには，不実の所有権移転登記がされたことについて自らこれに積極的に関与した場合やこれを知りながらあえて放置した場合と同視し得るほど重い帰責性があり，Xは，民法94条2項，110条の類推適用により，Aから当該不動産を買い受けた善意無過失のYに対し，Aが当該不動産の所有権を取得していないことを主張することができない。

【参照】 民法９４条２項　2　前項の規定による意思表示の無効は，善意の第──⑧
　　　　三者に対抗することができない。

(b) 　同法１１０条　前条本文の規定は，代理人がその権限外の行為をした場合にお
　　　　いて，第三者が代理人の権限があると信ずべき正当な理由があるときについ
　　　　て準用する。

○主　　　文───────⑨

(c) 本件上告を棄却する。
　　上告費用は上告人の負担とする。

○理　　　由───────⑩

上告代理人河野浩，同千野博之の上告受理申立て理由１について

　1　原審の適法に確定した事実関係の概要等は，次のとおりである。

　(1)　上告人は，平成７年３月にその所有する土地を大分県土地開発公社の
(d) 仲介により日本道路公団に売却した際，同公社の職員であるＡと知り合っ
た。

　(2)　上告人は，平成８年１月１１日ころ，Ａの紹介により，石原登志子か
ら，第１審判決別紙物件目録記載１の土地及び同目録記載２の建物（以下，
これらを併せて「本件不動産」という。）を代金７３００万円で買い受け，
同月２５日，石原から上告人に対する所有権移転登記がされた。

　(3)　上告人は，Ａに対し，本件不動産を第三者に賃貸するよう取り計らっ
てほしいと依頼し，平成８年２月，言われるままに，業者に本件不動産の管
理を委託するための諸経費の名目で２４０万円をＡに交付した。上告人は，
Ａの紹介により，同年７月以降，本件不動産を第三者に賃貸したが，その際
の賃借人との交渉，賃貸借契約書の作成及び敷金等の授受は，すべてＡを介
して行われた。

　(4)　上告人は，平成１１年９月２１日，Ａから，上記２４０万円を返還す
る手続をするので本件不動産の登記済証を預からせてほしいと言われ，これ
をＡに預けた。

　また，上告人は，以前に購入し上告人への所有権移転登記がされないまま
になっていた大分市大字松岡字尾崎西７３７１番４の土地（以下「７３７１

番4の土地」という。）についても，Aに対し，所有権移転登記手続及び隣接地との合筆登記手続を依頼していたが，Aから，7371番4の土地の登記手続に必要であると言われ，平成11年11月30日及び平成12年1月28日の2回にわたり，上告人の印鑑登録証明書各2通（合計4通）をAに交付した。

　なお，上告人がAに本件不動産を代金4300万円で売り渡す旨の平成11年11月7日付け売買契約書（以下「本件売買契約書」という。）が存在するが，これは，時期は明らかでないが，上告人が，その内容及び使途を確認することなく，本件不動産を売却する意思がないのにAから言われるままに署名押印して作成したものである。

　(5)　上告人は，平成12年2月1日，Aから7371番4の土地の登記手続に必要であると言われて実印を渡し，Aがその場で所持していた本件不動産の登記申請書に押印するのを漫然と見ていた。Aは，上告人から預かっていた本件不動産の登記済証及び印鑑登録証明書並びに上記登記申請書を用いて，同日，本件不動産につき，上告人からAに対する同年1月31日売買を原因とする所有権移転登記手続をした（以下，この登記を「本件登記」という。）。

　(6)　Aは，平成12年3月23日，被上告人との間で，本件不動産を代金3500万円で売り渡す旨の契約を締結し，これに基づき，同年4月5日，Aから被上告人に対する所有権移転登記がされた。被上告人は，本件登記等からAが本件不動産の所有者であると信じ，かつ，そのように信ずることについて過失がなかった。

　2　本件は，上告人が，被上告人に対し，本件不動産の所有権に基づき，Aから被上告人に対する所有権移転登記の抹消登記手続を求める事案であり，原審は，民法110条の類推適用により，被上告人が本件不動産の所有権を取得したと判断して，上告人の請求を棄却すべきものとした。

　3　前記確定事実によれば，上告人は，Aに対し，本件不動産の賃貸に係る事務及び7371番4の土地についての所有権移転登記等の手続を任せていたのであるが，そのために必要であるとは考えられない本件不動産の登記

3

済証を合理的な理由もないのにAに預けて数か月間にわたってこれを放置
し，Aから7371番4の土地の登記手続に必要と言われて2回にわたって
印鑑登録証明書4通をAに交付し，本件不動産を売却する意思がないのにA
の言うままに本件売買契約書に署名押印するなど，Aによって本件不動産が
ほしいままに処分されかねない状況を生じさせていたにもかかわらず，これ
を顧みることなく，さらに，本件登記がされた平成12年2月1日には，A
の言うままに実印を渡し，Aが上告人の面前でこれを本件不動産の登記申請
書に押捺したのに，その内容を確認したり使途を問いただしたりすることも

⑪－要旨 なく漫然とこれを見ていたというのである。そうすると，Aが本件不動産の
登記済証，上告人の印鑑登録証明書及び上告人を申請者とする登記申請書を
用いて本件登記手続をすることができたのは，上記のような上告人の余りに
も不注意な行為によるものであり，Aによって虚偽の外観（不実の登記）が
作出されたことについての上告人の帰責性の程度は，自ら外観の作出に積極
的に関与した場合やこれを知りながらあえて放置した場合と同視し得るほど
重いものというべきである。そして，前記確定事実によれば，被上告人は，
Aが所有者であるとの外観を信じ，また，そのように信ずることについて過
失がなかったというのであるから，民法94条2項，110条の類推適用に
より，上告人は，Aが本件不動産の所有権を取得していないことを被上告人
に対し主張することができないものと解するのが相当である。上告人の請求
を棄却すべきものとした原審の判断は，結論において正当であり，論旨は理
由がない。

　　　　よって，裁判官全員一致の意見で，主文のとおり判決する。─────⑫

⑮ {（裁判長裁判官　島田仁郎　裁判官　横尾和子　裁判官　甲斐中辰夫
　　裁判官　泉　徳治　裁判官　才口千晴）

　↓
　(f) 上告代理人河野浩，同千野博之の上告受理申立て理由 ────────⑯
　　　　　　　　　　　　　　　（ただし，排除されたものを除く。）

　1　原判決が，本件事案に民法110条を類推適用した点について

　(1) 本件は，通常の代理形式による取引とは異なり，訴外　**Ａ**　が勝手に

4

自己名義にした本件不動産を，さらに相手方に売却した場合であり，申立人（本人）の表示は訴外 A から相手方への売却の際にはなされていない。

(2) 原判決は，上記の如き本件の事案について，一方で，「本件を第三者の側からみた場合には，第三者が信頼したのは代理権の存在ではなく不実の登記等であるから，民法94条2項の類推適用が検討されるべき事案といえそうである。」と判示しつつ（原判決16頁），他方で，「しかし，本人の側からみた場合には，不実の外形が作出される基礎となった事情は，虚偽の外形の積極的形成ないしその放置ではなく，基本代理権の授与及び代理人の権限踰越の事情であるから，民法110条の類推適用が検討されるべき事案とも考えられる。…本件については，権限のある者の処分行為であることを信頼して取引をした第三者の保護を図る民法110条の類推適用を検討するのが相当の事案というべきである。」と判示して，民法110条の類推適用のみを検討している。

(3) しかし，本件のように，代理人（訴外 A ）が勝手に自己名義にした不動産を売却した場合に民法110条の類推適用のみを検討するとすれば，登記に公信力を認めない民法の原則とは大きく異なることとなり，静的安全を著しく害するおそれがある（松久三四彦「不動産売買につき，買主において売主が所有者であると信じたことに過失がないとして，表見代理の法理を類推適用して，買主の所有権取得を認めた事例」判例評論361号42頁）。

　だからこそ，従前の判例では，代理形式ではなく，不実登記等を信頼して担保権の設定や売買などの取引をした第三者の保護は，民法94条2項の類推適用や，民法94条2項及び110条の類推適用（併用）によってなされてきた。即ち，民法94条2項と110条を併用することによって，第三者保護の要件を加重し，第三者の保護は本人の不実登記等への関与が民法94条2項の類推適用が認められる場合に限定されてきたのであり（松

5

不実の所有権移転登記がされたことにつき所有者に…した場合と同視し得るほど重い帰責性があるとして民法94条2項，110条を類推適用すべきものとされた事例

久前掲書・判例評論 361 号 39 頁），これによって登記に公信力を認めない民法の原則のもとで，動的安全と静的安全の保護の調和を図ってきたのである。

(4) 以上からすれば，本件のように代理形式ではなく，訴外 A が自己名義にした不実登記を信頼して本件不動産を購入した相手方の保護は，民法 94 条 2 項が類推適用される場合にのみ民法 110 条の類推適用が検討されるべきであり（即ち，民法 94 条 2 項と民法 110 条の併用がなされるべきである），民法 94 条 2 項が類推適用される余地のない場合にまで，民法 110 条のみを類推適用することは許されないというべきである。

原判決は，前述のとおり，本件について，「本件を第三者の側からみた場合には，第三者が信頼したのは代理権の存在ではなく不実の登記等である」と判示しつつ，結局，民法 94 条 2 項の類推適用の可否（要件の有無）を検討することのないまま，民法 110 条の類推適用のみを行っているのであり，法令の解釈適用について重大な誤りが存する。

(5) なお，原判決は，最高裁判例を引用しつつ，「なお，最高裁昭和 44 年 12 月 19 日第二小法廷判決，民集 23 巻 12 号 2539 頁も，代理人が本人名義の不動産を本人の名において売却した事案につき，代理形式の取引ではないにもかかわらず，第三者がその行為を本人自身の行為と信じた点につき，代理人の代理権限を信頼した場合と異なるところはないとの理由により，民法 110 条の類推適用を認めて，第三者の保護を図る判断を示している。」と判示し，本件において民法 110 条を類推適用することの補足理由としているが，上記最高裁判例は，代理人が直接本人の名において権限外の行為をした事案（代理人が本人と名乗って本人名義の不動産を売却した事案）についてのものであり，そもそも不実登記等が存する場合ではなかったのであるから民法 94 条 2 項の類推適用が検討される余地はない事案である。

したがって，代理人が本人の不動産を勝手に自己名義に所有権移転登記をした上で相手方に売却し，「本件を第三者の側からみた場合には，第三者が信頼したのは代理権の存在ではなく不実の登記等である」といえる本件の場合とは全く事案を異にする判例である。

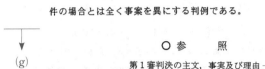

〇 参 照

第１審判決の主文，事実及び理由 —————————— ⑰

(g)

（口頭弁論終結の日　平成１４年３月１５日）

主　　　　　文 —————— (ⅰ)

1　原告の請求をいずれも棄却する。

2　訴訟費用は原告の負担とする。 —————— (ⅱ)

事 実 及 び 理 由

—————— (ⅲ)

第1　請求

1　被告加来満治は，別紙物件目録記載の各不動産について，大分地方法務局平成１２年４月５日受付第８４２４号所有権移転登記の抹消登記手続をせよ。

2　被告　**A**　は，別紙物件目録記載の各不動産について，大分地方法務局平成１２年２月１日受付第２０７３号所有権移転登記の抹消登記手続をせよ。

3　訴訟費用は被告らの負担とする。

第2　事案の概要

　　本件は，原告が，被告らに対し，所有権に基づく妨害排除請求として不動産になされた被告らの各所有権移転登記の抹消登記手続を求めた事案である。

1　争いのない事実等（争いのある事実については文末に掲げた証拠によって認定した。）

(1)　原告は，平成８年１月２５日，石原登志子（以下「石原」という。）から，別紙物件目録1及び2記載の土地及び建物（以下「本件不動産」という。）を代金合計７３００万円で購入した。（甲1，2，3の1から3）

不実の所有権移転登記がされたことにつき所有者に…した場合と同視し得るほど重い帰責性があるとして民法９条２項，１１０条を類推適用すべきものとされた事例

(2) 本件不動産について，平成１２年２月１日，原告から被告 **A** に対する同年１月３１日売買を原因とする所有権移転登記手続がなされた（以下「本件所有権移転登記」という。）。（争いがない）

(3) 被告 **A** は，被告加来との間で，平成１２年４月５日，本件不動産を代金３５００万円で売るとの契約をした。（甲１，２，弁論の全趣旨）

(4) 被告 **A** は，被告加来に対し，平成１２年４月５日，上記(3)の売買契約に基づき，本件不動産について同日売買を原因とする被告 **A** から被告加来への所有権移転登記手続をした。（争いがない）

2　争点

原告は，本件不動産の所有権を有するか否か－所有権喪失の抗弁

(1) 原告が被告 **A** に対し，本件不動産の売却以外の事項について権限を授与したか否か

（被告らの主張）

ア　原告は，被告 **A** に対し，本件不動産の購入に際し，売主探し，売買代金決定，売買契約締結，所有権移転登記手続といった本件不動産の購入に関する一切の事項について代理権を授与した。

イ　原告は，被告 **A** に対し，本件不動産の登記済権利証を預けた平成１１年９月２１日から原告から被告 **A** に対し本件不動産の所有権移転登記がなされた平成１２年２月１日までの間に，本件不動産以外の土地について，佐藤清三から原告に対する所有権移転登記及び分筆登記，登記手続に先立つ農業委員会や大分市との各種手続申請及び申請に付随する事務について代理権を授与した。

ウ　原告は，被告 **A** に対し，本件不動産を購入後，本件不動産の借主探し，賃貸借契約締結，賃料の支払請求，賃貸借契約の更新，賃料増額に関する交渉等の本件不動産の賃貸借契約に関する一切の事項について代理権を授与した。

8

エ 原告は，本件不動産について，原告を売主，被告 **A** を買主とし，売買
代金を４３００万円とする平成１１年１１月７日付け不動産売買契約証書
の売主欄の住所，氏名欄に自筆で記入し，原告の実印を押印した。

オ 原告は，被告 **A** を信頼し，被告 **A** の言うがままに書類に署名し，被
告 **A** に原告の実印を押印させていた。

（原告の主張）

ア 原告は，被告 **A** から，平成１１年９月２１日，大分県土地開発公社が
管理費用として預かった２４０万円を返還することになったから，本件不
動産の権利証を預からせてほしいと言われて，被告 **A** に対し，本件不動
産の登記済権利証を預けた。これは，事実上，原告が被告 **A** に対して本
件不動産の登記済権利証を預けたにすぎず，法律行為を委託したり，代理
権を授与したものではない。

イ 原告は，被告 **A** から，平成１２年１月２６日，本件不動産以外の土地
の登記に必要であるとして，佐藤清三の印鑑登録証明書１通と原告の印鑑
登録証明書２通，住民票２通の準備を指示され，同月２８日，原告は，被
告 **A** に対し，これらの書類を渡した。その際，原告は，被告 **A** から，
登記に必要なので実印を貸してほしいと言われ，実印を被告 **A** に渡し，
被告 **A** が，所持していた書類に押印した。これは，原告が被告 **A** に対
し，公法上の行為である純然たる登記手続について委託したにすぎない。

ウ 民法１１０条における基本代理権は，表見代理の成否に関わる法律行為
（本件においては，不動産の売買及び所有権移転登記手続）に直接関係す
る代理権でなければならず，それ以外の代理権は，基本代理権となり得な
い。

(2) 被告加来は，本件不動産を購入した当時，被告 **A** が本件不動産の所有権
を有すると信じていたか。また，信じたことに正当の理由があるか否か。

（被告らの主張）

ア　被告加来は，本件不動産を購入した当時，本件不動産の所有者は被告 **A** であると信じた。

イ　被告加来が本件不動産を購入した当時，本件不動産の不動産登記簿上の所有者は被告 **A** であった。

ウ　被告加来は，被告 **A** から，本件不動産が被告 **A** の所有であるとの説明を受けていた。

エ　本件不動産の査定価格は，３７８０万円であり，昨今の地価下落傾向を考慮すれば，被告加来が被告 **A** から購入した価格が不当に廉価であるとは言えない。

オ　原告は，本件不動産を原告から被告 **A** に対して売る旨の売買契約書に署名し実印を押印した。また，原告は，被告 **A** に対し，本件不動産の登記済権利証及び印鑑登録証明書を交付し，登記委任状にも署名押印した。

カ　銀行の融資担当者は，被告 **A** が提出した原告を売主とする本件不動産の売買契約書の写しの提出を受けた上で，本件不動産が原告から被告 **A** に譲渡されたものと信じ，本件不動産を担保にして被告 **A** に対し１５００万円を融資した。

（原告の主張）

原告は，本件不動産を７３００万円で購入したところ，被告加来は被告 **A** から，３５００万円で購入した。

(3)　民法９５条の類推適用の可否

（原告の主張）

本件に民法１１０条が類推適用されるとしても，その法的効果は本人の真意と食い違うから，民法９５条が類推適用され，本件不動産の所有権移転登記手続は無効である。

（被告らの主張）

仮に，民法９５条の類推適用の余地があるとしても，原告は，被告 **A** に

言われるままに本件不動産の登記済権利証を長期間預け，本件不動産に関する売買契約書の売り主欄に自筆で署名した上，実印を押印し，所有権移転登記の委任状に実印を押印したから，原告には重過失があり，被告加来に対して錯誤無効を主張することはできない。

第3　争点に対する判断

1　証拠（甲1，2，3の1から3，甲4の1から8，甲5の1から4，甲7から10，11の1から3，甲12の1から6，甲13，16，17の1及び2，乙イ2から4，乙ロ1，原告本人）及び弁論の全趣旨によれば次の事実を認めることができる。

(1)　平成7年3月15日，原告は，日本道路公団に対し，大分市大字松岡字白水7091番の土地などを九州自動車高速道路用地として売却した。このときに，地元の事情に詳しいことの他，原告ら売主が売却した土地や代替地の農地法上の手続や所有権移転登記手続等を担当するため大分県土地開発公社が売買契約の仲介等をし，原告は，同公社の職員であった被告 A を知り，日本道路公団との売買契約の外，第三者（明田豊重）からの代替地取得のための売買契約も締結した。

(2)　被告 A は，原告が取得した代替地の農地法上の手続及び所有権移転登記手続のための司法書士への依頼から登記費用の支払等を原告のために代行した。この際，原告は，被告 A から登記に必要だから実印を貸してほしいと言われれば，これを貸し，被告 A が書類に押印し，被告 A の言うがまま登記費用を渡した。

(3)　同年4月18日，原告は，第三者（佐藤信夫）から代替地を買い受けた。被告 A は，その契約に立会い，その分筆手続及び所有権移転登記手続のため，測量士や司法書士への依頼，農地法上の手続等を代行した。

(4)　同年9月ころ，原告は，自宅裏の土地を畑から宅地に地目変更し，そこに倉庫を建築することにし，その際，被告 A は，地目変更手続，測量士や司

II

　　　　　　　　　　　　　不実の所有権移転登記がされたことにつき所有者に…し
　　　　　　　　　　　　　た場合と同視し得るほど重い帰責性があるとして民法9
　　　　　　　　　　　　　4条2項，110条を類推適用すべきものとされた事例

法書士への依頼，費用の支払を代行した。

(5)　原告は，被告 A に対し，他に適当な代替物件があれば世話をして欲しい
　　と依頼していたところ，平成8年1月ころ，被告 A は，原告に対し，本件
　　不動産を代替物件として紹介し，同月11日ころ，原告は，本件不動産を代
　　金7300万円で購入することとした。原告は，同月11日に4000万円，
　　同年3月6日に3300万円を，被告 A から指定された売主石原名義口座
　　に振り込んで支払った。この売買契約において，原告は，被告 A に対し，
　　石原との間の交渉等を全て任せており，原告は，一度石原に面会し，本件不
　　動産を見せてもらったのみである。

(6)　被告 A は，本件不動産の所有権移転登記手続のための司法書士への依頼
　　や支払を全て代行した。原告は，被告 A から，本件不動産の所有権移転登
　　記手続のために司法書士に支払う費用として162万0400円を要求され
　　ると，同月24日，被告 A に同金額を渡すなど，被告 A を信用し，被告
　　A が言うままに費用を渡し，被告 A から領収書等の交付を受けなかった。
　　同月25日，石原から原告への本件不動産の所有権移転登記手続が完了した。

(7)　このころ，原告は，本件不動産を購入したものの，当分の間，これを使用
　　する予定がなかったので，被告 A に対し，本件不動産を賃貸することの世
　　話をしてほしいと依頼した。

(8)　同年2月ころ，原告は，被告 A から，石原の署名押印のある本件不動産
　　の売買契約書2通を受領し，署名押印の上，1通を被告 A に返還し，1通
　　を原告が取得した。そして，そのころ，原告は，被告 A から，本件不動産
　　の登記済権利証を受け取った。その際，被告 A は，原告に対し，本件不動
　　産を賃貸するについては，業者に管理を委託することになり，業者に6年分
　　の諸経費として240万円を支払う必要があると申し向け，同月9日，原告
　　は，被告 A に対し，240万円を渡した。

(9)　同年3月2日，原告は，被告 A に対し，被告 A が新築した家屋の新築

祝いとして5万円を渡し，同月9日，被告 **A** に世話になった謝礼として1
0万円を渡した。

(10) 同年6月ころ，原告は，被告 **A** から，鵜沢正和（以下「鵜沢」とい
う。）が本件不動産を家賃1か月10万円で借りたいと言っているとの報告
を受けた。原告は，被告 **A** に対し，鵜沢と面会したいと申し入れたが，被
告 **A** から，家賃のことで注文をつけられたりするから会わない方がよいと
言われ，鵜沢とは会わなかった。

(11) 同年6月7日ころ，原告は，社団法人日本不動産鑑定協会九州会大分県部
会から，本件不動産の売買価格等について照会を受けた。原告は，被告 **A**
に連絡したところ，被告 **A** からそのまま放置するようにと言われ，回答し
なかった。

(12) 同年7月から，原告は，鵜沢正和に対し，本件不動産を家賃1か月10万
円（平成11年9月から1か月10万5000円）で賃貸した。同年9月初
め，原告は，被告 **A** から，鵜沢との間の賃貸借契約書及び敷金及び家賃の
一部の合計として48万円を受け取った。このころ，原告は，被告 **A** から，
本件不動産の管理を民間の業者に委託するのは中止になり，大分県土地開発
公社が行うことになったと伝えられた。

(13) 平成11年4月22日，原告は，被告 **A** から，公社の公用車に乗ってい
て大学生の単車と衝突する事故を起こした，県の弁護士が中に入ってくれて
260万円を支払うという示談ができた，自分は今，住宅ローンや車のロー
ンがあって工面がつかず，また，来年は，係長の昇進の任期であり公にした
くない，目処がつかないので260万円貸して欲しいとの要請を受けた。同
月23日，原告は，定期預金300万円を解約し，この中から260万円を
被告 **A** に対して貸し付けた。

(14) 同年9月11日，原告は，被告 **A** から，鵜沢と交渉して家賃を1か月1
0万5000円に値上げしたとの説明を受け，1年分の家賃の一部として2

13

4万円を受け取った。このとき，被告 **A** は，原告に対し，鵜沢との間の賃貸借契約は，期間3年であるため，契約の更新をする必要があると申し向け，原告は，被告 **A** に対し，賃貸借契約書を渡した。その後，この賃貸借契約書は，原告に返還されず，原告は，新しい賃貸借契約書も受け取っていない。

(15)　同月21日，原告は，被告 **A** から管理料として預かった240万円を返還する手続をするので本件不動産の権利証を預からせてほしいと言われ，同日，これを被告 **A** に交付した。

(16)　原告は，被告 **A** から指示されるままに，原告が被告 **A** に対し本件不動産を代金4300万円で売る旨の同年11月7日付け不動産売買契約証書に署名し，原告の実印を押印した。

(17)　原告は，被告 **A** に対し，原告が昭和51年に佐藤清三から購入し所有権移転登記をしないままにしていた原告が公民館横の土地と呼んでいる大分市大字松岡字尾崎西7371番4の土地（以下「公民館横の土地」という。）の所有権移転登記手続と公民館横の土地に隣接する原告所有の土地との合筆登記手続を依頼していたところ，同年11月29日，原告は，被告 **A** から，これらの手続に必要であるとして，印鑑登録証明書2通を準備するように指示され，同月30日，自宅でこれを被告 **A** に渡した。また，原告は，被告 **A** から，登記に必要な書類に実印が必要なので貸してほしいと言われて被告 **A** に実印を渡し，被告 **A** は，所持していた書類数通に押印してこれを原告に返した。

(18)　平成12年1月26日，原告は，被告 **A** から，公民館横の土地の所有権移転登記手続及び隣接地との合筆登記手続に必要であるから佐藤清三の印鑑登録証明書1通と原告の印鑑登録証明書2通及び住民票2通を準備するように指示され，同日，原告は佐藤清三に連絡するとともに，自分の書類を準備した。同月28日，原告は，被告 **A** に対し，準備した自分の印鑑登録証明書2通及び住民票2通並びに佐藤清三の印鑑登録証明書1通を交付した。そ

の時も，原告は，被告 **A** から，登記に必要だから実印を貸して欲しいと言われて，被告 **A** に実印を渡し，被告 **A** は，これを所持していた書類数通に押印して，原告に返した。被告 **A** は，このとき原告から受け取った書類や印鑑登録証明書を用いて原告から被告 **A** に対する本件不動産の所有権移転登記手続をした。

(19) 同年２月１日，原告は，被告 **A** から，公民館横の土地等の登記手続に必要であるから原告の実印を貸してほしいと言われ，実印を被告 **A** に渡し，被告 **A** は，持参した書類に押印して実印を原告に返した。

(20) 同月３日，株式会社豊和銀行は，被告 **A** に対し，１５００万円を貸し付け，同日，被告 **A** は，本件不動産に対し，抵当権者を株式会社豊和銀行とする抵当権を設定した。同銀行行員は，被告 **A** から関係書類の提出を受け，原告から被告 **A** に対する本件不動産の売買価格が４３００万円であることを把握した上で，融資をした。

(21) 同年２月１４日，公民館横の土地の所有権移転登記手続が，同月１７日，公民館横の土地と隣接地との合筆手続がそれぞれ完了した。

(22) 被告 **A** は，被告加来に対し，本件不動産を売却するに際し，自ら所有する本件不動産の売却を急ぐ事情がある旨申し向け，両者は，代金３５００万円で売買契約を締結した。

(23) 同年５月１３日，原告は，日本不動産鑑定協会九州会大分県支部の国土庁地価公示大分県地価調査鑑定評価員事務局から，本件不動産の売買価格を教えてほしいとの照会文書を受け取った。原告は，本件不動産を売却したことはなく，おかしいと思い被告 **A** に照会文書が来たことを連絡した。被告 **A** は，原告に対し，間違いであることが分かった，書類をもって鑑定評価事務局に説明に行くので同事務局から来た照会文書を預からせて欲しいと言って，照会文書を持ち帰った。このとき，原告は，被告 **A** から，本件不動産の権利証と管理料２４０万円の返還は５月１８日以後になるとの説明を受け

不実の所有権移転登記がされたことにつき所有者に…した場合と同視し得るほど重い帰責性があるとして民法94条2項，110条を類推適用すべきものとされた事例

た。

⒀　被告 A は，同月18日が経過しても，原告に対し，本件不動産の権利証と預託金240万円を返還しなかった。さらに，本件不動産の賃借人鵜沢からの賃料の振り込みも，平成12年4月を最後に途絶えた。

2　争点(1)（原告が被告 A に対し，本件不動産の売却以外の事項について権限を授与したか否か。）について

(1)　前記1に認定した事実によれば，原告は，被告 A に対し，被告 A と被告加来との間の前記第2の1(3)の売買契約に先立ち，本件不動産の購入に関する一切の代理権（売主及び物件探し，売買代金の交渉と決定，売買契約締結，所有権移転登記手続に関する権限など）を授与したこと，原告が所有する本件不動産以外の土地についての所有権移転登記手続等の代理権を授与したこと，本件不動産の賃貸に関する一切の代理権（借主探し，賃料額の交渉，賃貸借契約の締結，賃料の請求及び受領，賃貸借契約の更新，賃料の増額，物件の管理に関する権限など）を授与したことが認められる。そして，原告は，本件不動産を原告から被告 A に対して売る旨の売買契約書に署名して実印を押印し，被告 A に対して本件不動産の登記済権利証及び印鑑登録証明書を交付しているから，少なくとも，原告は，被告 A に対して，本件不動産の何らかの処分権限も付与したものと推認することができる。

　　　原告が被告 A に対して授与したこれらの代理権ないし権限は，民法110条の表見代理の要件である基本代理権の授与にあたるということができる。

(2)　これに対し，原告は，前記第2の2(1)（原告の主張）のとおり，原告は被告 A に対して，事実上，登記済権利証を預けたにすぎないとか，原告が被告 A に対して授与したのは，公法上の行為に関する代理権ないし権限にすぎないとか，民法110条の表見代理の要件である基本代理権は，表見代理の成否に関わる法律行為に直接関係する代理権でなければならないと主張する。

しかしながら，表見代理の制度は，権限の存在の外観を信頼して取引関係
に立った第三者を保護することを目的とするものであって，民法１１０条の
表見代理の要件として，基本代理権の存在を要求する趣旨は，権限の存在の
外観を信頼して取引関係に立った第三者を保護することと本人の利益の保護
（静的安全）との調和を図ることにあると解される。そして，本人が他人を
信頼してある行為をすることをまかせた以上は，その他人のした行為につい
て本人に責任が帰せられるのはやむを得ず，他方，その他人と取引をする相
手方を保護する必要は，その他人と本人との関係が私法上の行為についての
代理関係かそれ以外かによって何ら異ならないというべきである。ただし，
本人の利益の保護（静的安全）との調和を図るためには，基本代理権の種類
を全く問わないとすることは広汎にすぎ，合目的的見地から，本人が何らか
の私法上の取引行為を予定してその権限を他人に与えた場合に，その他人の
権限踰越行為について本人が責任を負うべきものであると解すべきである
（最高裁判所判決昭和３９年４月２日民集１８巻４号４９７頁，同昭和４６
年６月３日民集２５巻４号４５５頁参照）。

　同様の理由から，民法１１０条の表見代理の要件としては，基本代理権と
権限踰越行為とが同種のものであることは必要でなく，両者が甚だしく異質
のものであるときは，正当事由の存否について考慮すべきものというべきで
ある。

　これを本件に照らしてみれば，前記認定事実のとおり，原告が，被告Ａ
に対し，単に事実上本件不動産の登記済権利証を預けたにすぎないとか，登
記申請手続等公法上の行為に関する代理権のみを授与したにすぎないという
ことはできない。原告は，不動産の取引及び管理を中心に被告Ａを信頼し，
被告Ａに対して，原告の本件不動産の購入，処分（賃貸を含む）等私法上
の取引に関する権限から，本件不動産及び原告所有の他の不動産の所有権移
転登記手続に関する権限まで広汎に授与しているのであるから，原告が被告

　Ａに対して授与した権限は，民法１１０条の表見代理の要件である基本代理権ないしはそれに準じる権限に当たることは明らかである。

(3)　また，原告は，民法９４条２項の類推適用が認められない場合にまで民法１１０条を類推適用すると，本人の利益の保護（静的安全）を害することになると主張する。

　しかしながら，民法１１０条の類推適用においても，本人が他人に与えた基本代理権ないしそれに準じる権限の存在を要件とすることによって，本人の利益の保護（静的安全）との調和を図ることとしているのは前記のとおりである。本件においても，原告は，被告Ａを信頼して被告Ａに対して，広汎かつ様々な代理権ないし権限を授与し，法律行為をする際に極めて重要な要素となる契約書等を作成（署名及び実印を押印）し，不動産の登記済権利証や印鑑登録証明書を交付しており，被告Ａのした行為について原告に責任が帰せられるのはやむを得ないと言うべきである。したがって，原告の主張は採用できない。

3　争点(2)（被告加来は，本件不動産を購入した当時，被告Ａが本件不動産の所有権を有すると信じていたか。また，信じたことに正当の理由があるか否か。）について

(1)　前記争いのない事実等及び1に認定した事実のとおり，被告加来が被告Ａとの間で本件不動産の売買契約締結した当時，本件不動産の不動産登記簿上，所有者は被告Ａと公示されていた上，被告Ａは被告加来に対して自らが所有する不動産として売却の交渉をしていたのであるから，被告加来としては，当時，被告Ａが本件不動産の所有者であると信じたことは容易に認められる。

(2)　もっとも，民法１１０条の表見代理の「正当の理由」については，相手方は，代理人と称する者が，例えば，本人の白紙委任状，印鑑登録証明書及び取引の目的とする不動産の登記済権利証を所持しているなど，代理権の存在

18

をうかがわせるような事実があるときでも，なおその者に当該本人を代理して法律行為をする権限の有無について疑念を生じさせるに足りる事情が存する場合には，相手方としては，その自称代理人の代理権の有無について，さらに確認手段をとるべきものであるから，その調査を怠りその者に代理権があると信じても，そのように信じたことに過失がないとはいえないと解される（最高裁判所判決昭和５３年５月２５日裁集民１２４号３１頁）。

この点に関して，原告は，被告加来が被告 Ａ と締結した本件不動産の売買契約の代金額が３５００万円と相当に廉価であるから，「正当の理由」がないと主張する。

しかしながら，証拠（乙イ３，乙ロ１）及び当裁判所に顕著な事実によれば，本件不動産の平成１１年度の固定資産評価額は，土地が約３６６５万円，建物が約１９１万円であること，平成１４年１月当時の査定額は土地と建物合わせて３７８０万円であること，被告 Ａ と被告加来との間の売買以前から今日まで，不動産の価格は下落傾向にあること，原告は，原告が被告 Ａ に対し本件不動産を代金４３００万円で売却する旨の平成１１年１１月７日付け不動産売買契約証書（乙イ３の８３及び８４頁）に署名押印したこと，本件不動産を担保に被告 Ａ に対して融資をした金融機関の職員は，同契約書をはじめ関係書類を調査し本件不動産の売買価格を把握した上で，本件不動産の所有者が被告 Ａ でないとの疑念を抱くことなく融資をしたことを認めることができる。したがって，不動産登記簿上所有者として公示されている者の所有権に疑念を抱くほどに本件不動産の価格が廉価であったとは言い難く，これに被告 Ａ は被告加来に対して売却を急いでいるとの事情を説明するなど巧みに売却を持ちかけていることを併せ考えれば，被告加来が本件不動産を購入した価格が，被告 Ａ が本件不動産の所有者でないとの疑念を生じさせるに足る事情とは言えない。そして，本件全証拠によっても，この他に，被告 Ａ が本件不動産の所有者でないとの疑念を生じさせるに足る事

実を認めることができない。

(3) 確かに，原告の被告 A に対する信頼と権限等の授与は，被告 A の原告に対する違法行為（欺罔行為）によるところも大きく，また，原告が被る不利益も大きいが，これらの点を「正当の理由」の有無の判断において考慮したとしても，権利の存在の外観を信頼して取引関係に立った第三者の保護（取引の安全）との調和を図るという法の趣旨に照らせば，前記のとおり原告にも相当の責めに帰すべき事情のある本件において，「正当の理由」がないということはできない。

(4) したがって，被告加来が，本件不動産の所有者は被告 A であると信じたことには「正当の理由」があるというべきである。

4 以上によれば，被告加来と被告 A との間の本件不動産の売買には，被告 A が原告の代理人として行為をしたものではないものの，民法１１０条の法理が類推適用されるべきである。

5 争点(3)（民法９５条の類推適用の可否）について

原告は，本件に民法１１０条が類推適用されるとしても，その法的効果は本人の真意と食い違うから，民法９５条が類推適用され，本件不動産の所有権移転登記手続は無効であると主張する。

しかしながら，原告が主張する民法９５条は，本人の真意と表示行為が一致しない場合の問題であって，使者の表示と本人の意思とが食い違う場合は，同条の問題とする余地があるが（使者は，本人の決定した効果意思を表示するかその意思表示を伝達するにすぎない。），代理の場合には，代理人が意思決定した上で表示行為を行うのであるから，本人の真意との食い違いは錯誤の問題ではなく，民法９５条を類推適用する余地はない。

6 以上によれば，民法１１０条の法理を類推適用して，被告加来は，本件不動産の所有権を取得したものと認めるのが相当であり，したがって，反射的に，原告は，本件不動産の所有権を喪失したと認められる。

7 結論 ————————————————————————————〔3〕

　　したがって，その余の点について判断するまでもなく，原告の請求はいずれ

　も理由がないからこれを棄却することとし，主文のとおり判決する。

（大分地方裁判所民事第2部）

　　　　　　　　　　　　　　物　件　目　録

1　所　　　在　　大分市中島中央2丁目

　　地　　　番　　5481番

　　地　　　目　　宅地

　　地　　　積　　264．46平方メートル

2　所　　　在　　大分市中島中央2丁目5481番地

　　家屋番号　　5481番

　　種　　　類　　居宅

　　構　　　造　　木造スレート葺2階建

　　床 面 積　　1階　46．93平方メートル

　　　　　　　　　　2階　42．94平方メートル

　　　　　　　第2審判決の主文，事実及び理由 ————————————— ⑱
　　　　　　　　　　　　主　　　　文

　　1　控訴人の被控訴人加来満治に対する控訴を棄却する。

　　2　原判決中，被控訴人　**A**　に関する部分を取り消す。

　　3　被控訴人　**A**　は，原判決添付別紙物件目録記載の各不動産に
　　　　ついて，大分地方法務局平成12年2月1日受付第2073号所有
　　　　権移転登記の抹消登記手続をせよ。

　　4　訴訟費用は，第1，2審を通じ，控訴人と被控訴人加来満治との

不実の所有権移転登記がされたことにつき所有者に…した場合と同視し得るほど重い帰責性があるとして民法９４条２項，１１０条を類推適用すべきものとされた事例

間に生じた部分は控訴人の負担とし，控訴人と被控訴人　**A**　との間に生じた部分は被控訴人　**A**　の負担とする。

事 実 及 び 理 由

第１　控訴の趣旨

1　原判決を取り消す。

2　被控訴人加来満治（以下「被控訴人加来」という。）は，原判決添付別紙物件目録（以下「別紙物件目録」という。）記載の各不動産について，大分地方法務局平成１２年４月５日受付第８４２４号所有権移転登記の抹消登記手続をせよ。

3　被控訴人　**A**　（以下「被控訴人**A**」という。）は，別紙物件目録記載の各不動産について，大分地方法務局平成１２年２月１日受付第２０７３号所有権移転登記の抹消登記手続をせよ。

4　訴訟費用は第１，２審とも被控訴人らの負担とする。

第２　事案の概要

1　次のとおり補正するほか，原判決の「事実及び理由」中の「第２　事案の概要」欄記載のとおりであるから，これを引用する。

(1)　原判決２頁１行目冒頭から同２行目末尾までを次のとおり改める。

　「本件は，控訴人がもと所有していた不動産につき，被控訴人　**A**　が無断で売買を原因とする同人名義の所有権移転登記を経由したうえ，これを被控訴人加来に売却し，同人名義の所有権移転登記を経由したと主張して，不動産の所有権に基づく妨害排除請求として，被控訴人らの名義の上記各所有権移転登記の抹消登記手続を求めた事案である。

　原判決は，控訴人所有の不動産は被控訴人　**A**　が無断で同人名義に所有権移転登記を経由したものであるが，控訴人が被控訴人　**A**　に民法１１０条の基本代理権を授与しており，被控訴人加来が当該不動産の所有名義人であった被控訴人　**A**　を真実の所有者と信じ，かつ信じたことに「正当の理由」が

あったとして，民法１１０条を類推適用して被控訴人加来に不動産の所有権取得を認めて控訴人の請求をいずれも棄却したところ，控訴人は，これを不服として控訴したものである。」

(2) 同頁１１行目「被告 Ａ 」から同１２行目末尾までを次のとおり改める。

「被控訴人 Ａ は，平成１２年３月２３日，被控訴人加来に対して，本件不動産を代金３５００万円で売り渡す旨の売買契約を締結し，翌２４日，内金３０００万円の支払を受け，同年４月１３日，本件不動産に設定した抵当権を抹消して，残代金５００万円を受領した（甲１，２，２６の６，乙ロ２，被控訴人加来本人）。」

2 控訴人が当審において補充した主張

(1) 控訴人の被控訴人 Ａ に対する本件不動産に関する処分権限の授与について

ア 控訴人は，被控訴人 Ａ に対し，本件不動産の売却はもとより，それ以外の事項についても，次のとおり，何らの処分権限も授与していない。

(ｱ) 本件不動産の購入に関して

控訴人は，被控訴人 Ａ に対し，代替地を探して欲しいと依頼しただけで，本件不動産の購入に関する代理権を授与したことはなく，売買代金の決定，売買契約の締結を自ら行っている。被控訴人 Ａ は，単に立会人として行動したにすぎない。

その後，所有権移転登記の手続に関しても，被控訴人 Ａ には司法書士への委任状の持参などの使い走りを依頼したにすぎない。

(ｲ) 本件不動産の賃貸に関して

控訴人は，被控訴人 Ａ に対し，適当な賃借人を世話して欲しいと依頼したが，本件不動産の賃貸に関する代理権を授与したことはなく，賃貸借契約書に自署するなどして自ら賃貸借契約を締結している。

(ｳ) 本件不動産以外の土地の登記手続等に関して

控訴人は，被控訴人 Ａ に対し，本件不動産以外の土地（代替地とし

て購入した土地や佐藤清三から購入した土地）の登記手続等について，単に測量士や司法書士への委託，費用の支払等を依頼したにすぎず，登記手続等に関する代理権を授与していない。

測量士や司法書士への委任状の持参，費用の支払等は，使い走りを依頼したものである。

イ　仮に，控訴人が被控訴人 A に対して本件不動産の購入，本件不動産の賃貸，本件不動産以外の土地の登記手続等に関して代理権を授与したものであるとしても，次のとおり，それを理由に平成12年1月に本件不動産について何らかの処分権を付与したということはできない。

(ア)　本件不動産の購入や本件不動産の賃貸に関する代理権授与は，本件不動産の処分とはまったく関係ない行為であり（賃貸行為はそもそも処分行為ではない。），しかも，平成12年1月よりも4年近くも前のことである。

(イ)　本件不動産以外の土地の登記手続等の委託は，公法上の行為の委託であり，私法上の取引行為の一環としてなされたものではないから，基本代理権の授与とはいえない。

ウ　控訴人は，登記済権利証，印鑑登録証明書を被控訴人 A に交付したり，また本件不動産の売買契約書に署名，押印しているが，以下のとおり，前者は，本件不動産の処分等とは全く関係ないことについて交付したものであり，後者は，不動産売買契約証書であるとの認識がないままに署名，押印したものであるから，これらのことから，控訴人が被控訴人 A に対して，本件不動産につき何らかの処分権限を付与していたということはできない。

(ア)　控訴人が，被控訴人 A に対して，本件不動産の登記済権利証を交付したのは，被控訴人 A から「管理料として預かった240万円を返還する手続をするので本件不動産の権利証を預からせて欲しい」と言われたためであり，本件不動産の処分等のために交付した訳ではない。

また印鑑登録証明書を交付したのは，被控訴人 Ａ から「公民館横の
　　土地の所有権移転登記手続及び隣接地との合筆登記手続に必要」との理
　　由で印鑑登録証明書を求められたためであり，この登記申請手続に必要
　　な書類として交付したものである。

　(イ)　控訴人は，本件不動産を控訴人から被控訴人 Ａ に売却する旨の不動
　　産売買契約証書（乙イ３添付不動産売買契約証書）に署名，押印してい
　　るが，これは被控訴人 Ａ が上記公民館横の土地の所有権移転登記等に
　　必要であるとして住民票や印鑑登録証明書を取りに来た際，同人から署
　　名，押印する必要があると言われて署名，押印した書類の中に紛ぎれ込
　　んでいたものであって，本件不動産を被控訴人 Ａ に売却する旨の契約
　　書に署名，押印したとの認識は全くなかった。

(2)　民法１１０条の類推適用について

　　本件につき，民法９４条２項の類推適用が認められる場合か否かについて
　検討することなく，民法１１０条の類推適用を検討するのは正しくない。本
　件は，通常の代理形式による取引とは異なり，代理人（被控訴人 Ａ ）が本
　人（控訴人）名義の不動産を勝手に代理人（被控訴人 Ａ ）名義にしたうえ
　で，その所有であると偽って不動産を第三者（被控訴人加来）に売却した事
　案であり，本人のために代理する旨の表示は第三者への売却の際にはなされ
　ていない。このように代理人が勝手に自己名義にした不動産を売却した場合
　に，民法１１０条の類推適用のみが検討され，正当理由の有無が第三者の側
　の事情だけから判断されるときは，ほとんどの場面で善意，無過失が認めら
　れ，登記に公信力を認めていない民法の原則とは大きく異なる結果を導くこ
　ととなり，静的安全を著しく害するおそれがある。

　　そのため，従前の判例では，不実登記等を信頼して取引をした第三者の保
　護は，民法９４条２項の類推適用や，民法９４条２項及び１１０条の類推適
　用（併用）によって図られてきた。すなわち，民法９４条２項と１１０条を
　併用することによって，第三者保護の要件を加重し，第三者の保護は本人の

25

　　　　　　　　　　不実の所有権移転登記がされたことにつき所有者に…し
　　　　　　　　　　た場合と同視し得るほど重い帰責性があるとして民法９
　　　　　　　　　　４条２項，１１０条を類推適用すべきものとされた事例

不実登記等への関与につき民法９４条２項の類推適用が認められる場合に限
定されてきたのである。これによって登記に公信力を認めない民法の原則の
もとで，動的安全の保護と静的安全の保護の調和を図ってきたといえる。

　以上からすれば，本件のように，代理形式ではなく，代理人が自己名義に
した不動産の不実登記等を信頼して第三者が不動産を購入した場合の第三者
の保護は，民法９４条２項が類推適用される場合にのみ民法１１０条の類推
適用が考えられるべきであり，民法９４条２項が類推適用される余地のない
場合にまで，民法１１０条のみを類推適用することは許されない。

　原判決は，「控訴人は，被控訴人 A を信頼して被控訴人 A に対して，
広汎かつ様々な代理権ないし権限を授与し，法律行為をする際に極めて重要
な要素となる契約書等を作成し，不動産の登記済権利証や印鑑登録証明書を
交付しており，被控訴人 A のした行為について控訴人に責任が帰せられる
のはやむを得ない」と判示しているが，仮にそのような事実が認められると
しても，これらの事実は，民法９４条２項の類推適用が認められることを前
提に，民法１１０条の類推適用における「正当の理由」の有無の判断で考慮
されるべき事情である。したがって，原判決が指摘する事情があるからとい
って，民法９４条２項の類推適用が認められない場合に，民法１１０条の類
推適用をすることはできない。

　そして，本件では，控訴人は，本件不動産が被控訴人 A 名義に変更され
ていることをまったく知らなかったのであり，本件不動産の不実の外観を知
りつつこれを放置していたという事情は存しないのであって，民法９４条２
項の類推適用が認められる余地はない。

(3)　民法１１０条の「正当の理由」の有無について

　本件につき，仮に民法１１０条が類推適用されるとしても，以下の理由に
より，同条の規定する「正当の理由」は認められないというべきである。

ア　民法１１０条の「正当の理由」の有無は，単に第三者からの事情だけで
　はなく，本人側の事情も考慮して表見代理の成否を総合的に判断すべきで

ある。特に，本件のように代理形式ではなく，被控訴人 Ａ が自己名義の不実登記を作出した上で被控訴人加来に売却した場合には，第三者側の事情のみで判断することは著しく静的安全を害することとなる。

イ　被控訴人加来の本件不動産の買受け価格は，３５００万円である。しかし，本件不動産の平成１１年度の固定資産評価額でさえ，土地が約３６６５万円，建物が約１９１万円であり，被控訴人加来の買受け価格は固定資産評価額よりも低額であり，通常の取引であれば，このような事態は考えられないことである。また豊和銀行株式会社が本件不動産を担保に被控訴人 Ａ に融資をする際，本件不動産を査定したところ，その査定価格は４６７５万５０００円であった。したがって，この点からみても被控訴人加来の本件不動産の買受け価格は相当に廉価である。これに加えて，本件不動産は，平成１２年２月１日に被控訴人 Ａ 名義に所有権移転登記がなされてから，わずか２か月後の同年４月５日に被控訴人 Ａ から被控訴人加来に売却されている。このように不動産を取得してから僅か２か月程度で更に不動産を処分することは，短期譲渡に該当し譲渡所得税等の負担が大きいから，通常は考えられないことである。よって，これらの事情は，本件不動産を被控訴人 Ａ が売却することについて疑念を生じさせる事由であるというべきである。

　　また，被控訴人 Ａ は，売買契約当日に登記簿謄本を取り寄せるまで，控訴人に本件不動産に抵当権が設定されていることを説明しておらず，自宅に隣接する造成地購入資金で本件不動産を購入したという被控訴人 Ａ の説明も極めて不自然である。それにもかかわらず，被控訴人加来は，被控訴人 Ａ の売買を勧めた理由を安易に信用し，購入目的も明確でないまま，本件不動産の売買代金が高いのか安いのかという点についても特段の調査もせず，被控訴人 Ａ の提示した売買代金額で契約を締結している。

ウ　更に，以上の第三者である被控訴人加来側の事情に加えて，以下のとおり，本人である控訴人側の事情を指摘することができる。

第1に，本件で，控訴人が被控訴人 **A** に登記済権利証や印鑑登録証明書を交付したのは，同被控訴人に騙されたことによるものであり，これらの書類を交付することによって，控訴人が被控訴人 **A** に本件不動産の処分についての代理権を授与していた訳ではない。

第2に，本件不動産を被控訴人 **A** 名義に所有権移転登記がなされていることに関し，控訴人が承認的言動をしたこともない。

第3に，控訴人が登記済権利証や印鑑登録証明書を交付した目的と，被控訴人 **A** が本件不動産の所有権移転登記手続をしたことの食い違いが余りにも著しく，被控訴人 **A** が控訴人の代理人として行為をしたとすれば，それは利益相反行為である。

第4に，控訴人にとって，本件不動産の所有権を失うことの損失は多大である。

(4) 民法95条の類推適用について

原判決は，「代理の場合には，代理人が意思決定した上で表示行為を行うのであるから，本人の真意との食い違いは錯誤の問題ではなく，民法95条を類推適用する余地はない」と判示している。しかし，基本代理権のある代理人が越権行為を行い，相手方に正当理由が認められる場合，民法110条によって，本人は相手方の信じた内容の代理権授与表示をしたことになるが，その表示内容は本人の真意とは食い違うことになる。そして，これは意思欠缺錯誤類似の事態ということができるのであるから，代理の場合であっても，民法95条が類推適用されるべきである。

第3 当裁判所の判断

1 当裁判所は，控訴人の請求のうち，被控訴人加来に対する請求は棄却すべきであるが，被控訴人 **A** に対する請求は理由があるものと判断する。その理由は，次のとおり補正するほか，原判決の「事実及び理由」中の「第3 争点に対する判断」欄記載のとおりであるから，これを引用する。

(1) 原判決5頁14行目「17の1及び2，」の次に「甲26の1ないし7」

を，同15行目「乙イ」の次に「1の1ないし4」を，同「乙ロ1，」の次に「2」を，「原告本人」の次に「，被控訴人加来本人」をそれぞれ加え，同22行目「（明田豊重）」を「（明田豊重ほか2名）」と改める。

(2) 原判決6頁11行目「原告は，」を「控訴人は，被控訴人 Ａ が売主である石原との間で決めてきた売買代金額，その他の売買条件で，石原から」と改める。

(3) 原判決7頁19行目「鵜沢正和」を「鵜澤」と改める。

(4) 原判決9頁15行目「実印を原告に返した。」の次に「そして，被控訴人 Ａ は，控訴人の実印を押印した書類を使って，同日，本件不動産について，控訴人から被控訴人への同年1月31日売買を原因とする所有権移転登記を経由させた。」を加え，同23行目「被告 Ａ 」から同25行目末尾までを次のとおり改める。

「ところで，被控訴人 Ａ は，これに先立つ平成11年11月中旬ころ，被控訴人加来に対し代替地として良い物件があると言って本件不動産を紹介し，その購入を勧めたことがあったが，その時は，被控訴人加来から妻が反対しているとの理由で断られた。

その後，上記のとおり本件不動産の名義を被控訴人 Ａ 名義に変更したうえ，これに抵当権を設定して株式会社豊和銀行から融資を受けた1500万円についても使い果たしてしまった被控訴人 Ａ は，平成12年2月下旬ころ，本件不動産を被控訴人加来に売却しようと考え，同人からバイパス用地の売却に伴う所得税の申告の相談をもちかけられた機会を利用して，被控訴人加来を本件不動産の所在地に案内し，被控訴人加来に対して，自分は本件不動産を買い受けてその所有者となり所有権移転登記も済ませていること，この土地を処分したいと思っていることなどを話したが，被控訴人加来から所得税の申告が終わってから考えたいとの意向を示されたので，その時は積極的に購入を求めなかった。

被控訴人加来の所得税の申告が終わった後の同年3月下旬ころ，被控訴人

Ａは，被控訴人加来方を訪れて，同人に本件不動産を代替地として購入して欲しい旨を申し入れた。その際，被控訴人Ａは，被控訴人加来やその妻に対して，前所有者との関係で不本意ではあったが本件不動産を購入したこと，購入資金は父の遺産と銀行からの借入金で賄ったこと，自宅の横に造成中の土地があり，その土地を自分が購入して義父が家を建て，互いに傍で暮らす旨の約束を義父と交わしていること，その土地の造成工事が予定より早く進み，すぐにでもその土地を購入しなければならなくなったこと，しかし，先に本件不動産を購入してしまったためにその土地を購入する資金が手許にないこと，そのため，少し損をしてもかわまないから本件不動産を急いで売却したいと思っていること，被控訴人加来にとっても本件不動産を代替地として購入しておけば税金面で有利であること，本件不動産を買った場合，現在住んでいる人から家賃収入が入るが，賃貸借契約の変更手続は被控訴人Ａがすべて行うからその点の心配をする必要はないことなどを説明し，本件不動産の購入を積極的に勧めた。被控訴人加来も，被控訴人Ａの熱心な説明や勧誘により，本件不動産を買ってもよいとの気持になり，登記関係を確認しておきたいと申し向けたところ，被控訴人Ａは，翌日，登記済権利証を持参すると言って帰った。

同月23日，被控訴人Ａは，被控訴人加来方を訪れ，本件不動産の登記済権利証を同人に示した。これを見た被控訴人加来は，間違いなく被控訴人Ａが本件不動産の所有名義人になっていることや，同人が大分県土地開発公社の職員であって信用できる人物であると思い込んでいたことから，同人が本件不動産の真の所有者であると信じて，同人から本件不動産を3500万円で買い受けてもよい旨返答し，代金の支払方法については，契約時に3000万円，所有権移転登記後に残金500万円を支払うことを内諾した。

そして，被控訴人加来と被控訴人Ａは，その日のうちに江藤司法書士事務所を訪れて売買契約書を作成していたところ，同事務所の事務員が本件不動産の登記簿謄本を取ってきた。これを見た被控訴人加来は，本件不動産に

株式会社豊和銀行のために抵当権が設定されていたことを知り，担保付では本件不動産を購入しない旨を被控訴人Ａに告げた。しかし，被控訴人Ａが，内金３０００万円を支払ってくれれば，それで弁済してすぐに抵当権を抹消する旨答えたので，被控訴人Ａの言葉を信じて，同人との間で正式に売買契約を締結することとし，同日付売買契約書を作成した（以下「本件売買契約」という。）。そして，被控訴人加来は，翌２４日，被控訴人Ａに対して，内金３０００万円を支払った。

しかし，被控訴人Ａが約束どおりすぐに抵当権を抹消してくれなかったので，被控訴人加来は，所有権移転登記を先にしておいた方がよいと考え，所定の書類を被控訴人Ａから受け取っていたことから，それを用いて同年４月５日に同日付け売買を原因として所有権移転登記を経由した。その後，同月１３日，被控訴人Ａは，被控訴人加来から小切手で残金５００万円の支払を受け，これと持参した金員を併せて株式会社豊和銀行に被担保債務の弁済をし，抵当権を抹消した。」

(5) 原判決１０頁１５行目「前記第２の１(3)の売買契約」を「本件売買契約」と改め，同２５行目の次に改行して次のとおり加える。

「以上に対して，控訴人は，被控訴人Ａに対し，本件不動産の売却はもとより，それ以外の事項つき，何らの処分権限も授与していない（すなわち，①本件不動産の購入に関しては，被控訴人Ａに代替地を探して欲しいと依頼しただけで，売買代金の決定，売買契約の締結を自ら行っており，その後の所有権移転登記手続に関しても，司法書士への委任状の持参などの使い走りを依頼したにすぎないし，②本件不動産の賃貸に関しては，被控訴人Ａに適当な賃借人を世話して欲しいと依頼しただけで，賃貸借契約書に自署して賃貸借契約を自ら締結したのであり，③本件不動産以外の土地の登記手続等に関しては，被控訴人Ａに佐藤清三から購入した土地の登記手続について，測量士や司法書士への委任状の持参，費用の支払等の使い走りを依頼したにすぎない。）旨主張する。

不実の所有権移転登記がされたことにつき所有者に…した場合と同視し得るほど重い帰責性があるとして民法94条2項，110条を類推適用すべきものとされた事例

　そこで，まず①本件不動産の購入に関して検討するに，前掲各証拠によれば，控訴人は，日本道路公団に所有地を売却した平成7年3月15日までに明田豊重ほか2名から，同年4月18日には別の1人からも，それぞれ代替地として農地を購入する旨の売買契約を締結していたが，それらの土地の農地法上の手続や移転登記手続のための司法書士への依頼等を被控訴人 A に代行してもらい，また同年9月ころには自宅裏の土地の地目変更，分筆登記，倉庫の建築に関し，測量士や司法書士への依頼，費用の支払等を被控訴人 A に代行してもらったこと，そのようなことから，控訴人は，被控訴人 A を信頼するようになり，他に適当な代替地があれば世話して欲しい旨依頼していたところ，平成8年1月ころ，被控訴人 A は，石原が所有していた本件不動産を控訴人に紹介したこと，売買代金額など売買契約の具体的な内容は被控訴人 A が石原と交渉して決めたこと，控訴人は，一度だけ石原と会って本件不動産を見せてもらっただけで石原とはまったく売買契約について交渉していないこと，被控訴人 A から売買の話が纏まったとの連絡を受け，控訴人は被控訴人 A の指示どおりに石原の銀行口座に売買代金を振り込んだこと，被控訴人 A は，司法書士に依頼して同月25日に控訴人名義に所有権移転登記を経由させ，同年2月に入ってから石原が署名押印した本件不動産の売買契約書を控訴人の許へ持参したことなどが認められる。

　以上の事実によれば，控訴人は，被控訴人 A に対し，売主及び目的物件探し，売主の選定，売主との交渉，契約内容の決定，契約締結，登記手続等，本件不動産の購入に関する一切の代理権を授与していたものと推認できる。

　次に②本件不動産の賃貸に関しても，前掲各証拠によれば，控訴人は，本件不動産を購入したものの，当分の間，これを使用する予定がなかったことから，被控訴人 A に本件不動産の賃借人を世話してほしいと依頼したこと，平成8年6月ころ，被控訴人 A から鵜澤が本件不動産を借りたいと言っているとの報告を受けたこと，その後，被控訴人 A は，鵜澤と賃貸借契約の内容等について交渉し，同年7月から1か月10万円で本件不動産を賃貸す

32

るとの話を纏め，鵜澤との間で控訴人名義で賃貸借契約書を交わしたこと，同年9月初め，控訴人は，被控訴人 **A** から，鵜澤との間の賃貸借契約書及び敷金及び家賃の一部を受け取ったこと，この間，控訴人は，鵜澤とは一度も会っていないことなどが認められる。

　以上の事実によれば，控訴人は，被控訴人 **A** に対し，借主探し，借主の選定，借主との交渉，契約内容の決定，契約締結，賃料等の請求，受領等，本件不動産の賃貸に関する一切の代理権を授与していたものと推認できる。

　更に③佐藤清三から購入した土地の登記手続等についても，前掲各証拠によれば，控訴人は，佐藤清三から購入し所有権移転登記を受けることなく放置していた公民館横の土地の所有権移転登記手続と同土地に隣接する控訴人所有地との合筆登記手続を被控訴人 **A** に依頼したこと，その後，これらの手続に必要であると被控訴人 **A** から言われ，言われるが儘に，被控訴人 **A** に対し，平成11年11月30日以降数回にわたり，印鑑登録証明書や住民票などを渡し，また実印が必要なので貸してほしいと言われて被控訴人 **A** に実印を渡し，被控訴人 **A** がこれを用いて所持していた書類数通に押印するのを漫然と見ていたこと，被控訴人 **A** は，これらの書類等を使って，平成12年2月14日，公民館横の土地の所有権移転登記手続，及び同土地と隣接地との合筆手続を終えたことなどが認められる。

　以上の事実によれば，控訴人は，被控訴人 **A** に対し，佐藤清三から購入した土地の登記手続等に関する代理権を授与していたものと推認できる。

　以上に検討したところによれば，控訴人が被控訴人 **A** に対して本件不動産の売却以外の事項ついても，何らの処分権限も授与していない旨の控訴人の主張は採用できない。

　また上記主張に関連して，控訴人は，仮に控訴人が被控訴人 **A** に対して本件不動産の購入，本件不動産の賃貸，本件不動産以外の土地の登記手続等に関して代理権を授与したものであるとしても，①本件不動産の購入や本件不動産の賃貸に関する代理権授与は，本件不動産の処分とはまったく関係し

ない行為であり，しかも平成１２年１月よりも４年近くも前のことであり，②また本件不動産以外の土地の登記手続等の委託は公法上の行為の委託であって，私法上の取引行為の一環としてなされたものではなく，基本代理権の授与とはいえないから，平成１２年１月に被控訴人 A に対し，本件不動産について何らかの処分権限を付与したということはできない旨主張する。

しかし，上記認定のとおり，本件不動産の購入及びその賃貸は一連の行為であって，控訴人は，被控訴人 A に対し，これらに関する一切の代理権を授与していたのであり，また前記認定事実によれば，本件不動産の所有名義が被控訴人 A 名義にされた平成１２年２月１日当時，及び本件売買契約が締結された平成１２年３月２３日当時，本件不動産の借主である鵜澤との賃貸借契約に関する事務を被控訴人 A が控訴人を代理して行っていたことが推認できることから，その当時，本件不動産に関する被控訴人 A の代理権は未だ消滅しておらず，また被控訴人 A は佐藤清三から購入した土地の登記手続等に関する代理事務（単なる公法上の行為の委託ではなく，登記手続等に関する包括的な代理権の授与と認められる。）をも同年２月１７日までは行っていたのであるから，同年１月当時，被控訴人 A が何らの権限をも有しなかった旨の控訴人の主張は採用できない。

更に控訴人は，登記済権利証，印鑑登録証明書を被控訴人 A に交付したり，また本件不動産の売買契約書に署名・押印しているが，前者は，本件不動産の処分等とはまったく関係ないことについてのものであり，後者は，不動産売買契約証書であるとの認識がなかったものであるから，これらによって，控訴人が被控訴人 A に対して本件不動産に関する何らかの処分権限を付与していたということはできない旨主張する。

しかし，前記認定事実によれば，控訴人は，本件不動産の購入や管理に関して被控訴人 A に包括的な代理権を授与していた関係で，被控訴人 A から指示されるがままに登記済権利証や印鑑登録証明書を交付したり，本件不動産を控訴人から被控訴人 A に売却する旨の売買契約書に署名，押印した

ものであるから，控訴人の上記主張は採用できない。」

(6) 原判決14頁20行目「類推適用されるべきである。」の次に改行して次のとおり加える。

「なお，この点について，控訴人は，本件は通常の代理形式による取引とは異なり，被控訴人　Ａ　（代理人）が控訴人（本人）名義の不動産を勝手に自己名義にしたうえ，これを被控訴人加来（第三者）に売却した事案であるが，このような事案について，民法110条の類推適用のみが検討され，正当理由の有無が第三者側の事情だけから判断されるときは，ほとんどの場合に善意，無過失が認められ，登記に公信力を認めていない民法の原則に反する結果となり，静的安全を著しく害するおそれがあるから，まず民法94条2項の類推適用が認められる場合か否かについて検討し，それが肯定される場合に民法110条の類推適用（併用）が検討されるべきであるところ，本件においては，控訴人は，本件不動産が被控訴人　Ａ　名義に変更されていることをまったく知らなかったのであり，また本件不動産の不実の外観を知りつつこれを放置していたという事情も存しないのであるから，民法94条2項の類推適用が認められる余地はない旨主張する。

　よって検討するに，民法の通謀虚偽表示や表見代理における第三者の保護に関する諸規定は，権利者の側に不実の外形（登記や代理人たる地位など）を作出したことについて帰責事由がある場合に，その外形を信じて取引関係に入った第三者を保護するといういわゆる権利外観法理ないし表見法理の具体的な現れとみることができる。そして，これまでの多数の判例が，民法94条2項，民法109条，110条，112条をそのまま適用できる典型的な事例だけでなく，ある紛争の事実関係がこれらの規定が要件とする事実関係に類似している場合にも，当該紛争に民法94条2項や民法110条等の諸規定を類推適用するという形で，この権利外観法理ないし表見法理を広く適用し，第三者の保護を図ってきたことは周知の事実である。そして，このような判例法理は，登記に公信力を認めていない民法の下においても，一定

　　　　　　　　不実の所有権移転登記がされたことにつき所有者に…した場合と同視し得るほど重い帰責性があるとして民法94条2項，110条を類推適用すべきものとされた事例

の場合には登記に公信力を付与したのと同様の機能を営む結果となったのである。

　ところで，控訴人は，本件のような代理形式によらない取引について，民法110条の類推適用が検討され，正当理由の有無が第三者側の事情だけから判断されると，ほとんどの場合に善意，無過失が認められ，その結果，静的安全が著しく害されるおそれある旨主張する。しかし，民法110条を類推適用する場合にも，第三者の側の正当理由だけを問題にするのではなく，基本代理権の授与の有無及び代理人の権限踰越の事情等の観点から本人側の帰責事由の有無をも問題とし，これらを検討し比較衡量することによって取引の安全（第三者の保護）と静的安全（本人の保護）との調和を図ろうとしているものと解することができるので，控訴人の主張は採用することができない。

　また控訴人は，本件は第三者が不動産の不実の外形（登記等）を信じて取引関係に入った事案であるから，まず民法94条2項の類推適用が認められる場合か否かについて検討し，それが肯定される場合に民法110条の類推適用（併用）が検討されるべきである旨主張する。確かに控訴人が指摘するように，本件を第三者の側からみた場合には，第三者が信頼したのは代理権の存在ではなく不実の登記等であるから，民法94条2項の類推適用が検討されるべき事案といえそうである。しかし，本人の側からみた場合には，不実の外形が作出される基礎となった事情（すなわち，権利外観に対する帰責事由）は，虚偽の外形の積極的形成ないしその放置ではなく，基本代理権の授与及び代理人の権限踰越の事情であるから，民法110条の類推適用が検討されるべき事案とも考えられる。そして，前記認定事実によれば，本件の紛争実態は，控訴人が，被控訴人 Ａ を全面的に信頼し，本件不動産に関して，その購入からその後の管理に至るまで一切を任せるという内容の代理権を授与していたところ，被控訴人 Ａ が，控訴人から信頼されていることを奇貨として，授与されていた地位や権限を濫用して本件不動産につき虚偽の

外観（登記済権利証の所持，所有権移転登記の経由）を作出し，本件不動産を第三者である被控訴人加来に処分したという事案であるから，民法１１０条の権限踰越型の表見代理が適用される場合の事実関係と類似しているとみられる。してみると，本件については，権限のある者の処分行為であることを信頼して取引をした第三者の保護を図る民法１１０条の類推適用の可否を検討する（換言すれば，この観点から権利外観法理ないし表見法理の適用を検討する）のが相当の事案というべきである（なお，最高裁昭和４４年１２月１９日第二小法廷判決，民集２３巻１２号２５３９頁も，代理人が本人名義の不動産を本人の名において売却した事案につき，代理形式の取引ではないにもかかわらず，第三者がその行為を本人自身の行為と信じた点につき，代理人の代理権限を信頼した場合と異なるところはないとの理由により，民法１１０条の類推適用を認めて，第三者の保護を図る判断を示している。）。よって，その余の点（控訴人が不実の外観を知りつつ放置していたか否かなど）について検討するまでもなく，これと異なる見解に立つ控訴人の主張は採用することができない。

　以上のほか，控訴人は，民法１１０条の「正当の理由」に関し，仮に本件につき，民法１１０条が類推適用されるとしても，①売買価格が相当に低廉であることや，取得後わずか２か月後の短期譲渡であること，売買契約当日まで被控訴人 A から本件不動産に抵当権が設定されているとの説明がなかったこと，造成地購入資金で本件不動産を購入したという説明も不自然であることなどを併せ考慮すれば，被控訴人加来は本件不動産を被控訴人 A が売却することについて疑念を抱くべきであったのに，被控訴人 A の言葉を安易に信用し，購入目的も明確でないまま，本件不動産の売買代金が高いのか安いのかという点についても特段の調査もせず，被控訴人 A の提示した金額で売買契約を締結したこと，②控訴人が被控訴人 A に登記済権利証や印鑑登録証明書を交付したのは，同被控訴人に騙されたことによるものであり，これらの書類を交付することによって，控訴人が被控訴人 A に本件不

動産の処分についての代理権を授与していた訳ではなかったこと，③本件不動産が被控訴人 **A** 名義に所有権移転登記されていることに関し，控訴人が承認的言動をしたこともないこと，④控訴人が登記済権利証や印鑑登録証明書を交付した目的と，被控訴人 **A** が本件不動産の所有権移転登記手続をしたことの食い違いが余りにも著しいこと，⑤控訴人にとって，本件不動産の所有権を失うことの損失は多大であることなどの理由を挙げ，同条の規定する「正当の理由」は認められないと主張する。

　そこで，まず，①について検討するに，なるほど本件不動産の売買価格がその当時の同不動産の固定資産評価額等に比べて約３００万円ほど廉価であったことは，前記認定のとおりである。しかし，その当時も不動産の価格は下落傾向にあったうえ，本件不動産の取引価格が３５００万円であるから約３００万円という価格差は約１割程度の廉価にすぎないので，これだけでは登記済権利証を所持し登記簿上の所有名義人となっていた被控訴人 **A** の所有権に疑念を抱くほどに売買価格が廉価であったとは言い難い。また短期譲渡は，譲渡所得税の関係では税負担が重くなる行為であるが，そもそも譲渡益がなければ課税されないのであるし，資金調達の必要がある場合には短期譲渡をすることもあるから，短期譲渡というだけで不自然な行為と決め付けることはできない。なお，前記認定のとおり，被控訴人加来が，本件不動産に設定された抵当権について，被控訴人 **A** から事前に何ら説明を受けていなかったのに，売買契約当日に被控訴人 **A** から売買代金の内金３０００万円ですぐに抵当権を抹消すると説明されてこれを信用し売買契約を締結したことや，本件不動産の時価調査をしていなかったことなどは，確かに慎重さを欠くものであったといえる。しかし，売買代金で担保権を抹消して売買するという取引事例は世上よくみられることであり，また被控訴人 **A** の提示額に納得して買受け物件の時価調査をしなかったということも，本件の経緯からすると必ずしも不自然なことではなく，更に被控訴人 **A** が被控訴人加来に対して売却を急いでいると言葉巧みに事情を説明して売却を持ちかけて

いたこと（控訴人は，被控訴人加来が被控訴人 Ａ の言葉を安易に信用して
いるというが，控訴人の方も被控訴人 Ａ に易々と囁されており，当時，被
控訴人加来が被控訴人 Ａ の嘘を見抜くのは困難であったと推認される。）
などをも併せ考えれば，控訴人の指摘する事情は，被控訴人 Ａ が本件不動
産の所有者でないとの疑念を生じさせるに足る事情とまではいえない。

　次に上記②ないし⑤について検討するに，これら事情は，いずれも前記認
定に沿うものであって控訴人側の事情として斟酌できるものである。しかし，
上記③に関しては，確かに控訴人は，被控訴人 Ａ 名義の所有権移転登記に
関して積極的な承認はしていないけれども，控訴人と被控訴人との間の本件
不動産の売買契約証書に，その内容を確認することなく署名，押印をしたり，
被控訴人 Ａ から言われるがままに実印を交付し，被控訴人 Ａ がこれを用
いて書類に押印するのを漫然と放置していたことなど，控訴人の被控訴人
Ａに対する上記対応には，基本代理権の授与と同様に，被控訴人 Ａ の権限
濫用を許してしまったことに関する重大な過失があったというべきである。
また，被控訴人加来側の事情をみると，上記のとおり被控訴人加来は，被控
訴人 Ａ の本件不動産の登記済権利証の所持，同人名義への所有権移転登記
の経由，言葉巧みな勧誘行為，被控訴人 Ａ が大分県土地開発公社の職員と
いう地位にあったことなどを総合して被控訴人 Ａ が本件不動産の所有者で
あると信じたというのであって，被控訴人加来がこのように被控訴人 Ａ を
信頼したことは，一般通常人を基にして考えると無理からぬことであり，し
かも被控訴人加来は，被控訴人 Ａ に対して売買代金として３５００万円を
支払っており，仮に本件不動産の所有権を取得できなかった場合には，多大
な損害を被ることになる。その他，前記認定事実から窺える諸事情を検討し
比較衡量すると，本件においては，控訴人側の事情の方が被控訴人加来側の
事情に比べてはるかに帰責性が大きいと認めざるを得ず，これらを考慮する
と，被控訴人加来には民法１１０条の「正当の理由」に準じた事由があると
いうべきである。」

不実の所有権移転登記がされたことにつき所有者に…した場合と同視し得るほど重い帰責性があるとして民法94条2項，110条を類推適用すべきものとされた事例

(7) 原判決15頁4行目「余地はない。」の次に続けて「なお，控訴人は，基本代理権のある代理人が越権行為を行い，相手方に正当理由が認められる場合，民法110条によって，本人は相手方の信じた内容の代理権授与表示をしたことになるが，その表示内容は本人の真意とは食い違うことになり，これは意思欠缺錯誤類似の事態ということができるのであるから，代理の場合であっても，民法95条が類推適用されるべきである旨主張するが，代理人自身に錯誤がない以上，民法95条の適用は問題にならないと解されるので（民法101条1項参照），控訴人の主張は採用できない。」を加え，同頁目5行目冒頭から同10行目末尾までを次のとおり改める。

「6 以上に検討したところによれば，本件には民法110条を類推適用して，被控訴人加来に対して，本件不動産の所有権を取得することを認めるのが相当である。そうすると，控訴人は，被控訴人加来との間では本件不動産の所有権を喪失したことになるので，被控訴人加来に対する同人名義の所有権移転登記の抹消登記手続請求は理由がないことになる。

　　しかし，控訴人と被控訴人Ａとの間には，本件不動産の所有権移転の原因はなく，控訴人は，被控訴人Ａに対しては，本件不動産の所有権を主張しうる立場にあるから，本件不動産の所有権に基づいて同人名義の所有権移転登記の抹消登記手続を求めることができると解される。

　　もっとも，被控訴人加来名義の所有権移転登記が被控訴人Ａのそれを前提としたそれに続く登記であって，前記のとおりこれを抹消することができないのであるから，結局，被控訴人Ａ名義の所有権移転登記も登記手続上はこれを抹消することが実際には不可能である（不動産登記法146条1項参照）。しかし，登記手続請求は，登記申請という意思表示を求める請求であって，勝訴判決が確定すれば，それによって意思表示をしたものとみなされ，執行が完了するものであるから，登記手続上，抹消が可能か否かということとその登記手続請求を認容できるか否かということとは別個の問題と考えるべきであり，控訴人の被控訴人

40

Ａ に対する請求は理由があることになる。

　　　なお，被控訴人 Ａ は，被控訴人加来と同様に，抗弁として本件不動産に対する控訴人の所有権喪失を主張しているが，この抗弁が認められたとしても，第三者である被控訴人加来と控訴人との間において相対的な効力が生じるにすぎないと解されるので，被控訴人 Ａ の抗弁としては主張自体失当である。

　7　まとめ

　　　以上によれば，控訴人の請求のうち，被控訴人加来に対する請求は理由がないが，被控訴人 Ａ に対する請求は理由があることになる。」

第4　結論

　　よって，本件控訴のうち，被控訴人加来に対する控訴は理由がないから，これを棄却し，被控訴人 Ａ に対する控訴は理由があるので，原判決中，被控訴人 Ａ に関する部分を取り消すこととし，主文のとおり判決する。

（平成15年1月17日・口頭弁論終結）

（福岡高等裁判所第2民事部）

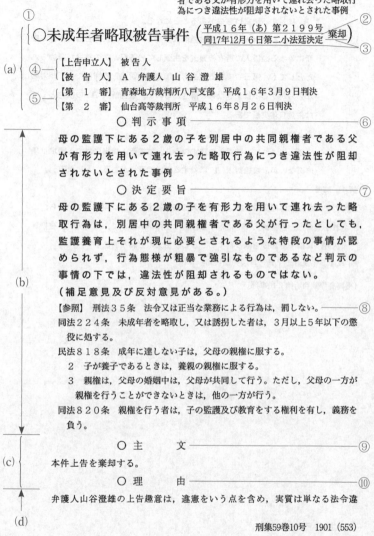

母の監護下にある2歳の子を別居中の共同親権者である父が有形力を用いて連れ去った略取行為につき違法性が阻却されないとされた事例

① ○未成年者略取被告事件（平成16年（あ）第2199号　棄却
同17年12月6日第二小法廷決定）②③

(a)
④─【上告申立人】被告人
　　【被　告　人】A　弁護人　山谷澄雄
⑤─【第　1　審】青森地方裁判所八戸支部　平成16年3月9日判決
　　【第　2　審】仙台高等裁判所　平成16年8月26日判決

○ 判 示 事 項 ─────⑥

母の監護下にある2歳の子を別居中の共同親権者である父が有形力を用いて連れ去った略取行為につき違法性が阻却されないとされた事例

○ 決 定 要 旨 ─────⑦

母の監護下にある2歳の子を有形力を用いて連れ去った略取行為は，別居中の共同親権者である父が行ったとしても，監護養育上それが現に必要とされるような特段の事情が認められず，行為態様が粗暴で強引なものであるなど判示の事情の下では，違法性が阻却されるものではない。

（補足意見及び反対意見がある。）

【参照】刑法35条　法令又は正当な業務による行為は，罰しない。───⑧
同法224条　未成年者を略取し，又は誘拐した者は，3月以上5年以下の懲役に処する。
民法818条　成年に達しない子は，父母の親権に服する。
　2　子が養子であるときは，養親の親権に服する。
　3　親権は，父母の婚姻中は，父母が共同して行う。ただし，父母の一方が親権を行うことができないときは，他の一方が行う。
同法820条　親権を行う者は，子の監護及教育をする権利を有し，義務を負う。

○ 主　　　文 ─────⑨

(c)
本件上告を棄却する。

○ 理　　　由 ─────⑩

弁護人山谷澄雄の上告趣意は，違憲をいう点を含め，実質は単なる法令違

(b)
(d)

反，事実誤認の主張であって，刑訴法405条の上告理由に当たらない。

　なお，所論にかんがみ，未成年者略取罪の成否について，職権をもって検討する。

　1　原判決及びその是認する第1審判決並びに記録によれば，本件の事実関係は以下のとおりであると認められる。

　(1)　被告人は，別居中の妻であるBが養育している長男C（当時2歳）を連れ去ることを企て，平成14年11月22日午後3時45分ころ，青森県八戸市内の保育園の南側歩道上において，Bの母であるDに連れられて帰宅しようとしていたCを抱きかかえて，同所付近に駐車中の普通乗用自動車にCを同乗させた上，同車を発進させてCを連れ去り，Cを自分の支配下に置いた。

　(2)　上記連れ去り行為の態様は，Cが通う保育園へBに代わって迎えに来たDが，自分の自動車にCを乗せる準備をしているすきをついて，被告人が，Cに向かって駆け寄り，背後から自らの両手を両わきに入れてCを持ち上げ，抱きかかえて，あらかじめドアロックをせず，エンジンも作動させたまま停車させていた被告人の自動車まで全力で疾走し，Cを抱えたまま運転席に乗り込み，ドアをロックしてから，Cを助手席に座らせ，Dが，同車の運転席の外側に立ち，運転席のドアノブをつかんで開けようとしたり，窓ガラスを手でたたいて制止するのも意に介さず，自車を発進させて走り去ったというものである。

　被告人は，同日午後10時20分ころ，青森県東津軽郡平内町内の付近に民家等のない林道上において，Cと共に車内にいるところを警察官に発見され，通常逮捕された。

　(3)　被告人が上記行為に及んだ経緯は次のとおりである。

　被告人は，Bとの間にCが生まれたことから婚姻し，東京都内で3人で生活していたが，平成13年9月15日，Bと口論した際，被告人が暴力を振るうなどしたことから，Bは，Cを連れて青森県八戸市内のBの実家に身を寄せ，これ以降，被告人と別居し，自分の両親及びCと共に実家で暮らすようになった。被告人は，Cと会うこともままならないことから，CをBの下

から奪い，自分の支配下に置いて監護養育しようと企て，自宅のある東京からＣらの生活する八戸に出向き，本件行為に及んだ。

なお，被告人は，平成１４年８月にも，知人の女性にＣの身内を装わせて上記保育園からＣを連れ出させ，ホテルを転々とするなどした末，９日後に沖縄県下において未成年者略取の被疑者として逮捕されるまでの間，Ｃを自分の支配下に置いたことがある。

(4) Ｂは，被告人を相手方として，夫婦関係調整の調停や離婚訴訟を提起し，係争中であったが，本件当時，Ｃに対する被告人の親権ないし監護権について，これを制約するような法的処分は行われていなかった。

2 以上の事実関係によれば，被告人は，Ｃの共同親権者の１人であるＢの実家においてＢ及びその両親に監護養育されて平穏に生活していたＣを，祖母のＤに伴われて保育園から帰宅する途中に前記のような態様で有形力を用いて連れ去り，保護されている環境から引き離して自分の事実的支配下に置いたのであるから，その行為が未成年者略取罪の構成要件に該当することは明らかであり，被告人が親権者の１人であることは，その行為の違法性が例外的に阻却されるかどうかの判断において考慮されるべき事情であると解される（最高裁平成１４年（あ）第８０５号同１５年３月１８日第二小法廷決定・刑集５７巻３号３７１頁参照）。

⑪－要旨 本件において，被告人は，離婚係争中の他方親権者であるＢの下からＣを奪取して自分の手元に置こうとしたものであって，そのような行動に出ることにつき，Ｃの監護養育上それが現に必要とされるような特段の事情は認められないから，その行為は，親権者によるものであるとしても，正当なものということはできない。また，本件の行為態様が粗暴で強引なものであること，Ｃが自分の生活環境についての判断・選択の能力が備わっていない２歳の幼児であること，その年齢上，常時監護養育が必要とされるのに，略取後の監護養育について確たる見通しがあったとも認め難いことなどに徴すると，家族間における行為として社会通念上許容され得る枠内にとどまるものと評することもできない。以上によれば，本件行為につき，違法性が阻却されるべき事情は認められないのであり，未成年者略取罪の成立を認めた原判

断は，正当である。

⑫ ── よって，刑訴法４１４条，３８６条１項３号により，主文のとおり決定する。

(e)

この決定は，裁判官今井功の補足意見，裁判官滝井繁男の反対意見があるほか，裁判官全員一致の意見によるものである。

裁判官今井功の補足意見は，次のとおりである。── ⑬

私は，家庭内の紛争に刑事司法が介入することには極力謙抑的であるべきであり，また，本件のように，別居中の夫婦の間で，子の監護について争いがある場合には，家庭裁判所において争いを解決するのが本来の在り方であると考えるものであり，この点においては，反対意見と同様の考えを持っている。しかし，家庭裁判所の役割を重視する立場に立つからこそ，本件のような行為について違法性はないとする反対意見には賛成することができない。

家庭裁判所は，家庭内の様々な法的紛争を解決するために設けられた専門の裁判所であり，そのための人的，物的施設を備え，家事審判法をはじめとする諸手続も整備されている。したがって，家庭内の法的紛争については，当事者間の話合いによる解決ができないときには，家庭裁判所において解決することが期待されているのである。

ところが，本件事案のように，別居中の夫婦の一方が，相手方の監護の下にある子を相手方の意に反して連れ去り，自らの支配の下に置くことは，たとえそれが子に対する親の情愛から出た行為であるとしても，家庭内の法的紛争を家庭裁判所で解決するのではなく，実力を行使して解決しようとするものであって，家庭裁判所の役割を無視し，家庭裁判所による解決を困難にする行為であるといわざるを得ない。近時，離婚や夫婦関係の調整事件をめぐって，子の親権や監護権を自らのものとしたいとして，子の引渡しを求める事例が増加しているが，本件のような行為が刑事法上許されるとすると，子の監護について，当事者間の円満な話合いや家庭裁判所の関与を待たないで，実力を行使して子を自らの支配下に置くという風潮を助長しかねないおそれがある。子の福祉という観点から見ても，一方の親権者の下で平穏に生

活している子を実力を行使して自らの支配下に置くことは，子の生活環境を
急激に変化させるものであって，これが，子の身体や精神に与える悪影響を
軽視することはできないというべきである。

　私は，家庭内の法的紛争の解決における家庭裁判所の役割を重視するとい
う点では反対意見と同じ意見を持つが，そのことの故に，反対意見とは逆
に，本件のように，別居中の夫婦が他方の監護の下にある子を強制的に連れ
去り自分の事実的支配下に置くという略取罪の構成要件に該当するような行
為については，たとえそれが親子の情愛から出た行為であるとしても，特段
の事情のない限り，違法性を阻却することはないと考えるものである。

⑭──── 裁判官滝井繁男の反対意見は，次のとおりである。

　私も，親権者の１人が他の親権者の下で監護養育されている子に対し有形
力を行使して連れ出し，自分の事実的支配下に置くことは，未成年者略取罪
の構成要件に該当すると考えるものである。しかしながら，両親の婚姻生活
が円満を欠いて別居しているとき，共同親権者間で子の養育をめぐって対立
し，親権者の１人の下で養育されている子を他の親権者が連れ去り自分の事
実的支配の下に置こうとすることは珍しいことではなく，それが親子の情愛
に起因するものであってその手段・方法が法秩序全体の精神からみて社会観
念上是認されるべきものである限りは，社会的相当行為として実質的違法性
を欠くとみるべきであって，親権者の１人が現実に監護していない我が子を
自分の支配の下に置こうとすることに略取誘拐罪を適用して国が介入するこ
とは格別慎重でなければならないものと考える。

　未成年者略取誘拐罪の保護法益は拐取された者の自由ないし安全と監護に
当たっている者の保護監督権であると解されるところ，私は前者がより本質
的なものであって，前者を離れて後者のみが独自の意味をもつ余地は限られ
たものであると解すべきであると考える。とりわけ，本件のように行為が親
権者によるものであるとき，現に監護に当たっている者との関係では対等に
その親権を行使し得るものであって，対立する権利の行使と見るべき側面も
あるのであるから，それが親権の行使として逸脱したものでない限り，略取
された者の自由等の法益の保護こそを中心にして考えるべきものである。

このような観点から本件を見るに，被告人は，他の親権者である妻の下にいるＣを自分の手元に置こうとしたものであるが，そのような行動に出ることを現に必要とした特段の事情がなかったことは多数意見の指摘するとおりである。しかしながら，それは親の情愛の発露として出た行為であることも否定できないのであって，そのこと自体親権者の行為として格別非難されるべきものということはできない。

　確かに，被告人の行動は，生活環境についての判断・選択の能力が十分でない２歳の幼児に対して，その後の監護養育について確たる見通しがない状況下で行われたことも事実である。しかしながら，親子間におけるある行為の社会的な許容性は子の福祉の視点からある程度長いレンジの中で評価すべきものであって，特定の日の特定の行為だけを取り上げその態様を重視して刑事法が介入することは慎重でなければならない。

　従来，夫婦間における子の奪い合いともいうべき事件において，しばしば人身保護法による引渡しの申立てがなされたが，当裁判所は引渡しの要件である拘束の「顕著な違法性」の判断に当たっては，制限的な態度をとり，明らかに子の福祉に反すると認められる場合を除きこの種紛争は家庭裁判所の手続の中で解決するとの立場をとってきたものである（最高裁平成５年（オ）第６０９号同年１０月１９日第三小法廷判決・民集４７巻８号５０９９頁，同平成６年（オ）第６５号同年４月２６日第三小法廷判決・民集４８巻３号９９２頁など）。

　私は，平成５年（オ）第６０９号同年１０月１９日第三小法廷判決において，「別居中の夫婦（幼児の父母）の間における監護権を巡る紛争は，本来，家庭裁判所の専属的守備範囲に属し，家事審判の制度，家庭裁判所の人的・物的な機構・設備は，このような問題の調査・審判のためにこそ存在するのである。」として，子の親権をめぐる紛争において審判前の保全処分の活用を示唆された裁判官可部恒雄の補足意見に全面的に賛成し，子の監護をめぐる紛争は子の福祉を最優先し，専ら家庭裁判所の手続での解決にゆだねるべきであって，他の機関の介入とりわけ刑事司法機関の介入は極力避けるべきものと考える。

母の監護下にある2歳の子を別居中の共同親権
者である父が有形力を用いて連れ去った略取行
為につき違法性が阻却されないとされた事例

　このような考えに立つ以上，被告人もまたこの種紛争の解決は家庭裁判所
にゆだねるべきであったのであるから，一方の親権者の下で平穏に生活して
いる子に対し親権を行使しようとする場合には，まず，家庭裁判所における
手続によるべきであって，それによることなく実力で自分の手元に置こうと
することは許されるべきことではないといえるものである。

　しかしながら，そのことから被告人が所定の手続をとることなく我が子を
連れ出そうとしたことが直ちに刑事法の介入すべき違法性をもつものと解す
べきものではない。

　そのような行為も親権の行使と見られるものである限り，仮に一時的に見
れば，多少行き過ぎと見られる一面があるものであっても，それはその後の
手続において子に対する関係では修復される可能性もあるのであるから，そ
の行為をどのように評価するかは子の福祉の観点から見る家庭裁判所の判断
にゆだねるべきであって，その領域に刑事手続が踏み込むことは謙抑的でな
ければならないのである。

　確かに，このような場合家庭裁判所の手続によることなく，他の親権者の
下で生活している子を連れ出すことは，監護に当たっている親権者の監護権
を侵害するものとみることができる。しかしながら，その行為が家庭裁判所
での解決を不可能若しくは困難にしたり，それを誤らせるようなものであれ
ばともかく，ある時期に，公の手続によって形成されたわけでもない一方の
親権者の監護状態の下にいることを過大に評価し，それが侵害されたことを
理由に，子の福祉の視点を抜きにして直ちに刑事法が介入すべきではないと
考える。

　むしろ，このような場合，感情的に対立する子を奪われた側の親権者の告
訴により直ちに刑事法が介入することは，本件でも見られたように子を連れ
出そうとした親権者の拘束に発展することになる結果，他方の親権者は保全
処分を得るなど本来の専門的機関である家庭裁判所の手続を踏むことなく，
刑事事件を通して対立する親権者を排除することが可能であると考えるよう
になって，そのような方法を選択する風潮を生む危険性を否定することがで
きない。そのようになれば，子にとって家庭裁判所による専門的，科学的知

48

識に基づく適正な監護方法の選択の機会を失わせるという現在の司法制度が全く想定していない事態となり，かつまた子にとってその親の1人が刑事事件の対象となったとの事実が残ることもあいまって，長期的にみればその福祉には沿わないこととともなりかねないのである（このような連れ出し行為が決して珍しいことではないにもかかわらず，これまで刑事事件として立件される例がまれであったのは，本罪が親告罪であり，子を連れ去られた親権者の多くが告訴をしてまで事を荒立てないという配慮をしてきたからであるとも考えられるが，これまで述べてきたような観点から刑事法が介入することがためらわれたという側面も大きかったものと考えられる。本件のようなありふれた連れ出し行為についてまで当罰的であると評価することは，子を連れ去られた親権者が行為者である他方親権者を告訴しさえすれば，子の監護に関する紛争の実質的決着の場を，子の福祉の観点から行われる家庭裁判所の手続ではなく，そのような考慮を入れる余地の乏しい刑事司法手続に移し得ることを意味し，問題は大きいものといわなければならない。）。

　以上の観点に立って本件を見るとき，被告人の行為は親権者の行為としてやや行き過ぎの観は免れないにしても，連れ出しは被拐取者に対し格別乱暴な取扱いをしたというべきものではなく，家庭裁判所における最終的解決を妨げるものではないのであるから，このような方法による実力行使によって子をその監護下に置くことは子との関係で社会観念上非難されるべきものではないのである。

　このような考えから，私は被告人の本件連れ出しは社会的相当性の範囲内にあると認められ，その違法性が阻却されると解すべきものであると考える（私は，多数意見の引用する当小法廷の決定においては，一方の親権者の下で保護されている子を他方の親権者が有形力を用いて連れ出した行為につき違法性が阻却されないとする法廷意見に賛成したが，それは外国に連れ去る目的であった点において，家庭裁判所における解決を困難にするものであり，かつその方法も入院中の子の両足を引っ張って逆さにつり上げて連れ去ったという点において連れ出しの態様が子の安全にかかわるものであったなど，本件とは全く事案を異にするものであったことを付言しておきた

い。）。

　以上によれば，本件被告人の行為が違法性を阻却されないとした原判決は
法律の解釈を誤ったものであり，その違法は判決に影響を及ぼすことは明ら
かであるから，これを破棄しなければ著しく正義に反するものといわなけれ
ばならない。

⑮{（裁判長裁判官　滝井繁男　裁判官　津野　修　裁判官　今井　功　裁判官
(e)　中川了滋　裁判官　古田佑紀）

弁護人山谷澄雄の上告趣意 ── ⑯
第１　結論

(f)　　被告人は，長男である　　**C**

　　　の親権者であるから，憲法２４条の法意からするならば，**C** との関係
で刑法２２４条の未成年者略取罪の主体とならず，また，被告人の行為は同条
の「略取」に該当しないが，原判決は憲法２４条の解釈を誤り，被告人が未成
年者略取罪の主体となり，また，被告人の本件行為が「略取」に該当して，構
成要件に該当するとの判断をしている。かかる意味で，原判決は憲法に違反す
る判決といわねばならない。

　　以下，理由を敷衍する。

第２　理由

１　憲法２４条の法意について

　憲法２４条は，民主主義の基本原理である個人の尊厳と両性の本質的平等を，
婚姻そのほか家庭生活について定めたものであり宮沢俊義著芦部信喜補訂「全
訂日本国憲法」２６１頁），婚姻及び家族に関する立法が，個人の尊厳と両性
の本質的平等に立脚すべきことを要求するものである（同書２６７頁）。

　民法８１８条は，この憲法の法意を受けて，親権を父母の共同親権とした。

　したがって，父母は親権行使に当たり，相互に協議することが原則とされ，
一方の独断で行使することは許されてはならない。

この点、本件被告事件は、母親である　　B　　　が被告人の不在中に被告
人に特に断りもなしに実家に長男　C　を同行して戻り、以後、被告人の関与を
排除した形で親権を行使しているさなかに発生したものである。

　したがって、母親のこのような行動こそ、憲法２４条及び民法８１８条の定
める親権行使のあり方に反するものである。

　しかも、一件記録に明らかなとおり、被告人が長男　C　を自己の管理下にお
いたとしても、特に　C　の安全に支障が認められない状態にあり、そのような
状態に　C　を移したことが未成年者略取罪に問われたものである。

2　被告人は　C　との関係で本罪の行為主体とならない。

　略取誘拐の罪の本質は、原則として被拐取者の自由が保護法益と解すべきで
あるが、それが未成年者であるときには、親権者などの保護監督権（監護権）
もまた法益に含まれると解すべきである（団藤重光・「刑法綱要各論・増補」
３８１頁）。そして、このように略取誘拐の罪の本質の理解につき「人的保護
関係の設定を前提とするとき、保護監督者は本罪の行為主体から除外されよう
（中略）。人的保護関係の実質が親権等の保護を意味し（中略）、しかもその
親権等が権利としてよりも、むしろ義務性を内容とするものであるなら、正当
な事由のないかぎりその義務の免脱は許されない（民法８３４条参照）。した
がって、義務の免脱があれば格別、さもないかぎり、保護監督者による誘拐を
予想し得ないからである。」（注釈刑法（5）２７２頁）。

　したがって、未成年者略取罪の保護法益からして、被告人はその主体たりえ
ないものと思料される。

　しかも、1で指摘のとおり、被告人は妻の管理下にある長男　C　を自己の管
理下に移したものであり、加えて、妻・　B　本人が長男　C　を被告人に無断で
実家に連れ出したものであるから、憲法２４条、民法８１８条からして、　C
に対する関係で被告人は未成年者略取罪の主体とされるべきではない。

　なお、被告人が　C　を自己の管理下に移すことによって　C　の身体生命の安

全に支障は生じていないものであるから、この点を加味すると、被告人は、ま
すます主体性に欠けるといわねばならない。

3　被告人の本件行為は「略取」に該当しない。

　「略取」は、不法に人を自己または第三者の実力支配下に置くことを言うが、
本罪の法益を被拐取者の自由及び保護監督権もまた法益に含まれるとするなら
ば、被告人の本件行為は「不法」性を欠き、「略取」に該当しないと言わねば
ならない。

　被告人の本件行為が「略取」に該当すると解するのは、1、2に述べたとお
り、憲法24条及び民法818条に反する解釈といわねばならない。

　　　　　　　　　　　　　　　　　　　　　　　　　　　　　　　以　上

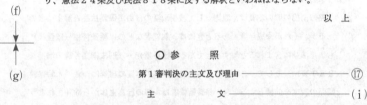

(f)

(g)

〇　参　　照

第１審判決の主文及び理由 ──────────── ⑰

主　　　文 ──────────── （ⅰ）

被告人を懲役１年に処する。

この裁判確定の日から４年間その刑の執行を猶予する。

訴訟費用は被告人の負担とする。

理　　　由 ──────────── （ⅲ）

（罪となるべき事実）

　被告人は，別居中の妻である　B　が養育している長男　C　（当時２歳）を
連れ去ることを企て，平成１４年１１月２２日午後３時４５分ころ，青森県八戸市
a　b丁目c番d号所在の　E　保育園の南側歩道上において，　B　の母
である　D　に同伴していた　C　を抱きかかえて，同所付近に駐車中の普通
乗用自動車に同児を同乗させた上，同車を発進させて同児を連れ去り，そのころか
ら同日午後１０時２７分ころまで同児を自己の支配下に置き，もって，未成年者で
ある同児を略取したものである。

（証拠の標目）省　略

（弁護人らの主張に対する判断）

第1　弁護人は，判示の事実（以下「本件犯行」という。）について，①未成年者略取
　　罪の主体に被拐取者の親権者は含まれないと解すべきであるから，　C　（以
　　下「C」という。）の親権者であった被告人は，同罪の主体であり得ず，②被
　　告人の行為は，C　を本来の生活の場であった被告人住居地に連れ戻そうと
　　したものであるから，略取に該当せず，③同行為は，C　の父親としての正当な
　　親権の行使であるから，刑法３５条により違法性が阻却され，④被告人は，本
　　件犯行当時，自己の行為が法律上許されないものであることを認識しておらず，
　　認識できなかったことについてやむを得ない事情があるから，違法性を意識し
　　得る可能性を欠くものとして責任が阻却されるとして，被告人は無罪であると
　　主張する。被告人も，判示の事実のうち，C　を　B　（以下「B」という。）
　　が養育していること及び被告人の行為が略取に該当することを否認し争うほ
　　か，弁護人の上記主張に沿う主張，供述をする。そこで，以下，弁護人らの上
　　記主張を踏まえ，未成年者略取罪の成否について検討する。

第2　本件犯行に至る経緯等について
　1　まず，前掲（証拠の標目）掲記の各証拠に加え，被告人の検察官調書2通（乙
　　　12，13），警察官調書2通（乙7，8）及び警察官調書謄本4通（乙2から5
　　　まで），　B　の検察官調書（甲21）（不同意部分を除く。），　F　の検
　　　察官調書謄本（甲46）及び警察官調書謄本3通（甲42，44，45）（いずれ
　　　も不同意部分を除く。），　G　の検察官調書（甲71）及び警察官調書（甲6
　　　9）（不同意部分を除く。），検察事務官作成の捜査報告書（甲48）並びに警察
　　　官作成の捜査報告書4通（甲9，49，57，60）及び捜査報告書謄本3通（甲
　　　33，50，51）によれば，本件犯行に至る経緯，本件犯行及びその後の状
　　　況として，次の事実を認定することができる。
　　(1)　被告人は，平成11年12月ころ，B　と知り合い，平成12年8月ころ
　　　　から東京都世田谷区内の本件当時の被告人住居地（同区　e　f　丁目　g　番h
　　　　号　　　i　　）で同居した。Bは，同年10月29日，長男Cを出

産し，被告人と B は，同年１１月１２日，婚姻した。

(2) B は，平成１３年１月ころ，被告人住居地を離れてしばらくの間知人方
や被告人の実家に身を寄せたことがある。また，被告人と B は，同年４月
１５日，C の親権者を B として協議離婚したが，同月１９日，再び婚姻
した。

(3) 被告人は，同年９月１５日，B と口論した際，同人に対して暴力を振る
ったことがあり，同人は，C を連れて被告人住居地を出て，青森県八戸市
内の B の実家に身を寄せた。なお，B が同住居地を出る前の同月１４日
又は１５日，被告人は，B の手帳を開いたところ，B が同手帳にそれま
で被告人から受けた暴力について記しているのを見付け，B との間で口論
となったことがある。B は，これ以降，被告人と別居し，B の両親と
Cとともに実家で暮らした。

(4) B は，同年１０月１７日，青森市内の婦人相談所に赴き，一時的に C
とともに保護施設に入所し，同年１０月２４日，配偶者からの暴力の防止及
び被害者の保護に関する法律に基づく保護命令を申し立てた。青森地方裁判
所八戸支部は，同年１１月９日，被告人に対し，保護命令を発した。

(5) B は，平成１４年１月１８日，青森家庭裁判所八戸支部に対し，被告人
を相手方として夫婦関係調整調停を申し立てた。

(6) B は，同年２月初めころから，八戸市内において働き始め，C を実家
に近い保育所に入所させ，同年４月からは，実家から車で約５分の所にある
E 保育園に入園させた。同保育園への送迎について，朝は B が車
で C を送り届け，帰りは B の母である D （以下「D」という。）が
車で迎えに行っていた。

(7) 前記(5)の調停事件は，東京家庭裁判所に移送され，調停が行われたが，同
年４月１２日，調停が成立しないものとして終了した。

(8) C は，同年５月７日，青森県八戸市内の H 病院において，鼠
径ヘルニアに罹患しているとの診断を受け，B は，鼠径ヘルニアについて

説明を受けた。

(9) 鼠径ヘルニアとは，胎生期の腹膜鞘状突起が生後閉じずに残った腹膜の袋（ヘルニア嚢）の中に，腸管等が脱出する疾患である。鼠径ヘルニアに罹患すると，普段は無症状であるが，腸管等がヘルニア嚢に出入りする際，痛み，不快感，不機嫌，ミルク摂取不良（食欲不振）等の症状が見られる。腸管が脱出したまま戻らなくなる嵌頓ヘルニアの場合，放置すると血行障害等を起こし，早ければ約6時間で脱出した腸管等の壊死や穿孔を来すおそれがある。したがって，嵌頓ヘルニアになった場合，医師による徒手還納（陰嚢を手でつまみ，陰嚢内に脱出した腸管を腹膜内に押し戻すこと）等の処置が必要であり，これを行わずに腸管の壊死等を生じさせた場合には緊急手術が必要となり，これも行わずに放置すると生命の危険もある。また，壊死等が進行すると，嘔吐を繰り返し，脱水症状になり，衰弱することもある。鼠径ヘルニアに対する根本的治療としては手術が必要であり，小児の場合，下腹部に約3センチメートルの皮切をおいてヘルニア門の近くでヘルニア嚢を縛る単純高位結紮術を行う。手術をいつ実施すべきかについては，特に決められていない。

(10) B は，再び保護命令を申し立て，青森地方裁判所八戸支部は，平成14年5月10日，被告人に対し，保護命令を発した。

(11) C は，同年7月30日，前記病院において診察を受け，同年8月16日に鼠径ヘルニアの手術を行うこととされた。

(12) C は，同年8月14日，上記病院において急患として診察を受けた。問診の結果，同月5日から水痘（水疱瘡）に罹患しており，同月13日から鼠径ヘルニアの症状が出て元に戻らないとのことであったが，鼠径ヘルニア自体は，重度ではなかった。担当医師は，徒手還納の処置を施し，手術予定日を同年9月13日に延期した。

(13) 被告人は，同居していた女性に依頼し，同年8月28日午後4時30分ころ，同女に前記保育園から C を連れ出させ，同女とともに C を連れて沖

縄県へ行った。

(14) 被告人は，このころ，Ｃが鼠径ヘルニアに罹患していることを知った。
当時のＣの症状は，鼠径ヘルニアが再発するおそれが大きく，根本的治療
としては手術が必要な状態であった。前記のとおり，同月１４日には重度で
はなく手術が延期されたものの，嵌頓ヘルニアになる可能性もあり，そうな
った場合には医師による徒手還納等の早急な処置が必要であり，これを行わ
ないと腸管等に壊死等を生じさせ，緊急手術が必要となる可能性があった。

(15) Ｂは，被告人らを未成年者略取罪で告訴し，被告人らは，同年９月６日，
未成年者略取罪で逮捕された。被告人は，それまでの間，Ｃを自己のもと
に置いていた。

(16) 被告人は，同月２８日，処分保留のまま釈放された。Ｂは，同日，被告
人側弁護士の事務所において，被告人とその母にＣを会わせた。また，被
告人からＢに対して，同年１０月７日ころ，電話があり，その中で，毎日
被告人がＢの実家に電話をかけ，Ｂが被告人に対しＣの生活状況を説
明したりＣの声を聞かせることとなり，その後，Ｂの実家へ被告人から
連日電話があり，当初は，ＢもＣを電話口に出すなどしていた。

(17) その後，Ｂが同年１０月２９日にＣを被告人に会わせることとなった
が，Ｂは，同月２２日，被告人に対し，同月２９日にＣを被告人に会わ
せない旨伝え，実際に会わせなかった。

(18) 被告人は，同月２９日，前記病院の医師と電話で話し，同医師から，Ｃ
の病状について説明したいのでＢと二人で来院するように言われた。同日，
Ｂも同医師から同様に言われた。そのころ，Ｂが同年１１月１２日に
Ｃを被告人に会わせ，上記病院でＣに関する医師の説明を共に受けた上で
鼠径ヘルニアの手術を受けさせることとなった。

(19) 被告人は，同月７日，青森地方検察庁八戸支部から，前記未成年者略取事
件について起訴猶予処分を受けた。被告人は，新聞報道等によって，起訴猶
予処分が犯罪の成立を前提とするものであることを知り，検察官に電話で尋

ねてその旨を確認した。

(20) Ｂ は，被告人に対する離婚訴訟の提起を弁護士に依頼し，同弁護士は，同月１１日，離婚訴訟を東京地方裁判所に提起し，同月１２日，被告人側にその旨を文書で伝え，Ｂ と Ｃ に対する接触は同弁護士を介して行うよう要請した。Ｂ は，同月１２日，Ｃ を被告人に会わせず，前記病院へも行かなかった。被告人は，単身で上記病院へ赴き，医師から Ｃ の病状について説明を受け，Ｂ と二人で話し合うように言われた。

(21) 被告人は，同月２１日午後１時ころ，再び Ｃ を連れ出そうと決意し，福島県郡山市内のＪＲ郡山駅付近のレンタカー営業所において普通乗用自動車（以下「本件自動車」という。）を借りた。被告人は，その後，本件自動車を運転して青森県八戸市方面へ向かい，同市内において，Ｂ の実家や勤務先等へ赴き，Ｂ の行動を観察するなどした。

(22) 被告人は，同月２２日，Ｂ が Ｃ を前記保育園に送り届け，出勤したことを確認し，前記保育園の帰りの迎えの時間に合わせ，同日午後２時３０分ころから保育園の近くのアパート駐車場で待機した。その後，被告人は，Ｄが Ｃ を迎えに来て，保育園の南側歩道上に駐車したことを確認した上，本件自動車を保育園の南東側路上に，Ｄ が自動車を止めた位置とは反対の方角である北東を向いた状態で停止させた。被告人は，本件自動車のエンジンを作動させたまま，運転席ドアを完全には閉めず，ドアノブ（ドアアウトサイドハンドル）を引かなくても素早くドアが開く状態にして自動車の外へ出て，保育園の隣家の生け垣付近において，保育園正門を見ながら Ｄ とＣが保育園から出てくるのを待った。やがて，Ｄ が Ｃ を同伴して，保育園の正門から歩いて出てきたことから，被告人は，二人の後を追った。

(23) Ｄ が自らの自動車の運転席外側に Ｃ を立たせ，反対側の助手席等のドアを開けて作業をしていた際，被告人は，Ｃ の所へ向かって走り込み，同人の背後から自らの両手を Ｃ の両脇に入れて同人を持ち上げ，抱きかかえて，そのまま本件自動車の方へ全力で疾走した。Ｄ は，「警察に。警察に。」

などと叫びながら，被告人を追い掛けた。被告人は，自動車の運転席ドアを
開け，自らの左腕だけで C を抱える状態にして，そのまま運転席に乗り込
み，ドアをロックしてから， C を助手席に座らせた。 D は，本件自動車
の運転席の外側に立ち，同車後方にあたる保育園や駐車場の方に向かって「誰
か，警察を呼んで。」などと叫びながら，運転席のドアノブをつかんで開け
ようとし，更に運転席側の窓ガラスを手でたたいた。被告人は，その直後，
自動車を発進させて走り去り， D は，前のめりになって路上に転倒した。

(24) 被告人は，その後，どこへ行くともなく適当に走り，同日午後10時20
分ころ，青森県東津軽郡平内町内の，付近に民家等のない砂利敷きの林道上
において， C とともに車内にいるところを警察官に発見され，同日午後1
0時27分ころ，通常逮捕された。

2 B の公判供述及びその信用性について

(1) 以上の認定事実のほか， B は，当公判廷において，おおむね次のとおり
供述する。

ア B は，被告人と同居を始めた平成12年8月ころから，被告人との口
論の際にたびたび頬をたたく，背中を蹴る，髪を引っ張る等の暴力を受け
たことがあり， C を出産した後もしばしば同様に暴力を振るわれ，平成
13年1月中旬ころ，前記1(2)のとおり，知人の家に身を寄せたり，被告
人の実家で同人の母らを交えて話合いをしたことがあった。

イ B は，平成13年9月1日朝，被告人と口論になり，被告人から，襟
首等をつかまれ，頭部の脇を3，4回たたかれるなどし，病院で診察を受
けて診断書を書いてもらった。また，区の相談所に行ったところ避難を勧
められたが，実際に保護を受けるには至らなかった。さらに， B は，同
月14日夜，前記1(3)のとおりの B の手帳を見た被告人から，丸めた同
手帳で左半身全体や頭部をたたく暴行を受け，翌日である同月15日朝に
は，別の件で被告人と口論になり，頭部等をたたく，背中を蹴る，ベルト
を振り下ろしてたたく等の暴行を受けた。そこで， B は，同日， C を

連れて実家へ帰り，同月１６日，病院で治療を受け，診断書を書いてもらった。

ウ　Ｂは，同年１０月１２日ころ，青森県八戸市内に来た被告人と八戸駅前で別れた後，被告人からの電話の中で復縁を拒んだところ，被告人から「お前と子供を道連れにする。」などと無理心中をほのめかされ，数日後にも同様に電話があり，前記１(4)のとおり，一時保護を受けた上，保護命令を申し立てた。

エ　Ｃは，平成１４年１１月１日に鼠径ヘルニアの手術を受けることとなっていたが，延期された。そして，Ｃは，前記１(18)のとおり，同年１０月２９日，Ｈ病院の担当医師からの指示で，被告人及びＢが揃って同月１２日に同病院において同医師の説明を受けた上で手術を受けることとされたが，Ｂは，その後，被告人に対する恐怖心からやはり被告人とは会いたくないと考え，また，被告人とともに説明を受ければ被告人も手術に立ち会うこととなり，そうなればＢとしては安心して手術を見守ったりＣの看護をすることができないなどとして，これを断った。そのころ，Ｂは，離婚訴訟を提起することとし，前記１(20)のとおりこれを弁護士に依頼した。

オ　Ｂは，本件犯行が行われた後，同年１２月１３日，青森県八戸市内の上記病院とは別の病院において，Ｃに鼠径ヘルニアの手術を受けさせた。

(2)　以上の供述は，公判廷において宣誓し，偽証罪の制裁のもとにされたものである上，特に不自然ないし不合理な部分は見当たらず，種々の角度からされた弁護人の反対尋問に対しても，ほぼ一貫した供述となっている。また，被告人の言動に関する上記(1)アからウまでの供述は，具体的かつ詳細で迫真性に富んでいる。さらに，Ｂの公判供述は，後記の被告人の供述と異なる点があるほかは，全体的に前記１の認定に供した他の証拠関係と整合し，被告人から受けた暴行の状況については下記３(1)ア，イのＤの公判供述とも符合する。したがって，Ｂの上記(1)の各供述は，その大筋において信用で

きる。

3　Ｄの公判供述及びその信用性について

(1)　前記１の認定事実のほか，Ｄは，当公判廷において，おおむね次のとおり供述する。

　　ア　Ｄは，Ｂが C を妊娠していた際，Ｂから，被告人に暴力を振るわれる旨聞いていた。

　　イ　Ｂは，平成１３年９月に八戸の実家に帰って来た際，左半身の背中，左肩，腰，太股がはれ上がっていた。

　　ウ　本件犯行の際，Ｄは，被告人を追い掛け，本件自動車の運転席及びその後ろのドアノブに右手を掛けたが，そのままの状態で自動車が発進したため，Ｄは，前のめりになって路上に転倒し，右腕と左膝を負傷した。

(2)　以上の供述は，公判廷において宣誓し，偽証罪の制裁のもとにされたものである上，特に不自然ないし不合理な部分は見当たらず，具体的かつ詳細であり，種々の角度からされた弁護人の反対尋問に対しても，ほぼ一貫した供述となっている。Ｄの公判供述は，後記の被告人の供述と異なる点があるほかは，全体的に前記１の認定に供した他の証拠関係と整合し（なお，上記(1)ウの点につき，被告人自身，本件逮捕後に見たところ，本件自動車の右側面に指でできたと思われる４本の払拭痕があった旨，発進時にＤの手が少なくとも車体に接触していたことが前提となる供述をしている。），上記２の信用できるＢの公判供述とも符合する。したがって，Ｄの上記(1)の各供述は，その大筋において信用できる。

4　被告人の公判供述及びその信用性について

(1)　以上に対し，被告人は，当公判廷において，Ｂ及びＤの上記各供述内容に関して，おおむね次のとおり供述する。

　　ア　被告人は，平成１３年９月１５日朝，Ｂに対し，折り曲げた手帳で頭部を１回，左腕を２回，左太股を１回たたき，またベルトを振り払って腰を１回たたき，更にいすを臀部に１回ぶつけたことがあるが，Ｂに対し

て被告人から暴力を振るったのは，この時だけである。むしろ，被告人の方が，Ｂと同居する平成１２年８月ころ以前に，Ｂから右腕に爪を立てられて負傷したことがあるほか，同居後，Ｂに軽く平手打ちをしたところ，右手で被告人の頬を強く殴られたことがあった。

イ　被告人は，平成１３年１０月１２日，八戸駅でＢらと別れた後，電車の中から，Ｂに対し，電話で「道連れにしてやる。」などと言ったことはない。

ウ　被告人は，本件犯行の際，Ｃを自動車に乗せた後，Ｄが追い掛けてきたことに気付いたが，首を回してＤの方を見たところ，同人は既に自動車から離れており，更に発進する直前にもミラーでＤが自動車から離れていることを確認した。

(2)　被告人のこれらの公判供述の信用性について検討する。

ア　Ｂに対する暴行の頻度や態様，無理心中をほのめかす脅迫的言辞の有無に関する被告人の上記(1)ア及びイの各供述内容は，前記１で認定したＢの知人方や被告人の実家への避難，Ｂの実家への別居，婦人相談所での一時保護，保護命令の申立て，夫婦関係調整調停の申立て，離婚訴訟の提起といった一連の事実経過に照らし，不自然かつ不合理であり，また，前記のとおり信用できるＢの公判供述にも反している。

イ　被告人が本件犯行現場から自動車を発進させる際にＤが自動車から離れていることを確認したとの供述は，犯行時の緊迫した状況から見て著しく不自然であり，Ｄが上半身を自動車に密着させるような感じで手で窓ガラスをたたいたりしているうちに自動車が発進したとする目撃者の供述（　Ⅰ　の検察官調書(甲１０)(不同意部分を除く。)）にも反し，また，前記のとおり信用できるＤの公判供述にも反している。

(3)　したがって，被告人の前記公判供述は，信用性が概して低いというべきであり，前記のとおり認められるＢ及びＤの供述の信用性を覆すに足りるものではない。

5　以上のとおり，**B** 及び **D** の上記各供述にはいずれも信用性が認められる
から，前記１の認定事実に加え，両名の供述に沿った前記2(1)及び3(1)の各事
実を認定することができる。

第3　未成年者略取罪の構成要件該当性について

これまで認定した事実関係によれば，被告人は，共同親権者の一人である別
居中の妻のもとで１年以上にわたりその実家で平穏に暮らしていた当時２歳の
長男 **C** を，同児を保育園に迎えに来た義母 **D** の隙を見て走り込んで抱きか
かえるという有形力を用いて連れ出し，そのまま全力で疾走して停車中の自動
車に乗り込み，追い掛けてきた **D** が制止するのを顧みることなく自動車を発
進させたことにより，同児を保護されている環境から引き離して６時間以上に
わたり自動車に乗車させて自己の事実的支配下に置いたのであるから，被告人
の行為が未成年者略取罪に当たることは明らかである。親権者は未成年者略取
罪の主体になり得ると解すべきである。被告人が同罪の主体であり得ず，同人
の行為が略取に該当しない旨の弁護人らの主張は，いずれも採用できない。

第4　違法性阻却事由(正当行為〔刑法３５条〕)の存否について

1　目的について

被告人は，当公判廷において，本件犯行の目的について，鼠径ヘルニアに罹
患していた **C** に東京都内の病院で手術を受けさせ，その後自らのもとで養育
するためであった，一刻も早く手術をする必要があると思っていたと供述する。

しかしながら，前記認定のとおり，被告人は，本件犯行後，東京都内へ向か
うのとは全く異なる方角に位置する青森県東津軽郡平内町内方面へ向かい，同
町内で逮捕された(なお，被告人は，当公判廷において，東京都内に向かおう
としたものの位置が分からなかったためうまくいかなかった旨供述する。しか
しながら，被告人は，平成１４年８月２８日に **C** を連れ出した際にはカーナ
ビゲーションを頼りに東京に向かっており，本件犯行の際の被告人運転車両に
もカーナビゲーションが装備され，被告人は，捜査段階において，カーナビの
目的地を設定せずに走行した旨供述していた(警察官作成の捜査報告書(甲７

3），被告人の警察官調書（乙4，8，9））。よって，被告人の上記公判供述は，信用できない。）。また，警察官作成の捜査報告書（甲60）及び被告人の検察官調書（乙13）によれば，被告人は，本件犯行前の平成14年10月29日ころ，複数の病院に電話をかけ，看護師等から，鼠径ヘルニアに罹患してもすぐに死亡することはなく，腸が壊死する可能性も極めて低いと聞き，その旨を手帳に記載したことが認められる。さらに，被告人は，捜査段階においては，Cに手術を受けさせる目的で本件犯行に及んだ旨の供述をしておらず，親権者が子を連れ戻すことは当然に許されるとした上で，将来大きくなったCから，被告人がCを見捨てたとは思われたくない，CをBのもとに置くことはCの成長に悪影響を及ぼすなどと考えたとの供述をしている（被告人の警察官調書（乙7，10）及び検察官調書（乙12））。

　したがって，被告人がCに手術を受けさせる目的で本件犯行に及んだ旨の上記公判供述は，信用することができない。本件犯行に至る事実経過に照らせば，被告人が本件犯行に及んだ主たる目的は，CをBのもとから奪い，自己の支配下に置くこと自体にあったと認めるのが相当であり，被告人は，本件犯行当時，Cに手術を受けさせなければならない緊急の必要性があるとは考えておらず，また，手術を受けさせる目的も有していなかったと認められる。

2　必要性，緊急性について

　前記認定のとおり，Cは，本件犯行当時，鼠径ヘルニアに罹患しており，当初，平成14年8月16日に手術を行う予定であったが，その後，何度か延期された。そして，同年11月12日にBと被告人が同席して医師の説明を共に受けた上で手術を受けさせる予定であったが，Bは，被告人と一緒では安心して手術を見守ることができないなどの理由から，同日の予定を拒み，その結果，同日の手術は行われなかった。

　しかしながら，前記認定のとおり，鼠径ヘルニアは，根本的治療としては手術を要するものの，普段は無症状であり，腸管が脱出したまま戻らなくなる嵌頓ヘルニアの場合であっても，医師による徒手還納の処置によって腸管を腹膜

内に押し戻すことが可能であり，これを怠って放置した場合に腸管等の壊死等
を生じさせ，それでも手術を行わないと生命の危険が生じるというものであっ
て，必ずしも鼠径ヘルニアに罹患したことが判明したら直ちに手術を行わなけ
ればならないというものではない。そして，同年１１月１２日に予定されてい
た手術は行われなかったものの，Ｂは，その約１か月後である同年１２月１
３日に手術を受けさせ，無事に終えている。なお，Ｃは，本件犯行当日，通
常どおり保育園に通園していた。これらの事実によれば，Ｃは，本件犯行当
時，早晩手術を行うのが望ましい状態ではあったが，直ちに手術を行わなけれ
ば生命の危険が生じるような緊急の事態ではなかったということができる。

　また，Ｂが同年１１月１２日に医師から病状を聞いて手術を受けさせる予
定を拒んだことについて，Ｃの親として責められるべき点が全くないとはい
えないが，他方，Ｂが被告人から暴行等を受け，実家に戻り，保護命令等を
申し立てた経緯や，その後，被告人が同居中の女性とともにＣを保育園から
連れ出し，沖縄へ連れ去ったこと等に照らすと，Ｂが被告人との同席を拒み，
Ｃを被告人に会わせることに消極的になるのも無理からぬところがある。
Ｂが上記予定を拒んだことについて，同人のみを一方的に責めることはできず，
このことをもってＣが特段劣悪な養育環境に置かれていたとはいえない。

　さらに，Ｂは，被告人と同居してから本件犯行に至るまでの約１年２か月
余りの間，被告人らにＣを連れ去られた期間を除き，Ｃとともに生活し，
同児を保育園に通わせ，病院へ通院させ，手術を受けさせようとするなどして
おり，上記の手術の件を除けば，ＢによるＣの養育状況に特段の問題はな
かったと認められる。

　以上によれば，本件犯行当時のＣの置かれた状況について，法的手続をと
ることなく実力で奪取して手術を受けさせなければならないほどの緊急性はな
く，また，略取を正当化するような劣悪な養育環境でもなかったということが
できる。

3　行為態様について

前記のとおり，被告人は，Ｃを保育園に迎えに来た比較的高齢のＤの隙を見て，走り込んでＣを抱きかかえ，そのまま全力で疾走して，あらかじめやや離れた所に停止させておいた自動車に乗り込み，追い掛けてきたＤが運転席のドアノブに手を掛けるなどして制止するのを顧みることなく，自動車を発進させてＣを連れ去っており，その結果，Ｄは，路上に転倒し，右腕と左膝を負傷したのであるから，本件犯行における被告人の行為態様は，粗暴かつ危険なものであったといわざるを得ない。

4　以上のとおり，本件犯行は，そもそもＣに手術を受けさせる目的でなされたものでも，Ｃが手術を受けるべき緊急の必要性があるとの認識の下に行われたものでもない。当時，Ｃは，緊急に手術を受けなければならない状況にはなく，その他特段劣悪な養育環境に置かれていたともいえない。本件犯行の行為態様は，上記のとおり悪質であり，社会的に相当と認められる範囲を逸脱する。したがって，被告人の本件犯行は，その目的や被告人の認識，必要性，緊急性，行為態様のいずれの点からみても，親権者の権利行使として刑法３５条にいう正当行為に当たるということはできない。

5　なお，被告人は，Ｂと別居後もＣのため現金や育児用品等をＢの実家に送るなどしてＣを監護・養育していた旨供述し，確かにＢの検察官調書（甲２２）（不同意部分を除く。）からもそのように認められるが，これは，本件犯行が正当行為に該当しないとする上記判断を左右し得る事情ではない。また，被告人は，Ｂやその親族が被告人に対して粗暴な言動や虚言を繰り返し，あるいは保護命令を盾にＣをあたかも人質のようにして金品を要求しており，そのような者に囲まれた生活環境はＣの成育上好ましくないなどと種々の事情を挙げ，そのような点からも本件犯行は親権の行使として正当行為に該当すると主張するかのようであるが，これまで述べたところに照らし，いずれも採用できない。

第５　責任阻却事由の存否について

　　弁護人は，被告人には，本件犯行当時，自らの行為の違法性を意識し得る可

母の監護下にある2歳の子を別居中の共同親権
者である父が有形力を用いて連れ去った略取行
為につき違法性が阻却されないとされた事例

能性もなかったから，責任が阻却されると主張し，被告人も，本件犯行前に，

C を連れ出すことが犯罪になるか否かについて，弁護士による法律相談の際
に尋ねるなどし，いずれも犯罪にならないとの回答を得たことから，犯罪にな
らないと考えて本件犯行に及んだ旨供述する。

しかしながら，前記のとおり，被告人は，本件犯行の約3か月前にも本件と
同様に C を保育園から連れ去った件について未成年者略取罪で逮捕され，本
件犯行の約2週間前に起訴猶予処分を受け，同処分が犯罪の成立を前提とする
ものであることを新聞報道等によって知り，更に検察官に電話で尋ねてその旨
を確認している。したがって，被告人は，本件犯行当時，少なくとも，C を
連れ去ることが法律上許されないものであることを容易に意識し得たと認めら
れる。

したがって，被告人に違法性の意識の可能性がなかったことを前提とする弁
護人の上記主張は，その前提を欠くものであり，採用できない。

第6 結論 ―――――――――――――――――――――――――――――――〔3〕

以上のとおりであるから，弁護人らの第1の主張は，いずれも採用できず，
本件犯行について未成年者略取罪が成立する。

（法令の適用）

罰　条	刑法224条
執行猶予	刑法25条1項
訴訟費用の負担	刑事訴訟法181条1項本文

（量刑の理由）―――――――――――――――――――――――――――――〔4〕

1　事案の概要

本件は，被告人が，共同親権者の一人である別居中の妻のもとで暮らしていた
2歳の長男を連れ去り，6時間余り自己の支配下に置いたという未成年者略取の
事案である。

2　被告人に不利な事情

(1)　本件犯行の主たる動機は，前記のとおり，長男に手術を受けさせるためでは

なく，妻のもとから長男を奪い，自己のもとに置くこと自体にあり，自己中心
的な動機である。

(2)　本件犯行の態様は，前記のとおり，粗暴かつ危険であり，事前にレンタカー
を借りて本件犯行現場に赴き，長男の保育園からの帰りの迎えの時間に合わせ
て待機の上，犯行直前にはエンジンを作動させたまま，ドアを完全には閉めず
に容易に逃走できる状態で同車を停車しておくなど，計画性も認められる。

(3)　本件犯行は，長男の平穏な生活を破壊するものであり，長男を養育していた
妻にも多大な精神的苦痛を与えており，同人は，被告人に対する厳重な処罰を
求めている。

(4)　被告人は，本件犯行の約3か月前にも長男を保育園から連れ去り，逮捕，勾
留された後，起訴猶予処分を受けたにもかかわらず，本件犯行に及んでおり，
規範意識が乏しいというべきであるほか，紛争解決のための法的手続を軽視し
ているといわざるを得ない。

3　被告人に有利な事情

(1)　被告人が長男を略取し，自己のもとに置いていた時間は，約6時間30分に
とどまる。

(2)　被告人は，長男に対し，物理的な危害を加えていない。

(3)　被告人は，長男の親権者であり，本件犯行は，見ず知らずの他人による略取
の事案とは異なる。

(4)　被告人には，平成9年に道路交通法違反の罪により罰金に処せられた前科以
外には前科がない。

4　結論

以上述べたところによれば,被告人の刑事責任は重くないとはいえないものの,
上記のとおり，被告人に有利に斟酌すべき事情も認められることから，本件にお
いては，刑の執行を猶予することとし，主文のとおり判決する。

（弁護人源新明出席）

（求刑－懲役1年）

（青森地方裁判所八戸支部）

第２審判決の主文及び理由 ──────────── ⑱

主　　　　文

本件控訴を棄却する。

理　　　　由

第１　本件控訴の趣意は，弁護人山谷澄雄作成の控訴趣意書に記載のとおりで
あるから，これを引用する。所論は，要するに，法令適用の誤りの主張で
ある。すなわち，原判決は，被告人が，別居中の妻である　　B　が養育
している長男　　C　（当時２歳）を原判示のとおり連れ去ったことにつ
いて刑法２２４条を適用しているところ，所論は，第１に，被告人は，
Cの親権者であるから，　C　との関係では，同条の未成年者略取罪の主体
とならず，また，被告人の行為は略取に該当しないから，構成要件該当性
がないし，第２に，仮に構成要件に該当するとしても，被告人の行為は法
令行為に該当するから，違法性が阻却されるべきであるし，第３に，仮に
違法性阻却事由に該当しないとしても，被告人には違法性阻却事由の錯誤
があるから，責任が阻却されるべきであるのに，刑法２２４条を適用して
いる原判決は，同条及び同法３５条の解釈適用を誤っている，というので
ある。

第２　そこで，記録を調査して検討すると，原判決が，（弁護人らの主張に対
する判断）第３において，本件犯行が刑法２２４条に規定する未成年者略
取罪の構成要件に該当するとし，同第４において，正当な親権の行使とし
て刑法３５条により違法性が阻却される場合に該当せず，同第５において
責任も阻却されないと判断したことは，正当として是認でき，所論のいう
法令の解釈適用の誤りはないというべきである。

以下，所論を踏まえて敷えんする。

１　本件の前提となる本件犯行及び前後の状況は，原判決が罪となるべき事

実及び弁護人らの主張に対する判断として認定判示するとおり認められるが、その要点を摘記、付加すると、以下のとおりである。

① 被告人とBは、都内に居住し、それぞれ稼働していたところ、平成11年12月ころ、知り合って交際していたが、Bは、同12年3月ころ、妊娠を知り、被告人の了承を得て出産することとするとともに、被告人が被告人方で女友達とルームシェアーをするようになっていたことなどから渋る被告人にこのルームシェアーを解消させ、同年8月ころから東京都世田谷区内の　　i　　号室の被告人方で同居生活を始め、出産に際し、青森県八戸市内の実家に戻って同年10月29日Cを出産した後、上記被告人方に戻って3人での生活をし、同年11月12日婚姻の届出をした。

② 被告人とBとは、①の同居後から喧嘩をすることがあり、上記出産で八戸市へ帰る直前にも、Bが一切の慰謝料、養育費を請求せず、被告人が子供を認知することを約束し合う書面、その翌日、両名の中がこじれた時はBがこれを調整し、その関係を元に戻し、これが守れないときは、養育費、慰謝料等を請求しないことを誓い、子供はどちらかが上記の条件で育てるとし、また、両人が離別する際は、Bは被告人が認めるBの所有物だけをもって出ていくことを約束する旨の書面を作成したことがあり、平成13年1月には、BがCを連れ、都内の知人方や多摩市内の被告人の実家に身を寄せ、被告人がBの荷物を段ボール箱に詰めて八戸市内のBの実家に送りつけたことがあり、さらに、両名は、同年4月15日、Cの親権者をBと定めて協議離婚の届出をしたが、同月19日には再び婚姻届出をするなどしており、夫婦関係は不安定であった。

③ 被告人は、同年9月15日、Bと口論した際、Bに対し、叩く、蹴る、髪の毛を引っ張るなどして、Bの体が腫れ上る程の暴力を振るったことから、Bは、Cを連れて八戸市内の実家に戻り、以後被告人と別居し、両親と共に実家で暮らすようになった。その後の9月中、Bが

母の監護下にある2歳の子を別居中の共同親権
者である父が有形力を用いて連れ去った略取行
為につき違法性が阻却されないとされた事例

上京し，朝方勤務先へ出社した際，待ち受けていた被告人とトラブルとな
って警察に介入してもらう事態が生じ，また，同年10月，被告人がB
の実家を尋ねて元に戻るよう求めたが，逆に離婚を求めるB と物別れと
なり，翌日，JR八戸駅で，B からC を抱かせてもらううち，方向転
換をして動き出す素振りをしたため，C を連れ去られることを危惧した
B やその事態を恐れて付いてきたB の父親らとC の取り合いとなり，
警察が介入して，結局被告人は，1人で帰途についたが，その途中及びそ
の数日後の二度にわたり，B に，電話で，俺はもう失うものは何もない，
いつ死んでもいい，その時はお前と子供を道連れにする旨伝えるなどした。

④　このような事態を受け，B は，交番や婦人相談所に相談に行き，
同年10月17日ころから，C を連れ，一時的に保護施設に入所したほ
か，青森地方裁判所八戸支部にいわゆるDV法に基づく保護命令を申立て，
同支部は，同年11月9日，被告人に対し接近禁止の保護命令を発した。
さらに，B は，同14年1月（以下，月日の表示は平成14年のそれで
ある。），夫婦関係調整の調停を申し立て，4月12日調停の席で話し合
ったが，調整の見通しがなく，不成立となった。

⑤　この間，B は，2月始めから，八戸市内の会計事務所で働き始め
るとともに，C を，当初は実家近くの保育所に入所させ，4月からは原
判示　E　保育園に入園させ，朝は自らが車で送り，帰りはB の母
である　D　が車で迎えに行っていたところ，4月ころ，被告人から勤
務先に電話があり，保護命令が切れたら，実家の方を尋ねる旨の話をされ
たため，前同様の申立てをし，5月10日，被告人に対し，前同様の保護
命令が発せられた。B は，4月末で前記事務所を退職し，7月から別の
会社で働いていた。

⑥　5月7日，C は，　H　病院で鼠径ヘルニアと診断された。
鼠径ヘルニアの病状については直ちに生命に影響するものではないが，原
判示のとおり，腸管がヘルニア嚢に脱出したまま戻らない場合，腸管を腹

刑集59巻10号　1929（581）

70

膜内に押し戻す徒手還納等の処置が必要であり，そのまま放置すると血行障害を起こして脱出した腸管等の壊死等を来たすおそれがあり，壊死等させた場合は緊急手術が必要となり，さらにこれも行わずに放置すると生命の危険もあり，根本的治療としては手術が必要とされている。Ｂは，その後もＣに診察を受けさせ，８月１６日に根本的治療としての外科手術を行うことが予定されたが，８月１４日，急患として同病院で受診し，水疱瘡とヘルニア嚢に脱出した腸管が戻らない症状が出ていたことから，所定の治療を受け，後者については，徒手還納の措置が取られ，上記手術は９月１３日に延期された。

⑦ 被告人は，Ｃが上記状態にあった８月２８日午後４時３０分ころ，かってルームシェアーしていた前記女友達に依頼して，前記保育園からＣを連れ出させ，３名で沖縄県に行き，Ｃを自己の支配下に置いており，このころ，Ｂらの情報でＣが鼠径ヘルニアにり患していることを知った。Ｂは，被告人らを未成年者略取罪で告訴し，被告人らは，９月６日，逮捕，勾留され，９月２８日，処分保留で釈放になり，１１月７日，青森地方検察庁八戸支部検察官から起訴猶予処分を受け，これが犯罪の成立を前提とするものであることも知った。

⑧ 被告人は，釈放された９月２８日には，Ｂに，電話で，名誉を傷つけたとして恨んでいる旨伝えるなどしたが，Ｂは，被告人の母親や弁護人の取りなしもあって，その弁護士事務所で，Ｃを，被告人とその母親に会わせたほか，１０月７日ころから，被告人が連日，執ように掛けてくる電話に対し，Ｃの様子を伝えたり，Ｃを電話口に出すなどしていたものの，電話に出たがらなくなるＣの様子や被告人とのやり取りなどを勘案し，一旦は会わせることを約束していたＣの誕生日の１０月２９日は，Ｃの体調が悪いなどとして，会わせることを断り，１１月１日に予定されたとする手術も見送った。さらに，被告人は，Ｃの主治医に電話してその説明を求め，主治医から，両親同席のところで病状の説明をし，

両親が納得しないと手術はできない旨言われたため、Ｂに連絡を取ったところ、Ｂは、被告人の母も交えて、１１月１２日に、被告人にＣを会わせ、一緒に主治医の説明を受け、手術の日程を決める旨約束したが、被告人を怖がる気持ちなどから、病院に断りの電話を入れたほか、離婚訴訟を依頼した東京の弁護士を通じて、被告人側に、電話及びファックスで、離婚訴訟を起こすことや１２日の面会を拒絶することを伝え、１２日の面会約束もほごにした。なお、Ｂは、１１月１１日、東京地方裁判所に、被告人に対する離婚等請求の訴訟を提起し、受任した弁護士から、被告人及びその両親に対し、Ｂに対する要請等は同弁護士を介して行い、Ｂに対する接触を断るとし、Ｃの監護についても同様である旨の連絡がなされた。

　これに対し、被告人は、１１月１２日、Ｈ　　病院に主治医を尋ねて、Ｃの鼠径ヘルニアの説明を受け、手術をするよう求めたが、主治医からは、夫婦仲を踏まえ、両名の確認を取ってからでないと手術はできない旨言われた。

　⑨　被告人は、Ｂやその勤務先に電話したり、その実家へ行ったりしたが、連絡が取れないまま推移するうち、１１月２１日、福島県内に出向いた際、Ｃを自己の元に連れ戻すことを決め、同日午後福島県郡山市内でレンタカーを借りて八戸市内へ赴き、Ｃを連れ戻す大作戦と銘打ち、Ｂの実家や勤務先などでＢやＣの行動を観察、把握した。そして、翌２２日、前記保育園の迎えの時間に合わせて、同保育園付近で待機し、Ｄが車で迎えに来て駐車するや、エンジンを作動させるなどしたまま自車をＤ車と少し離れて反対の方角に向けて駐車させて、降車し、Ｄが、Ｃを連れて同保育園を出てＤ車の運転席側にＣを立たせ、助手席側のドアを開けて荷物の積み込みなどを行っていた隙に、Ｃに駆け寄って、その背後からその両脇に両手を入れて持ち上げ、抱きかかえて、約２３メートル先の自車まで、全力で走って運転席側ドアから乗り込み、ドアをロ

ックして，C を助手席に座らせ，これに気付いた D が，「警察に」などと叫びながら後を追いかけてきて，運転席ドアの外側から，「警察を呼んで」などと叫びながら，ドアノブ等をつかんで開けようとしたり，窓ガラスを叩いたりしたが，無視して自車を発進させて，走り去り，D は，付近路上に転んで膝に擦り傷を負った。

⑩　被告人は，その後，青森市方向へ走行し，同日午後１０時２０分ころ，青森県東津軽郡平内町内の林道上において，C というところを検索中の警察官に発見され，間もなく通常逮捕された。

2　被告人は，原審公判では，1③の道連れ発言や⑧の恨み発言を否定している。しかし，B は，明確にその旨供述していること，自己に不利な事実も指摘されれば認めているが，これら発言については一貫してその旨供述を維持していること，上記各発言の前後に，被告人がそのような発言をしてもおかしくない状況があること，なお，前者についてはその後 B が一時保護施設に入所したり，保護命令の申立てをしていることなどに照らし，上記発言があったとする B の供述は信用でき，被告人の供述は信用できない。

3　以上の事実を踏まえ，所論について，順次検討する。

(1)　所論は，その第1として，略取誘拐罪の本質は，原則として被拐取者の自由が保護法益であるが，それが未成年者であるときは親権者などの保護監督権もまた法益に含まれると解すべきところ，この人的保護関係の設定を前提とするとき，保護監督者は同罪の行為主体から除外されるから，親権者である被告人は，C との関係では未成年者略取罪の行為主体にはならず，また，「略取」とは，不法に人を自己または第三者の実力支配下に置くことをいうが，上記の保護法益に照らせば，本件行為は「不法」性を欠き，「略取」に該当しない旨主張する。

しかしながら，刑法２２４条は，その主体を限定しておらず，また，同条にいう略取とは，暴行，脅迫により，人をその保護環境から切り離し，

母の監護下にある２歳の子を別居中の共同親権
者である父が有形力を用いて連れ去った略取行
為につき違法性が阻却されないとされた事例

不法に自己または第三者の実力支配下に置くことをいうのであるから，親権者であるが故に，事情の如何にかかわらず，当然に，その子について未成年者略取罪の主体になり得ないとか，略取をしても不法性を欠くとはいえないところ，本件では，被告人は，Ｃ の共同親権者であるとはいえ，前記認定事実のとおり，Ｂ との夫婦関係が破綻する中，Ｃ が，平成１３年９月１５日以降，本件被害に遭う同１４年１１月２２日までの約１年２か月の間，１⑦の被告人らにより沖縄に連れて行かれた約１０日間を除き，青森県八戸市内の Ｂ の実家で一方の共同親権者である Ｂ 及びその両親に監護，養育されて平穏に生活していたのに，保育園からの帰りを狙って，１⑨のとおり Ｃ を連れ去って，Ｂ らの保護環境から一方的に離脱させ，そのころから同日午後１０時２７分ころまで車内に留めて自己の実力支配下に置いていたのであるから，被告人が Ｃ を略取していることは明白である。所論は採用できない。

なお，所論は，本件当時，被告人と Ｂ の婚姻関係は，いまだ破綻してはいなかったというが，前記の事実経過のほか，被告人自身も破綻していることを認める旨供述をしていることや離婚については既に両者間では争いがなかったことに照らし，破綻状態にあったことは明らかである。

(2) 所論は，第２に，仮に本件行為が未成年者略取罪の構成要件に該当するとしても，被告人は，親権者として，Ｃ が病気にり患した場合その治療方法を決定し，治療を受けさせる権利義務があるところ，本件当時，Ｃ は鼠径ヘルニアにり患し，一刻も早く手術をする必要があり，また，被告人もその旨希望していたが，Ｂ は，１１月に Ｃ の手術を執り行うことに同意しながら，自らの感情から，被告人とともに主治医に面談して手術に同意することをせず，かえって主治医に手術を見送る旨伝えて，同主治医による手術を困難にさせたため，被告人は，Ｃ を自らの手で病院に連れて行き，手術を受けさせるべく，本件行為に及んだものであるから，被告人の本件行為は親権者としての正当な行為であって，法令行為として

違法性が阻却されるべきである旨主張し，被告人もこれと同旨の原審公判供述（以下「公判供述」という。）をしている。

しかしながら，Ｃは，鼠径ヘルニアの症状が悪化して具合が悪くなり，本件犯行時まで救急治療を受けることもあり，根本的手術の必要性があり，また症状に応じ適切な対応をする必要があったことは認められるが，本件犯行当時も，普通に保育園にも通園しており，日常生活に支障があったことはうかがわれず，必ずしも一刻も早く手術をする必要があった訳ではない。このことは，前記主治医が，被告人が介入してきて，被告人とＢの夫婦仲がもめていることを知ったことから，１１月１２日時点においても，被告人の手術の要請にかかわらず，両名の確認を取らなければ手術をしないとしていたことや，同日面会した被告人に対し，放っておいた場合の危険性について，風邪を放っておいて肺炎になって，更に放っておいて死ぬのと同等のレベルとの話をしていることがうかがわれること，被告人も，これに先立つ１０月２９日，都内の３か所の大学病院に鼠径ヘルニアについて問い合わせ，死んだ例は聞いたことがない，腸が壊死する可能性も極めて少ないなど回答を得てその旨手帳に記載していることからも裏付けられ，また，被告人もそのことを理解していたことが明らかである。なお，１０月２９日の問合わせは，一般的な問合わせの域を出ておらず，具体的な手術の予定を立てていたというものでもない。さらに，Ｂは，Ｃの症状に応じ救急治療を受けさせ，手術を予定するなどして，適切に対応していたことがうかがわれ，現に，１⑥のとおり当初８月１６日，変更されて９月１３日に，手術を予定している。Ｂは，この手術を受けさせていないが，これは，１⑦のとおり８月下旬に被告人によりＣが連れ去られたことが関係していることがうかがわれる。また，Ｂは，１１月１２日予定の被告人，Ｂが揃って主治医の説明を受け，Ｃの手術日程を決める旨の約束をほごにしたのは，被告人に対する恐怖心や，被告人がいると安心してＣの手術を見守り看護に集中できないことを危惧したためであ

る旨供述している。上記の約束をほごにした B の対応が被告人に不審を
抱かせたことがあるとしても，B の危惧は，保護命令や同年8月の C
の連れ去り行為に象徴される被告人の一連の言動に影響されていることが
明らかであるし，その後，被告人が本件により逮捕，勾留中の12月13
日，従前の病院では手術を受けさせて貰えなかったため，八戸市内の別の
病院を探して C に手術を受けさせていることにも照らすと，B は，
Cの状況や手術の必要性の程度を踏まえながら，従前の経緯から被告人の
介入による C の看護への悪影響を回避しようとしたものと認められるの
であって，C との関係において，B の上記対応が，不適切なものであ
るとか，早急に是正を要したものであったとはいえない。

　また，被告人が C の鼠径ヘルニアの治療に関心を有し，手術を受けさ
せたいと思っていたことは認められるにしても，本件行為の直接の目的が，
所論のいうように一刻も早く C に手術を受けさせるためであったとは認
めがたい。すなわち，被告人は，本件犯行の目的について，捜査段階では，
C を連れ戻す目的であったとしか供述していないし，手帳にも，本件犯
行決意後は，C をもう一度連れ戻し，一緒に生活することの記載しかな
い。さらに，本件犯行後はすぐにでも東大附属病院で診察を受けさせ，手
術を受けさせる心づもりであった旨の公判供述をしているが，本件の犯行
前後に，同病院に連絡を取るなどして治療に向けた具体的な行動を取って
いるわけでもないし，本件犯行が金曜日の午後になされているところ，同
病院が土曜日も診療，手術をしているか確認した形跡もないことからみて，
C の手術の必要性が切羽詰まったものと認識していたとは認めがたい。
しかも，被告人は，本件犯行後，青森市方面に向かい，青森県東津軽郡内
の林道にいたこと自体，手術を受けさせることを第1の目的としていた者
の取る行動としては不可解である。被告人は，同林道にいたのは，位置が
分からなくなったためである旨の公判供述をしているが，郡山市から自動
車を運転して八戸市まで来ていながら，昼日中に道を間違えて反対方向に

走行すること，まして，幹線道路ではなく，林道に入り込むことは不自然，不可解であり，信用できない。以上の諸点に照らし，被告人が C の病状に関する手術の緊急性に関する認識や本件犯行が第１に C に手術を受けさせる目的であったとする旨の公判供述は，そのままでは信用しがたい。そうすると，被告人が，いずれは C に手術を受けさせようと考えていたとしても，本件の一連の事実経過や犯行態様等に照らせば，被告人は，B が被告人に対して保護命令を申し立てたり，約束をほごにしたりして C に会わせてもらえなくなる中，ついには，被告人との離婚の提訴や弁護人を通しての接触の連絡を受けるなどして， C との面接が一段と困難になったことなどから，法的手段によらず， B らの下から C を奪取し，自己の手元に置くことを直接の動機，目的として， C を連れ去り，自己の実力支配下に置いたものというべきである。

　加えて， C は，前記のとおり日常生活に支障はないとはいえ，時に症状が悪化することがあり，その際には適切に対応することが求められるが，被告人は，本件犯行に当たり，その場合の対処方法について頓着したこともうかがわれない。

　以上の諸点のほか，本件犯行の経緯，内容，殊にこれが計画的で，態様も，粗暴であって，危険性もないとはいえず，悪質である上，このような行為は当時２歳の幼児であったとはいえ， C の心身に悪影響を及ぼしかねないことなどをも総合考慮すれば，被告人が C の監護に関心を抱く余り本件行為に及んだにしても，その内容は相当性を欠くものであって，違法性を阻却するような事由は見出しがたい。

　(3) 所論は，第３に，仮に違法性阻却事由に当らないとしても，被告人には違法性阻却事由の錯誤がある，すなわち， B は，自己の被告人に対する感情を優先させ，被告人に，当初， C が鼠径ヘルニアにり患していることなどの診察の経過を伝えず，その後も， C に速やかに手術を受けさせず，１⑧のとおり C と会わせるとの約束をほごにしたり，あるいは，

医者は B と同席でなければ説明に応じない旨の虚偽の内容を盛り込んだ
ファックスを送るなどして被告人を翻弄しており，他方，被告人は， C
の病気治療のために， C の主治医と面談したり，東大附属病院の医師に
入院の手だてを打診，確認したりして， C の病気治療のために C を車
両に同乗させたものであって，このような経緯からすると，被告人が自ら
の行為を親権者として許される行為であると誤った判断をしてもやむを得
ない事態であるから，被告人に規範意識の喚起を期待できず，責任が阻却
されるべきである旨主張する。

　しかしながら， B が約束をほごにしたことなどは認められるが，本件
の経緯や被告人の犯行目的は(2)に説示のとおりであり，これと異なる所論
はその前提において取り得ない。また，親権者であるからといって，本件
のような行為態様で他方親権者の保護環境下で平穏に生活している C を
一方的に連れ去ることが問題となり得ることは容易に理解できるところで
ある。まして，被告人は， ８月にも，同様行為をして未成年者略取罪で逮
捕，勾留され，起訴猶予処分になり，自分の行為が犯罪行為であるとして
取り扱われたことを認識してもいるのであるから，どの程度正確に事実関
係を伝え得て，どのような経過からそのような回答をしたかはさておいて，
例え，被告人がいうとおり法律相談等で複数の弁護士から犯罪とならない
旨の説明を受けていたとしても，規範意識の喚起が期待できなかったなど
とは到底いえない。

4　以上説示のとおりであるから，これと同旨に出た原判決の法令の適用に
　誤りは認められない。論旨は理由がない。

第3　よって，刑訴法３９６条により本件控訴を棄却することとして，主文の
　とおり判決する。

（仙台高等裁判所第1刑事部）